화법과 언어생활

화법과 언어생활

인　쇄　2009년 2월 17일
발　행　2009년 2월 27일
지은이　이경우·김경희
펴낸이　이대현
편　집　이소희
펴낸곳　도서출판 역락
　　　　서울 서초구 반포4동 577-25 문창빌딩 2층
　　　　전화 02-3409-2058(영업부), 2060(편집부)
　　　　팩시밀리 02-3409-2059
　　　　이메일 youkrack@hanmail.net
　　　　등록 1999년 4월 19일 제303-2002-000014호
ISBN　978-89-5556-657-4 03700

정　가　12,000원

* 잘못된 책은 교환해 드립니다.

화법_과 언어생활

이경우 · 김경희

도서출판 역락

머리말

2009년 1월 미국 최초의 흑인 대통령이 된 버락 오바마가 미국인들에게 처음 알려지기 시작한 것은 연설을 통해서이다. 오바마는 '이 시대 최고의 연설가'라 일컬어지고 있다.

"오바마의 연설을 텍스트로 읽어보라. 그 감동은 반으로 줄어들 것이다."

보스턴대학 정치학과 교수 버지니아 사피로의 말이다. 실제로 오바마의 연설을 텍스트로 접하면 구체적인 공약보다 '변화(Change)', '희망(Hope)', '네, 우리는 할 수 있어요(Yes, we can)' 같은 추상적인 구호들로 가득하다. 그러나 그 연설을 오바마의 음성을 통해 들으면 오바마가 얼마나 훌륭한 연설가인지 깨닫게 된다. 뻔한 얘기라도 청중의 공감을 이끌어내 감동을 부르는 재능이 있는 것이다. 이제는 너무 유명해진 그의 'Yes, we can' 연설이 좋은 예이다.

아이오와주 민주당 예선에서 패한 힐러리 클린턴은 지지자들 앞에서 눈물을 떨구며 이렇게 말했다. "내가 이 나라를 위해 할 수 있는 일이 참 많은데 말이죠" 존 매케인 역시 대선 기간 중 "내가 경제를 바로잡을 수 있다", "내가 빈 라덴을 잡을 수 있다" 등 자신의 능력에 대해 연설했지만 패했다.

왜 오바마의 말은 열광적인 반응을 얻어 미국 최초의 흑인 대통령이라는 영예의 원동력이 되고 힐러리나 매케인의 말은 패인이 되었을까.

화법을 수강하는 학생들에게 수강 이유를 물으면, 많은 학생들이 말을 잘 하기 위해서라고 대답한다. 말을 잘 하기 위한 목적은 자신을 잘 표현하고 싶어서이다. 자신의 생각, 느낌, 의견 등 자신이 전하고 싶은 메시지 그대로를 상대가 받아들이고 이해해주기를 원해서이다. 그러한 과정을 통해 상대의 자신에 대한 이해와 수용을 원하고 있다. 버락 오바마와 같이 자신의 말을 통해 사람들로 하여금 자신을 이해하고 믿고 사랑하게 하고 싶은 것이다. 그 궁극의 결과는 '성공'이다.

그러나 사람의 모든 화가 세 치 혀에서 나온다고 한 공자를 비롯하여 동서고금의 많은 현인들은 신언(愼言)을 강조하여 가르치고자 하였다. 한마디 말이 불러일으키는 재앙을 예방하기 위해서이다. 2009년 1월 퇴임한 노무현 전 대통령이 퇴임하자마자 고 남상국 전 대우건설 사장의 유족으로부터 '명예훼손'으로 고소당한 사건은 현실에서 찾아볼 수 있는 일례이다. 2009년 2월 24일자 조선일보 기사에 따르면, 노 전 대통령은 2004년 3월 건평 씨가 남 전 사장으로부터 인사 청탁과 3천만 원을 받았다는 혐의를 받자 "좋은 학교 나오신 분이 시골에 있는 별 볼 일 없는 사람에게 머리 조아리고 돈 주는 일 없었으면 좋겠다."고 말했고, 직후 남 전 사장은 한강에 투신해 목숨을 끊었다. 아무리 자신이 옳다고 확신하는 생각도 어떻게 표현하는가에 따라 듣는 사람에게 다른 영향을 미치고 더 나아가서는 그들을 둘러싼 많은 사람들의 삶을 바꾸는 영향을 미치게 됨을 보여주는 대표적 사례라고 할 수 있다. 이와 같이 던져진 돌멩이 하나가 일파만파 파문을 일으키며 퍼져 나가듯, 베이징의 나비 한 마리가 퍼덕인 날갯짓이 뉴욕에 폭풍우를 몰아칠 수도 있는 것처럼 우리가 내뱉는 한마디 말은 아무런 상관도 없어 보이는 먼 곳의 자연과 인간의 삶에 커다란 영향을 미칠 수 있다.

이 책은 이렇게 중요한 말하기를 어떻게 하면 효율적으로 잘할 수 있을까에 초점을 맞추어 논의하였다. 특히 대인관계에 영향을 미치는 화법에 대해 다루고자 하였다.

제1장에서는 화법의 일반적 이론에 대하여 논하였다. 화법에 대한 정의와 일반적인 대화의 원리, 대화의 장애 요소를 논한 후 대인화법의 기본이 되는 긍정적 자아의 형성을 위한 '자신과의 대화, 자아 커뮤니케이션'에 대하여 논하였다. 그리고 순기능적 커뮤니케이터와 역기능적 커뮤니케이터를 비교해 봄으로서 학생들이 자신의 커뮤니케이션 성향을 점검하고 성찰하는 시간을 갖도록 하였다. 그리고 취업을 위

해 관심을 갖는 면담 화법과 효율적인 대화의 지침에 대해 논하였다.

제2장에서는 화법에 수반되는 비언어 커뮤니케이션에 대하여 다루었다. 커뮤니케이션 학자들에 따르면 우리의 일상생활은 60%에서 많게는 90%에 이르기까지 비언어적으로 커뮤니케이션할 수 있다고 한다. 면접은 처음 5분으로 당락이 결정된다고도 한다. 그 처음 5분의 시작은 비언어적으로 수행된다. 옷차림, 태도, 이미지 등으로 통합된 '첫인상', '첫느낌'이 바로 그것이다. 이에 본 장에서는 비언어 커뮤니케이션의 원리와 유형, 효율적인 비언어 커뮤니케이션의 지침에 대하여 논하였다.

제3장은 대인관계에 가장 긍정적 영향을 미치는 칭찬화법에 대한 내용 중 교사의 칭찬화법에 대하여 살펴보았다. 교사 화법의 개념과 유형, 칭찬의 종류, 방법, 효과, 예절 등을 살펴봄으로써 졸업 후 교육 현장에 임하는 학생들의 경우는 물론 졸업 이전에 학생들이 용돈이나 학비를 보태는 과외교육에서도 활용하고 더 나아가서는 대인관계에 원용할 수 있도록 하였다.

제4장은 자기노출화법에 대한 것이다. 자기노출화법은 지극히 사적인 영역에 속하는 내용을 다루고 있다. 그러나 자신은 물론 자신과 가장 친밀한, 자신에게 가장 중요한 사람들과의 관계에 매우 큰 영향을 미치는 화법이다. 그동안 화법과 커뮤니케이션 강의를 수강한 많은 학생들은 강의평가를 통해 자기노출화법의 중요성을 확인해주었다. 이에 이 책에서는 자기노출화법을 하나의 장으로 다루었다. 먼저 자기노출화법의 정의를 내리고 자기노출화법의 사례를 분석한 후, 자기노출화법의 원리를 찾아보고 자기노출화법의 활용에 대해 살펴보았다.

마지막으로 제5장에서는 대인화법과 관련한 사례를 분석한 학생들의 과제를 몇 편 제시하였다. 본 장은 화법과 커뮤니케이션 강의의 중간과제로 대인관계에 미치는 화법이나 커뮤니케이션 문제를 영화나 드라마, 소설, 연극, 실제 사건 등을 중심으로 분석하는 내용이다. 많은 학생들이 좋은 과제를 제출하였으나 지면상 여섯 편만을 선정하였다.

　그간 화법에 대해서는 정립된 이론들도 많고 유치원에서부터 대학에 이르기까지 제도적으로 교육하고 있지만 실제로 말하기에 우리는 매우 약하다. 화법 강의에서나마 실제 말하기를 연습할 수 있어야 하겠지만 현실적으로 말하기를 연습할 만한 수업을 수행하기 어려운 것이 사실이다. 화법을 수강하려는 학생 수도 많거니와 실제로 말하기를 연습할 만한 공간이나 장치가 마련되어 있지 않기 때문이다. 그러나 이러한 여건 속에서라도 우리는 효율적인 말하기에 대해 진지하게 고민하고 꾸준히 노력해야 한다. 이런 이유로 이 책은 실제 사건이나 영화, 드라마 등의 작품 속에 나오는 되도록 많은 사례들을 다루고 있다. 이 책이 현실적으로 실현 가능한 성공 화법의 기술과 능력 향상에 조금이나마 도움이 되기를 바란다.

2009. 2.

이경우 · 김경희

차 례

제 1 장

화 법

1. 화법의 정의

최근 화법에 대한 관심이 높아지고 있지만 국어학 분야에서 화법 연구는 아직도 매우 부진한 편이며 연구의 대부분이 초중등학생을 대상으로 한 화법교육 연구에 편중되어 있다. 국어 화법에 대한 개념적 정의도 학자에 따라 달라 합의된 정의는 정하여진 것이 없지만(임칠성, 1999 : 23) 기존의 정의를 정리하면 다음과 같다.

제7차 화법교육 과정에서 화법은 '말하는 이와 듣는 이가 협력하여 의미를 창조하는 상호작용 행위'이며 '화법 능력'은 '음성 언어로 자신의 사상과 감정을 표현하고, 다른 사람의 사상과 감정을 이해하는 의사소통의 중추적인 능력'으로 정의하고 있다. 제7차 화법교육 과정에 따른 고등학교 화법 교과서들의 '화법'에 대한 정의는 다음과 같다.

박갑수 외(1996)에서는 '논리적이면서도 설득적으로 조리 있게 말하는 방법'을 화법이라 정의하고 넓은 의미로는 잘못된 말하기·듣기를 상담, 치료해주는 방법이나 기술까지도 포함한다고 하였다.

이주행 외(1996)에서는 '화법'이란 말하는 이가 일정한 목적에 도달하기 위하여 일정한 상황에서 자신의 생각이나 느낌을 듣는 이에게 음성 언어나 몸짓, 표정 등으로 표현하는 기법이라고 정의하고 '화술(話術)' 또는 '스피치(speech)'라고도 한다고 하였다.

조규일 외(1996)에서는 '화법'은 '말을 한다'는 행위와 관련된 모든 정보들이 포괄된 개념이라고 정의하였다.

이중구(2002)에서는 '화법'은 '상호 교섭을 위한 창조적 언어 행위, 주로 음성 언어를 사용하는 언어 행위, 성실한 인간관계에 기반을 둔, 윤리적 언어행위'라고 규정하였다.

한편 차배근(1994)에서는 화법을, '인간의 여러 가지 커뮤니케이션 방법들 중, 특히 음성 언어를 통한 구두 커뮤니케이션 방법을 깊이 있게 연구해서 그에 대한 보편 타당한 원리와 효과적인 방법들을 발견하고 이들을 실제 커뮤니케이션에 올바르게 응용함으로써 인류의 발전에 이바지하는 학문 분야'라고 정의하였다.

이옥련·민현식 외(1996)에서는 국어 교육에서 말하기 교육과 관련지어 '말하기(speaking)' 또는 '화법(speech)'이라고 부르는 범주는 '의사소통법' 중에서 언어적 의사 소통법, 그중에서도 '음성 언어적 의사 소통법'을 가리킨다고 하였다.

김종택 외(1998 : 15)에서는 화법이란 '언어를 매체로 하는 의사소통 과정에 관한 충실한 이해를 바탕으로 형성되는, 종합적이고 고차원적인 표현·이해력'이라는 개념으로 규정될 수 있다고 하였다(임칠성 1999 : 36~37에서 재인용).

임칠성(1999)에서는 화법은 말하기·듣기 행위나, 언어적 의사소통 이상의 것이므로 의사소통적 관점이 아닌 새로운 관점에서 국어 화법의 본질을 바탕으로 하여 국어 화법의 성격과 속성을 밝히고자 하였다. 국어 화법이 가진 의사소통의 측면 이외의 다른 본질은 '구두 언어성, 교섭성, 통합성, 정체성, 관계성, 문화성'의 여섯 가지로 나누어 볼 수 있으며 '구두 언어성'은 화법의 매체적 본질이며, '교섭성, 통합성'은 화법의 과정적 본질, '정체성, 관계성, 문화성'은 화법의 배경적 본질이 된다고 하였다. 그리고 이들 각각은 항상 유기적인 관련을 맺고 있다고 하였다. 국어 화법의 이러한 본질을 바탕으로 하여 그는 국어 화법을 '참여자들이 자아성, 관계성, 문

화성을 배경으로 구두 언어를 통해 교섭적으로 의미를 창조해가는 통합적인 과정'
이라고 정의하였다.

화법에 대한 논의 중 문제가 되는 것은 '화법'과 '스피치 커뮤니케이션'과의 관계
이다. 상호 의사소통이라는 면에서 화법은 커뮤니케이션의 한 유형, 즉 '언어 커뮤
니케이션(verbal communication)'이라고 할 수 있으며 더 세분하자면 '스피치 커뮤니케
이션(speech communication)'이라고 할 수 있다.[•] 실제로 같은 내용에 대하여 국어학에
서는 '화법'을, 언론학, 방송론, 커뮤니케이션학 등 국어학 외의 분야에서는 '스피치
커뮤니케이션'이라는 용어를 사용하고 있다. 관련성은 인정하나 서로 다른 학문인
것처럼 인식하고 학문 간 연계가 이루어지지 않고 있다. 이 책에서는 이 두 용어가
학문간 소통을 통해 통일되어 사용되어야 할 필요가 있음을 문제로 제기한다. 따라
서 화법과 스피치 커뮤니케이션을 동일한 개념으로 사용하며 화법을 커뮤니케이션
의 한 유형으로 보고 다음과 같이 커뮤니케이션의 맥락에서 그 개념을 정의하고자
한다.

이경우·김경희(2007)에서는 커뮤니케이션에 대하여 '의미의 공유를 위해 상징을
사용하는 체계 간 상호작용의 과정'이라고 정의하였다. 이 개념을 이루는 주요 항목
은 '체계'와 '변화'이다. 이는 하나 이상의 사회적 층위에 속해 있는 개인이 자신이
속한 체계 내에서 살아가기 위해 '자신의 내부 혹은 자신을 둘러싸고 있는 외부의
모든 환경'과 상호작용하는 과정이라는 것이다. 즉, '체계'에 적응해야만 살아갈 수
있는 인간의 사회적 속성을 주목하며 또한 어떤 개인도, 사회도, 체계도 모두가 시
간의 흐름에 따라 변화하고 있는 '선' 위에 존재하고 있다는 것을 인식함으로써 변
화에 대처하는 커뮤니케이터로서의 자세를 가져야 함을 강조한 것이다.

이에 따르면 '화법'은 '의미의 공유를 위해 언어를 주된 상징으로 하여 체계 간
상호작용을 하는 과정'이라고 정의할 수 있을 것이다. 기존의 정의에서 다룬 '화법'
의 본질적인 면을 모두 포함하고 있으며 상호작용 과정에 수반되는 그 외의 상징을
포괄하는 정의라고 할 수 있다. 이는 인간의 커뮤니케이션이 음성이라는 하나의 상
징만으로 실현이 완성될 수 없으며 따라서 화법은 '의미의 공유를 위해 언어를 주
된 상징으로 하여 체계 간 상호작용을 하는 과정에 수반되는 모든 상징들을 함께

•
이주행(2007)에서는
'화법'이라는 용어 대신
'스피치 커뮤니케이션
(speech communication)'
이라는 용어를 사용하
고 있다.

다루어야 한다'는 뜻이다.

2. 대화의 원리

국어 화법 논의에서 가장 많이 원용된 화법의 원리는 Grice(1975)의 '대화의 격률'과 Leech(1983)의 '공손의 원리'이다. 이 책에서는 이와 더불어 Wood(2002)에서 논한 언어 커뮤니케이션의 원리를 함께 살펴보고자 한다.

1) Grice(1975)의 대화의 원리와 격률●

Paul Grice는 대화의 목적을 근본적이고 합리적인 사고에서 출발하여 상호 협력하는 것으로 보았다. 대화의 결속성을 유지하기 위해 가장 일반적인 기준으로 협동의 원리와 네 가지 기본 대화 격률을 제시하였는데 격률(maxims)이란 대화에서 효과적이고도 효율적으로 언어를 사용하기 위해서 필요한 묵시적인 지침이다.

① 협동의 원리(The Co-operative principle)

협동의 원리는 대화의 가장 기본적인 전제인 상호성에서 기인된다. 사람들이 대화를 할 때는 일반적으로 지금 하는 말이 지금 이루어지고 있는 상태에서 지향한다고 생각되는 목적이나 방향의 요구에 합치되도록 말을 한다는 것이다. 즉 화자는 지금 이루어지고 있는 대화의 목적을 파악하고, 그 목적에 맞는 대화, 대화의 흐름과 일치되는 대화를 통하여 결속성을 유지하며, 청자는 상대방이 한 말을 지금 이루어지고 있는 대화의 목적이나 상황에 맞는 결속성이 있는 말로 받아들이고 해석한다는 것이다.

대화자 가운데 누군가가 협동의 원리를 위배하면 대화는 더 이상 이루어지지 못한다. 이것은 인간관계에 장애를 가져오는 요소가 되어서, 습관적으로 협동의 원리를 위반하는 사람은 원만한 인간관계를 유지할 수 없게 된다.

maxim : (철) 격률(格率, 주관적인 실천 원칙), 민중서림(1996), Essence Englisch-Korean Dictionary.

때로는 의도적으로 협동의 원리를 위배함으로써 '너와 더불어 차 문제를 이야기 하고 싶지 않다'는 대화상의 함축을 전달하기도 한다.

② 대화의 격률(conversational maxims)

Grice의 대화의 격률은 다음 네 가지로 나누어진다. 양의 격률(maxim of quantity : information)과 질의 격률(maxim of quality : truth), 관련성의 격률(maxim of relation : relevance), 표현 방법*의 격률(maxim of manner : clarity)이다.

양의 격률(The maxim of quantity)은 정보(information)와 관계있다. 이에 대하여 구현 정(2000)에서는 '필요한 양 만큼의 정보성만을 제공하라는 것. 다시 말해서 필요 이상으로 많은 정보를 가지게 하지 말라는 것'으로 설명하고 있다. 정보를 전달한다고 하여 필요로 하는 것 이상의 정보를 발설하거나 최소한의 정보도 주지 않는 경우 양의 격률을 위배하게 되며 바람직한 대화를 가로막게 된다는 것이다.

이주행(2007)에서는 '① 대화의 목적에 필요한 만큼의 정보를 제공하라, ② 대화 의 목적에 필요한 것 이상의 정보를 제공하지 마라'의 의미로 설명하고 있다. 구현 정(2000)과 이주행(2007)은 동일한 설명이다. 구현정(2000)은 '필요한 양 만큼의 정보 성만을 제공하라는 것'을 '필요 이상으로 많은 정보를 가지게 하지 말라는 것'과 동 일한 의미로 설명한 것에 비해 이주행(2007)은 '① 대화의 목적에 필요한 만큼의 정 보를 제공하라'과 '② 대화의 목적에 필요한 것 이상의 정보를 제공하지 마라'를 각 각의 항목으로 구분하여 다른 의미로 설명하고 있다. 원문의 내용은 다음과 같다.

> maxim of quantity : information
>
> Make your contribution as informative as is required for the current purposesof the exchange.
>
> Do not make your contribution more informative than is required.

원문에서 '양의 격률'은 두 항목으로 구성되어 있다. 원문과 비교하면 구현정 (2000)은 원문의 두 번째 항목만 양의 격률로 설명하였고 이주행(2007)은 두 항목으 로 구성되어 있지만 두 항목 모두 구현정(2000)과 같이 원문의 두 번째 항목의 내용이다. 첫 번째 항목과 관련된 설명은 안 되어 있다.

이 책에서는 Grice(1975)의 양의 격률에서 첫 번째 항목의 'the current purposes of the exchange'에 주목한다. 'the current purposes of the exchange'는 대화의 목적에 필요한 정보의 구체적 범주를 명시한 것이다. 대화에 필요한 정보의 양은 'exchange', 즉 '교환'의 목적에 맞는 만큼이어야 한다. 이는 대화 시 정보를 제공하면 그에 상응하는 만큼의 다른 정보를 상대로부터 받아야 한다는 의미이다. 또한 어떤 정보를 받으면 그에 상응하는 다른 정보를 주어야 한다는 의미이기도 하다.

Grice(1975)의 '양의 격률'은 'exchange, 상호 교환'에 초점이 맞추어져 있다. 그러나 지금까지 논의된 화법의 원리에서는 이에 대한 고려가 없었다. 이 책의 자기노출화법은 'hidden area'의 정보를 스스로 제공한다는 특성상, 상호 교환에 초점을 맞춘 Grice(1975)의 양의 격률과 상충되어 보인다. 노출자의 대부분은 수용자의 동의 없이 내밀한 자기노출을 한다. 그에 상응하는 만큼의 수용자의 자기노출을 요구하기도 하지만 대부분은 상호 교환의 목적이 없이 행한다. 일방적인 자기노출로 끝나는 경우가 많다. 자기노출화법이 제공하는 정보의 무게에 비추어 볼 때 '상호 교환'이 없는 자기노출화법은 양의 격률에 위배되며 화법의 원리에 맞지 않는 것이다. 그러나 수용자가 노출자에게 그에 상응하는 내밀한 자기노출을 한다면 호응 효과*가 형성되어 양의 격률이 지켜진 훌륭한 대화가 될 것이다. 이러한 점에서 양의 격률은 성공적인 자기노출화법의 원리를 위해 깊이 고려해야 할 항목이다.

Grice(1975)의 두 번째 대화의 격률은 질의 격률(The maxim of quality)로 진실(truth)과 관련된다. 자신이 거짓이라고 생각하는 것이나 타당한 증거가 없는 것은 말하지 말라는 것이다. 이 기준은 대화에서는 잘 지켜지지 않기도 한다. 질의 격률을 위배하는 것은 자신의 행위를 은폐하려는 의도에서 오는 것으로 인간관계에 있어서 부정적인 영향을 주게 된다고 한다.** 특히 다음과 같은 실제 사례를 통해 '질의 격률'과 관련한 대화의 원리를 다양한 관점에서 고려할 필요가 있음을 알 수 있다.

관련성의 격률(The maxim of Relation)은 적절성(relevance)에 대한 것이다. 대화 자체가 커뮤니케이션의 맥락과 체계 전체에 적절하여야(be relevant) 한다는 것이다. 즉, 최소한 주어진 주제와 관련이 있거나, 목적을 달성하기 위하여 적당하다고 생각되는 경우이다. 사실상 대화의 원리에서 가장 중요한 것은 관련성의 격률을 지키는 것이다. 겉으로 보기에는 협동의 원리나 양의 격률, 질의 격률 따위를 어기고 있어도 관련성만 있다면 허용되기 때문이다. 그러나 다른 모든 격률을 지키고 있어도 관련성이 없다면 허용될 수 없다.

표현 방법의 격률(The maxim of manner)은 명확함(clarity)과 관련된다. 명확한 대화는 대화 내용을 순서에 맞추고(be orderly) 대화 형식을 간결하게 하여(be brief) 의미의 모호함(obscurity)과 중의성(ambiguity)을 없앰으로써 이루어질 수 있다. 그러나 신중한 대화참여자는 발화에 앞서 수용자의 반응을 탐색하는 과정을 갖는다. 이러한 탐색 과정에서의 대화는 우회적이고 비유적인 언어를 사용하여 모호하고 중의적인 의미를 형성하게 된다. 이 또한 효율적인 대화를 위해 고려해야 할 점이다. 표현 방법의 격률은 다음과 같은 네 가지의 항목으로 구성되어 있다.

✔ 표현의 모호성(obscurity of expression)을 피하라

모호성은 생각을 밖으로 나타낼 때 적절한 용어를 사용하지 못 하는 데에서 발생한다.

또한 상대방에게 지식이 있는 것처럼 가장하려는 경우나, 자기가 알고 있는 지식이 널리 알려지는 것을 꺼릴 때 모호한 표현을 사용하게 되기도 한다.

잘 알지 못하는 모호한 용어들을 사용할 때 방법의 격률을 어긴 대화를 만들어내게 된다.

✔ 중의성(ambiguity)을 피하라

중의성이란 한 가지 표현이 하나 이상의 뜻으로 해석되는 것이다. 많은 자연 언어의 표현들이 서로 다른 조건에서 다른 의미를 가질 수 있지만, 중의성은 어떤 의미가 실제로 의도된 것인지를 결정할 수 없을 때에만 생긴다.

대화의 중의성은 '어휘적 중의성(lexical ambiguity)', '구조적 중의성(structual ambiguity)', '문장적 중의성(sentential ambiguity)'으로 나누어 볼 수 있다. '배가 있다'는 '어휘적 중의성(lexical ambiguity)'을, '늙은 신사와 숙녀가 벤치에 앉아 있다'는 '구조적 중의성(structual ambiguity)'을, '어떻게 오셨어요?'는 '문장적 중의성(sentential ambiguity)'을 만들어내고 있다.

✔ 간결하라

이는 시간에 관여한다. 될 수 있는 대로 같은 말을 반복하지 말고, 간결하게 표현하라는 것이다.

필요 이상의 말을 장황하게 늘어놓는 대화는 간결하라는 방법의 격률을 위배하게 된다.

✔ 조리 있게 순서대로 말하라

이는 말하고자 하는 자료들을 상황에 맞게 순서에 따라 제시하라는 것이다.

"해는 저녁에 늦게 지고, 아침에 일찍 뜬다."라는 말을 들려준 뒤에 무슨 말을 들었느냐고 물어보면, 그 사람은 "해는 아침에 일찍 뜨고, 저녁에 늦게 진다."라는 말을 들은 것처럼 시간적 순서에 따라 재생해낸다. 사람에게는 이러한 '보편적 순서 책략(normal ordering strategies)'의 심리가 있다. 보편적 순서 책략은 정보의 처리와 저장을 쉽게 하기 위해서 사람의 인지 체계가 자동적으로 사용하고 있는 방법이기 때문에 말을 할 때도 시간이나 공간적인 순서에 따라 이야기하는 것이 바람직하다는 것이다.

2) Leech(1983)의 공손의 원리(politeness principles)

Grice(1975)에 비해 Leech(1983)의 공손의 원리는 전체적으로 대화의 내용보다는 대화 자세와 표현에 관한 것이 많다. 즉 Grice(1975)의 대화 원리는 언어 표현 형식을 중심으로 한 반면 Leech(1983)는 대화에 관여하는 비언어적인 요소에 초점을 맞추어 대화의 원리를 주창하여 대조된다.

Leech의 공손의 원리는 요령 격률(tact maxim), 아량 격률(generosity maxim), 칭찬 격률(approbation maxim), 겸양 격률(modest maxim), 동의 격률(agreemet maxim), 동정 격률(sympathy maxim), 표현 형식 격률(manner maxim)의 일곱 가지 규칙에 의해 지켜진다.

① '요령 격률'은 청자에게 부담을 주는 표현은 최소화하고, 혜택을 베푸는 표현을 최대화하는 것이다. 자신의 메시지를 상대방이 듣기 좋고 상대방에게 도움이나 이익이 되는 말과 간접적이고 우회적인 표현법, 질문의 형식을 취해 표현함으로써 상대방을 배려하여 상대방의 부담을 줄여 줌과 동시에 혜택을 주는 것이다. 이는 Grice(1975)의 표현 방법의 격률이 요구하는 '명확함'과 상충되는 부분이 있는데 대화에서 신중한 대화참여자가 탐색 과정에서 선택하는 방법이다. 또한 화자의 대화

내용에 대해 청자가 솔직한 피드백을 하기에 곤란한 경우 사용할 수 있다. 상대를 배려한다는 점에서는 좋은 점이 있으나 진실함의 문제에 대해서는 더 고려해야 할 방법으로 보인다.

② '아량 격률'은 화자 자신의 부담을 최대화하고 자신에게 혜택이 되는 표현을 최소화하는 것으로 '좀 크게 말해 봐'라는 말보다 '내가 잠시 딴 생각을 하다가 못 들었는데 미안하지만 다시 한 번 말해 줄래?'라는 표현은 대화 장애의 책임을 자신의 부주의 탓으로 돌려서 자신의 부담을 최대화하는 대신 상대방의 부담을 최소화하게 되므로 상대를 배려하는 공손의 원리를 지키게 된다.

③ '칭찬 격률'은 다른 사람에 대한 비방을 최소화하고 성실하고 진실한 칭찬을 최대화하는 것이다. 칭찬은 우리 인간의 마음을 열어주는 마법과도 같은 묘약이다. 그러나 칭찬을 할 때는 칭찬하기에 적절한 부분을, 적절한 때에 맞춰, 진심으로 표현해야 한다. 다음 사례는 대화 상황에서 칭찬의 격률을 지키는 것이 상대방과의 관계를 유지해 나가는 데 얼마나 중요한 기능을 하는지 보여주고 있다.

대기업의 중간관리자인 웨스 킹슬리는 어느 날 범고래쇼를 보고 어떻게 바다의 포식자인 범고래가 조련사의 지시에 따라 이리 뛰고 저리 뛸 수 있을까에 대해 궁금증을 갖게 되었다. 그는 담당 조련사로부터 범고래가 잘했을 때는 과도하게 칭찬을 해주어 범고래가 칭찬받을 수 있는 행위를 반복할 수 있도록 하고 부정적 행동은 외면하며 못했을 때는 그 행동에 주목하지 않고 재빨리 다른 행동으로 전환할 수 있게끔 유도한다는 내용의 얘기를 들었다. 그 후 그는 범고래의 조련 방법을 직장과 가정 내 인간관계에 적용시키는 법을 심층적으로 학습 받고 그 이론을 현실에 적극 반영함으로써 결국 기업의 간부로서, 그리고 한 가정의 가장으로서 훌륭히 맡은 바 임무를 다하게 되었다.
긍정적인 일에 관심을 갖고 부정적인 일이 생겼을 때 긍정적인 방향으로 유도하는 행동 방식을 이 책에서는 '고래 반응'이라 표현한다. 칭찬이라는 말은 누구나 좋아한다. 또 누구나 그 말의 뜻을 잘 알고 있다고 생각한다. 사람도 마찬가지다. 잘한 일을 칭찬해주었을 때 더욱 잘하려고 한다. 그러나 실제 우리의 삶은 칭찬과 격려보다는 질책과 부정적인 반응, 그리고 무관심에 둘러싸여 있다. 우리의 일상생활은 '고래 반응'과는 정반대인 '뒤통수치기 반응'으로 점철돼 있다. '뒤통수치기 반응'이란 잘할 때는 무관심하다가 무언가 잘못됐을 때 갑자기 뒤통수를 치면서 화를 내고 닦달하는 것이다.

우리가 실제 살아가는 현실은 '긍정적인 것에 대한 관심'과는 너무나 거리가 멀기 때문에 '케네스 블랜차드'는 긍정적인 것에 관심을 가지라고 끊임없이 강조한다. [•]

④ '겸양 격률'은 화자 자신을 칭찬하는 표현을 최소화하고 자신에게 부담을 주는 표현을 최대화하라는 것으로 칭찬의 격률을 화자의 관점에서 말한 것이다. 이 격률은 대화 상황에서 다른 사람이 지게 될 짐을 대신 자신이 지라는 것이다.

우리나라의 언어문화는 상대방의 칭찬에 대해 감사하며 받아들이는 것을 매우 어색해한다. "천만에요, 별 말씀을 다하십니다.", "당치 않은 말씀입니다.", "여러 모로 부족합니다."와 같이 상대방의 칭찬을 부정하고 자신을 낮추어 말하는 것이 보편적이다. 그러나 지나치게 상대방의 칭찬을 부정하거나 자신을 무분별하게 깎아 내리는 것도 바람직하지 않으므로 적당하게 겸양의 격률을 지킬 필요가 있다. 다음 자료는 원만한 대인관계에 영향을 미치는 자기비하에 관련된 것이다.

> ### 🔍 '자기비하 농담', 이성을 사로잡는다?
>
> 미국 뉴멕시코 대학 연구팀은 남녀 대학생 100명을 대상으로 재치 있는 말, 즉 유머와 이성에게 느끼는 매력에 대해 2년에 걸쳐 연구했습니다.
>
> 연구팀은 4가지 유형의 유머를 녹음한 테이프를 각각 들려줬는데요.
>
> 유머가 아닌 이야기와 사람을 비하하지 않는 일반적인 농담, 그리고 다른 사람의 실수를 재미있게 말하거나 자신의 어린 시절 실수 등 스스로를 비하한 농담이 포함됐습니다.
>
> 이성의 이야기를 들은 대학생들은 자기를 비하한 농담을 한 사람이 가장 매력적이라고 생각했는데요.
>
> 특히 성적이 좋거나 집안 환경이 좋은 사람이 자기를 낮추는 농담을 했을 때, 그렇지 않은 경우보다 더 매력적이라고 느낀 것으로 조사됐습니다.
>
> [박두흠/건국대병원 신경정신과 : 자기자신을 낮추는데 약간의 유머를 표현해서 간접적으로 자기자신을 낮추어주면, 상대편도 받아들이기 쉽고 경직된 인간관계도 풀기 쉬워서 보다 발전된 사회적 관계를 형성할 수 있을 것입니다.]
>
> 또한 대화를 할 때 스스로를 낮추는 농담을 하면 상대로 하여금 배려 받고 있거나 칭찬을 들은 것과 비슷한 느낌을 줄 수 있는데요.

• 케네스 블랜차드, 조천제 옮김(2002), 칭찬은 고래도 춤추게 한다, 21세기북스.

다만 자기 비하 농담을 할 때 자칫 진짜 결점을 부각시킬 수 있기 때문에, 역효과가 나지 않도록 상황에 따라 사용해야 한다고 연구팀은 당부했습니다.

_____ news.sbs.co.kr 최종편집 : 2008-08-08 11 : 32

'자기비하 개그' 유재석은 대표 소심남!

각종 예능 프로그램의 MC로 맹활약중인 유재석은 게스트를 높이고 자신을 낮추는 일명 '자기비하 개그'의 선두 주자이다. 다른 남자 연예인들이 남성미를 과시하는데 반해 유재석은 소심하고 겁많은 캐릭터로 모성애를 자극해 많은 사랑을 받고 있다. 이 점이 소심남 1위의 영광(?)을 그에게 안기는 결과를 낳은 것으로 보인다.

_____ 한국아이닷컴 모신정 기자 msj@hankooki.com 입력시간 : 2005/11/01 12 : 09

네티즌, 왜 '굴욕'을 즐기나?

'케즈만'부터 '차두리'까지…. 지금 인터넷에서는 '굴욕'이 대유행이다. 작년 11월 무렵부터 '변용'되기 시작한 이 단어를 모 포털 사이트 인기 게시물 검색란에 넣어보면 무려 6,000여 건의 글이 뜬다. 운동선수, 감독부터 연예인, 해외기업 사장, 심지어는 만화 캐릭터까지 대상은 무궁무진. 상황부터 외모까지 소재도 각양각색이다. 도대체 '굴욕'이라는 단어가 네티즌들의 웃음을 자아내는 이유는 뭘까? 문화평론가 김헌식 씨는 그것이 과장법과 놀이성에 있다고 말한다.

'케즈만의 용산 굴욕사건' 사진이 등장한 후부터 스타들의 모습을 중심으로 만들어지고 있는 굴욕시리즈에는 역설적인 의미가 있는 것 같습니다. 그냥 보기에는 전혀 굴욕적이지 않을 수도 있는 상황에 '굴욕'이라는 제목을 붙임으로써 웃음을 자아내는 것이죠. 이 점에서 굴욕은 일종의 과장법이라고 볼 수 있습니다.

보통 사람들보다 우월하고 경외의 대상으로 여겨지는 스타의 이면을 드러냄으로써 재미를 느끼는 것입니다. 굴욕시리즈에 등장하는 스타는 조롱의 대상이 되거나 진짜 굴욕을 당하는 것이 아니라 보통사람들과 같은 인간적인 모습을 보이는 것이죠.

굴욕은 기존에 우리가 알고 있는 사실을 역설적으로 뒤집어 드러낸다는 점에서 패러디와 비슷합니다. 하지만 우리나라의 경우 패러디가 하나의 장르로 자리 잡은 외국과는 달리 인터넷 상에서는 각종 포스터, 영화, 드라마에 대한 패러디가 많았습니다. 패러디는 그 출발이 비판적인 사회의식을 드러내는 것인 만큼 정치적인 내용이 자주 등장했죠.

⑤ '동의 격률'은 자신의 의견과 다른 사람의 의견 사이의 다른 점을 최소화하고 자신의 의견과 다른 사람의 의견이 일치하는 표현을 최대화하는 것이다. 대화 상황에서 대화 참여자는 서로 다른 의견을 가지고 있지만 일단 상대방의 의견을 존중해 줌으로써 상대방과의 일치를 강조하고 나서 자신의 견해를 제시하는 동의의 격률을 지키게 되면 갈등이나 대립이 발생하지 않는다. 이와 같이 동의의 격률은 특히 상대방과 견해가 서로 다를 경우에 갈등이나 대립을 피하는 바람직한 방법이 될 수 있다.

이 외 '동정 격률'은 화자와 청자 사이의 나쁜 감정은 최소화하고 동정심을 최대화하는 것이며, '표현 형식 격률'은 대화할 때 부적절하게 끼어들거나 부적절하게 침묵하지 않는 것이다.

이와 같이 공손의 원리는 자기중심적인 생각을 상대방 입장으로 바꾸어 표현하는 것이 핵심이다. 언어는 바람직한 인격형성을 위한 좋은 도구이다. 보다 긍정적인 언어를 신중하게 선택하여 사용함으로써 서로의 인격과 품위를 지키는 유쾌한 대화를 이끌어갈 수 있고 그러한 과정을 통해 원만한 대인관계를 형성하게 되는 것이다.

3) Wood(2002)의 언어 커뮤니케이션의 원리

2003년 11월 한 채용 정보 사이트에서 구직자 1,206명에게 '면접에서 떨어진 경험이 있다면 그 이유는 무엇이라고 생각하는가'라는 질문을 한 결과, 응답자의 29.1%가 '언변이 부족해서'라고 답했다.

그 다음으로는 '업무 경험이 짧거나 없어서(21.1%)', '학벌(20.1%)'로 나타났으며 이 밖에 '외모(10.9%)', '잦은 이직 경력(7.2%)', '복장이나 태도(3.5%)' 등을 면접 불합격 이유로 꼽았다.

남성의 경우에는 학벌(28.4%), 언변 부족(27.9%)의 순이었던 반면 여성은 언변(30.2%), 짧은 업무 경험(26.4%), 외모(15.6%) 등의 순으로 나타났다.

채용 정보 사이트의 한 팀장은 "기업 인사 담당자는 면접에서 지원자의 태도나 인성, 가치관, 비전 등을 조리 있는 화술을 통해 평가하게 된다"며 "구직자들은 면접에서 자신의 장점을 부각시킬 수 있는 다양한 방법을 강구해야 한다"고 말했다.

_____ 연합뉴스(2003. 11. 11.)

앞의 기사에서 구직자들은 면접에서 떨어진 가장 큰 요인을 '부족한 말솜씨'로 생각하고 있음을 알 수 있다. 면접에서 떨어진 구직자들 스스로 생각하기에 자신은 '말하기', 즉 '화법' 능력이 없다는 것이다. 취업 시즌에 신문 방송 등 각종 매체를 통해 쏟아져 나오는 취업 뉴스의 대부분은 이러한 내용을 담고 있다.

이 기사에서 중요한 사실은 두 가지이다. 하나는 구직자 스스로 없다고 생각하는 구직자의 화법 능력을 면접관들이 찾아내기는 어렵다는 것이며 다른 하나는 구직자 자신이 이미 자신감을 상실하고 있기 때문에 면접에서 떨어지는 것은 당연한 수순이라는 것이다.

한 조사 연구에 의하면 뉴욕시의 기업 경영자 중 79%가 채용이나 승진의 결정 요인으로 자기의 생각을 말로 잘 표현할 수 있는 능력을 들었다고 한다(Silverstone, Greenbaum, & MacGregor, 1987).

커뮤니케이션은 크게 언어 커뮤니케이션과 비언어 커뮤니케이션으로 나누어진다.

언어 커뮤니케이션은 구어나 문어, 즉 말이나 글에 의해 이루어지는 커뮤니케이션
이며 비언어 커뮤니케이션은 언어 이외의 모든 것 즉 얼굴 표정, 외형, 목소리의 톤,
동작, 색깔, 옷차림은 물론 커뮤니케이션이 이루어지고 있는 시간이나 공간과 같은
환경적 요소에 의한 커뮤니케이션 등을 모두 포함한다.

커뮤니케이션에 대한 한 연구에 의하면 일상적인 커뮤니케이션에서 비언어에 의
한 부분이 65%에서 97%에까지도 이른다고 한다. 그러나 일반적으로 '커뮤니케이
션'이라고 사람들이 생각하는 것은 언어 커뮤니케이션, 그중에서도 특히 '말하기'라
고 할 수 있다.

"언어는 사람을 가장 잘 표현한다. 말을 하라. 그래야 당신을 알 수 있다"는 말처
럼 우리의 생각이나 느낌 등 우리가 전하고자 하는 메시지를 가장 정확하게 표현할
수 있는 것은 언어이며 다른 사람의 메시지를 가장 정확하게 해독할 수 있게 하는
것도 역시 언어라고 할 수 있다.

우리는 상대가 내게 한 한마디 말에 감동하여 눈물짓기도 하고, 위안도 받으며 우
리 또한 한마디 말로 남을 행복하게 즐겁게 해줄 수도 있고 영감을 주기도 한다. 우
리는 언어를 사용하여 현상을 정의하고 평가하며 경험을 체계화하여 인류의 문화를
전수한다. 언어를 사용하여 가상적 사고를 함으로써 삶을 계획하고, 꿈꾸고, 기억하
며 언어에 의해 자기반성을 하고 우리 자신과 세상의 관계, 상호작용을 규정한다.

그러나 언어 커뮤니케이션은 때로는 비의도적으로 부정적인 인간관계를 만들어 내
기도 한다. 생각나는 대로 무심코 한 한마디 말이 큰 화를 만드는 불씨가 되어 우리
자신을 해칠 때도 있고 다른 사람에게 치유할 수 없는 깊은 상처를 남기기도 한다.

'사람의 모든 화는 세 치 혀로부터 나온다'는 공자의 말씀이나 '말이 이치에 맞지
않으면, 말하지 않은 것보다도 못하다(유회)', '상인일어 통여도할(傷人一語 痛如刀割:
사람을 다치게 하는 말 한 마디는 아프기가 칼로 살을 베어내는 것과 같다)' 등 '말'에 대한
동서고금의 가르침은 무수히 많다. 이와 같이 사람이 살아가는 데 있어 말은 때로는
'살고 죽는' 데에까지 영향을 미칠 수 있을 만큼 중요하다.

또한 말은 양날의 칼과 같아서 같은 말이라도 어떻게 하는가에 따라 듣는 사람이
전혀 다른 인식을 할 수 있다. 인식에 미치는 언어의 영향을 극단적으로 가장 명료

하게 보여주는 것은 광고 카피일 것이다. 대표적인 몇 가지 예를 들어보자.

- "4쌍 중 1쌍의 부부가 이혼한다"라고 말하면 슬프게 들린다.
  ⇒ "4쌍 중 3쌍의 부부는 성공한다"하면 그리 나쁘게 들리지는 않는다.

- 마찬가지로 "아주머니, 왼발이 오른발보다 크군요"라고 말하는 구두의 세일즈맨
  은 바보다.
  ⇒ "아주머니, 오른발이 왼발보다 작군요"하는 세일즈맨은 외교관이다.

- "옷 한 벌 세탁에 1달러 — 무료로 방충 처리해 드립니다"라는 세탁소 광고를 이렇
  게 바꿨다.
  ⇒ "옷 한 벌 방충 처리에 1달러 — 세탁은 무료로 해드립니다"
    결과? 20%의 매출 증가

- "저희들에게 기증해 주시지 않겠습니까?"라고 말하지 말아라.
  ⇒ "얼마나 기증한다고 쓸까요?"라고 말하라.

- 영국, 브리얼리 힐 — 브리얼리 시의회에서는 주 20달러로 '쥐 잡는 사람'을 모집했
  는데 반응이 전혀 없었다. 의회는 다시 광고를 내기로 했다. 다만 내용을 좀 바꿔
  서 '설치류 수색원 모집'이라고 했다. 결과는 주 18달러로 세 사람을 뽑았다.

이와 같이 '언어'라는 매체를 어떻게 사용하느냐에 따라 전달되는 메시지의 의미
는 전혀 달라질 수 있다. '아 다르고 어 다르다'는 우리말 속담은 이러한 언어 커뮤
니케이션의 미묘한 이치를 가르쳐주고 있는 것이다.

언어 커뮤니케이션을 '표현'과 '이해'의 과정, 즉 'Message'의 coding, sending,
receiving, decoding의 과정으로 나누어 볼 때 일반적으로 사람들은 언어로 커뮤니케
이션을 잘 한다는 것을 '표현 — Message의 coding, sending'의 측면에서만 주목하고
있다는 점에 주의를 기울여야 한다. 커뮤니케이션은 두 사람 이상이 의미의 공유를
위해 체계 간 상호작용을 하는 과정이다. 의미의 'coding-sending'이 아무리 잘 되었
다고 하여도 'sending'과 'receiving'의 과정에서 'message'를 변질시키는 어떤 것이 작
용될지 모르며 'decoding'의 과정에 작용하는 많은 요소들 예를 들면 'sender'와

‘receiver’ 상호 간의 사회·문화적 배경에 의한 여러 가지 차이들이 ‘coding-decoding’
의 관계를 완벽하게 같게 한다는 보장이 없는 것이다. 그러므로 언어 커뮤니케이션
에서 ‘말하기’ 못지않게 중요한 것이 ‘듣기’임을 잊어서는 안 될 것이다.

좋은 커뮤니케이터가 되기 위해서는 ‘말하기’·‘듣기’의 언어 커뮤니케이션을 잘
해야 한다. 그러자면 먼저 언어와 그에 의해 전달되는 의미 사이의 관계는 어떠한지
그리고 효율적인 언어 커뮤니케이션을 위한 원리와 지침 등을 알아야 할 것이다.

Wood(2002)는 효율적인 언어 커뮤니케이션은, ‘해석’, ‘커뮤니케이션 규칙’, ‘커뮤
니케이션 단락에 대한 이해’의 세 가지 원리에 의해 이루어질 수 있다고 하였다. 그
각각에 대하여 자세히 설명하면 다음과 같다.

① 해석이 의미를 만든다

해석은 우리가 경험하고 이해한 것을 표현하기 위한 활동적이고, 창조적인 과정
이다. 보통 우리가 언어를 해석하는 데에 들이는 노력을 의식하지는 않지만 우리는
끊임없이 의미를 구축해내고 있다.

상대가 언어 상징을 사용해서 보낸 메시지를 정확히 이해하기 위해서도 우리는
해석을 해야만 한다. 어떤 사람이 비어나 속어로 말할 때 우리는 그 말과 그 말을
한 사람에 대해 생각한다. 그리고 나서 그것이 모욕적인 것이었는지 아니면 그 사람
이 사용하는 허물없는 대화 방식일 뿐이었는지 결정하게 된다.

미국에 이민 간 한국인들은 미국인들의 일상적인 숙어의 의미를 정확하게 알기
어렵다. 말의 의미는 커뮤니케이션을 수행하고 있는 사람들의 관계에 의해 결정된
다. 예를 들면, ‘꺼져’라는 말의 의미는 그 말을 한 사람에 대한 선행 경험과 자존심
과의 관계에 의해 결정되는 것과 같다. “안녕하세요”라는 인사에 대해 반응이 없을
때 우리는 그 사람과 그 침묵의 의미를 어떻게 해석할 것인지 결정해야 한다. 무시
하는 것인지, 화를 내는 것인지 아니면 무엇인가에 몰두하고 있어서인지 침묵의 의
미를 커뮤니케이션의 체계 전체 속에서 해석해야 하는 것이다.

② 커뮤니케이션은 규칙에 따른다

우리는 모두 특정한 문화권에 속해 있고 자기가 속한 특정한 문화에 의해 사회화
된다. 그 과정에서 우리는 커뮤니케이션 규칙도 배우게 되고 다시 우리의 커뮤니케
이션 유형도 만들어낸다(Argyle & Henderson, 1985 ; Shimanoff, 1980).

커뮤니케이션 규칙은 자신의 언어나 행동이 의미하는 것이 무엇인지, 어떤 행위
가 상황에 적절한 것인지 등에 대해 특정 문화나 사회집단의 구성원이 공유하고 있
는 이해이다. 우리는 '실례합니다', '감사합니다', '안녕하세요' 등과 같은 인사말이
나 윗사람이나 존경하는 사람들께 사용하는 경어를 배우게 된다. 공손하고 예의바
른 말씨는 어느 나라의 어떤 문화권이든 일반적인 규칙이지만 한국사회에서는 특히
가장 중요시하는 커뮤니케이션 규칙이다. 채용 면접은 물론 승진이나 대인관계에
있어 막대한 영향을 미친다. 한국인들이 남과 싸울 때 작은 논쟁이 큰 싸움으로 되
는 대부분의 이유는 논쟁 시에 사용한 언어의 부적절함 특히 욕설이나 비난, 상대를
비하하는 말 때문인 경우가 많다고 한다. 즉, 논리가 맞지 않아서 싸움이 계속되는
것이 아니라 논지를 펴는 중에 사용한 언어가 커뮤니케이션 규칙에 어긋났기 때문
인데 한국 사회에서 특히 예민하게 따지는 규칙이 바로 경어 규칙이라는 것이다. 한
국 사회에서 '경어'는 상대에 대한 대우를 표시하기 때문이다.

커뮤니케이션 규칙의 학습은 가족이나 다른 사람들과의 상호작용 과정에서 이루
어지게 된다. 층층이 체계를 이루는 하나의 사회 단위 속에서 태어나고 자라면서 우
리는 어떻게 대화를 해야 하며 다른 사람의 커뮤니케이션을 어떻게 해석해야 하는
지에 대한 규칙을 받아들이게 된다. 밀러(Miller, 1993)의 연구에 따르면, 아이들은
1~2세부터 커뮤니케이션 규칙을 이해하며 규칙에 따르기 시작한다고 한다.

사회화 과정에서 배우게 되는 커뮤니케이션 규칙은 '규칙화'와 '구성화'의 두 가
지로 나누어 볼 수 있다(Cronen, Pearce, & Snavely, 1979).

'규칙화'는 상호작용을 규칙화하는 규칙이다. 어떤 문제에 대해 언제, 어디에서,
누구와, 어떻게 커뮤니케이션할 것인가를 특정화함으로써 상호작용을 규칙적으로
만드는 커뮤니케이션 규칙이다. 예를 들어, 미국이라는 하나의 사회 내에서도 유럽
계 미국인과 아프리카계 미국인은 커뮤니케이션 규칙이 다르다. 일반적으로 유럽계

미국인들은 다른 사람이 강연을 할 때 또는 락 밴드 공연 등과 같은 공식적인 커뮤니케이션 상황에 사적으로 개입하지 않는다. 그러나 아프리카계 미국인들은 청중들이 반응을 보이면서 공공연설에 참여해야 하는 것을 적절한 커뮤니케이션 규칙으로 규정하고 있다. 그러므로, 유럽계 미국인은 어떤 상황에서건 끼어들기를 하는 것은 무례한 행동으로 보는 것을 바람직한 커뮤니케이션 패턴으로 여기는 반면, 아프리카계 미국인들은 청중들이 말하고, 반응을 보이는 패턴을 적절한 커뮤니케이션 형식으로 가지고 있는 것이다. 그러므로 두 문화권의 사람들이 커뮤니케이션을 할 때에는 서로가 다른 커뮤니케이션 규칙을 가지고 있다는 것을 의식해야 한다.

규칙화의 또 다른 예로 식사 시의 커뮤니케이션 규칙을 들 수 있다. 어떤 집은 가족이 저녁 식사를 하면서 말을 하지 않는 것을 규칙으로 한다. 한편 저녁을 먹으면서 일상적인 대화를 하는 것을 규칙으로 하는 가족도 있다. 모 연예인은 라디오 방송의 한 대담 프로그램에서 '유머와 재치가 뛰어난' 원인으로 '저녁밥을 먹을 때에는 온 가족이 모여서 함께 먹고 반드시 한 가지씩 재미있는 이야기를 해야 한다'는 가족의 커뮤니케이션 규칙을 들었다.

가족은 또한 갈등 상황에서 우리가 어떻게 커뮤니케이션하는 것이 좋을까에 대한 규칙을 가르친다(Honeycut, Woods, & Fontenot, 1993 ; Jones& Gallois, 1989 ; Yerby, Buerkel-Rothfuss, & Bochner, 1990). 다른 사람과의 갈등이 있을 때 대처하는 양식은 가족 커뮤니케이션을 통해 학습된다. 그 가족 내에서 가장 효과적인 갈등 해결 방식을 배우게 되는 것이다. 싸울 때 어떤 사람은 '나는 지금 화가 났어'라는 경고를 몇 번 하는가 하면 대뜸 다른 사람에게 소리치거나 때리는 것이 효과적이라고 배우는 것도 가족으로부터이다. 가정폭력이 학습된다는 것은 이미 여러 연구에서 확인되었으며 아동학대 가해자들 중 많은 사람이 어린 시절 아동학대를 경험한 사람들이라는 연구 결과도 있다.

규칙화는 또한 언제, 어디에서, 누구에게 사적인 이야기를 하고 관심을 보이는 것이 적절한지를 알고 그에 맞게 커뮤니케이션하도록 한다. 규칙화 규칙은 문화에 따라 다르기 때문에 그 좋고 나쁨을 가릴 수는 없다. 어떤 사회에서는 적절하다고 여겨지는 커뮤니케이션 규칙이 다른 사회에서는 무례하고 불쾌하게 여겨질 수도 있기 때문이다.

사이가 좋지 않은 사람들을 '개와 고양이 같다'라는 말로 비유하는 경우가 있다. 개와 고양이가 사이가 좋지 않은 이유에 대한 연구 결과 학자들은 개와 고양이 각자의 커뮤니케이션 규칙이 다르기 때문이라는 결론을 내렸다. 즉 개가 앞다리를 치켜세우면 "놀고 싶다"는 뜻이고, 고양이가 앞다리를 들면 "꺼지지 않으면 할퀴겠다"는 뜻이며 고양이의 야옹 소리는 만족감의 표시인데, 개는 그 소리를 으르렁거리는 소리로 잘못 알아듣고 정반대로 해석한다는 것이다. 물론 종류가 다른 동물이므로 커뮤니케이션 규칙이 다른 것은 당연하지만 개와 고양이는 규칙의 의미가 정반대인 것이 더욱 문제라고 할 수 있다.

사람도 서로 만나 관계를 맺음에 있어 정반대의 커뮤니케이션 규칙을 가지고 있는 경우가 있다. 이때 서로 그러한 규칙에 대한 이해가 선행되지 않으면 많은 오해와 갈등이 야기될 수 있고 마침내는 서로 왜 그랬는지 아무 것도 알지 못한 채 파국적인 결별을 하게 되는 경우가 많다는 것을 항상 염두에 두고 커뮤니케이션에 임해야 할 것이다.

한편, 구성화는 특정한 커뮤니케이션이 어떤 의미인지 또는 나타내고자 한 것이 무엇인지를 정의한다. 우리는 흥미를 나타내기 위한 행동은 어떤 것이며 상대를 무시하고 싶을 때 또는 무례함을 표현하고 싶을 때 하는 행동이 어떤 것인지 배운다. 예를 들면 강의시간에 열심히 듣는 모습이라든가 질문하기와 같은 것은 흥미 있음을 커뮤니케이션하는 행동이다. 상대의 말에 대꾸를 하지 않을 때 그 사람이 화를 내는 것은 무시당했다고 생각하기 때문이다. 즉 상대의 말에 반응하지 않는 것은 그를 무시한다는 의미를 커뮤니케이션하는 것과 같기 때문이다.

이러한 구성화 규칙은 우리가 상대에게 좋은 친구나 유능한 직원 그리고 매력적인 로맨틱한 파트너로 여겨지기를 원할 때 바람직한 커뮤니케이션이 어떤 것인지를 가르쳐 준다. 즉, 좋은 친구로 여겨지기를 바랄 때 상호 신뢰감을 형성하도록 노력하거나 다른 사람들이 그를 비난할 때 과감히 변호해주는 것 등이 바람직한 행동임을 알게 해주는 것이 구성화 규칙이다.

가정에서 사회에서 우리는 다른 사람들과 상호작용하는 과정에서 이러한 커뮤니케이션 규칙들을 배우게 된다. 커뮤니케이션 규칙들은 모두 각각의 문화에 의해 형성된 것들이다.

우리가 언제, 무엇에 대해 어떻게 커뮤니케이션하고 다른 사람들의 언어적, 비언어적인 커뮤니케이션을 어떻게 해석할 것인가를 가르쳐주는 이 규칙들은 일상적인 상호작용에 대해서도 지침이 된다. 한 사회의 일상적인 상호작용은 그 사회에 널리 공유된 규칙과 교착되어 있다.

친밀한 사람들 사이의 상호작용도 또한 규칙을 따르게 되는데 이때의 규칙은 그들끼리 만들어낸 특정한 의미를 담고 있다(Beck, 1988 ; Fitzpatrick, 1988 ; Wood, 1982, 2000b).

TV 방송국 역시 그 나름의 규칙에 따르고 있다. 즉, 특정한 시간대에 방송할 수 있는 것과 없는 것에 대한 규칙이라든가 광고 삽입의 간격 등에 대한 규칙이다.

인터넷 채팅방 역시 그들 자신을 어떻게 표현하고 서로 응답할 것인가에 대한 나름대로의 특정한 규칙을 만들어 사용하는데 어떤 것은 매우 독특하다. 한때 논란이 되었던 인터넷 언어 '외계어' 사이트가 이에 해당한다. '외계어'에 대하여 국어의 파괴, 언어의 파괴 등으로 문제 제기가 되고 논의가 분분했지만 그들만의 집단에서 커뮤니케이션을 하는 규칙의 일종일 뿐이며 그 규칙이 타당하고 일반적인 것으로 인정되느냐 되지 않느냐는 언중에 의해 결정된다고 할 수 있다.

이와 같이 모든 조직은 그 구성원들의 상호작용을 규정하는 규칙을 가진 조직 특유의 문화를 가지고 있다.

어떤 규칙들은 경직되어 있고 고착되어 있다. 우리의 생활이나 가치관이 변화하면 커뮤니케이션 체계도 변화한다. 그런 것처럼 커뮤니케이션의 규칙들도 대부분 변화해야 한다. 어떤 규칙이 기능적이지 못하다고 생각하면 우리는 그 속에서 변화를 찾는다. 그리고 어떤 특정한 상호작용에 대한 규칙이 없을 때 우리는 그에 필요한 규칙을 만들어내고 그 규칙이 우리가 원하는 만큼 커뮤니케이션을 지원할 수 있을 때까지 계속 다듬고 고쳐 나간다. 예를 들면, 자녀가 자라기 전까지 가족의 커뮤니케이션 규칙 중 '저녁 식사는 가족이 함께 한다'는 규칙이 있었지만 아이가 점점 자라남에 따라 귀가 시간이 늦어지게 되고 특히 대입 준비를 하게 되면서부터는 정상적인 가족생활의 모든 규칙이 수험생 자녀에게 맞추어 변하게 되는 것이다.

사랑하는 두 사람이 애인일 때와 결혼을 하고 부부가 되었을 때 생활의 변화에 따라 커뮤니케이션 규칙도 달라진다. 결혼하기 전과 결혼한 후의 상대에 대해 '변했다'고 생각하면서 그것을 상대가 '변심'한 것으로 생각하는 것은 커뮤니케이션에 대한 이해가 없기 때문이다. 삶의 상황이 달라짐에 따라 그에 알맞은 커뮤니케이션 규칙을 수용하고 이에 적응하는 사람만이 편안하고 행복한 마음으로 생활해나갈 수 있다.

그 나라에 들어가면 그 나라의 법을 따라야 한다는 말이 있다. 한 기업에 입사하게 되면 그 기업의 커뮤니케이션 규칙을 따라야 한다. 가풍이라든가 학풍, 기업 문화 등은 가족이든 학교든 기업이든 하나의 조직은 모두 일련의 커뮤니케이션 규칙의 체계를 갖추고 있음을 의미하고 있다.

중요한 것은 가족이나 친구와 같은 사적인 대인관계에 있어서는 우리가 그 규칙들을 지키기 위해 늘 염두에 두고 있지는 않다는 것이다. 오히려 대부분의 경우 우리는 그런 규칙들이 있다는 것을 인식조차 하지 않고 지낸다. 여러 가지 상황에 맞추어 언제, 어디에서, 누구와, 어떻게 커뮤니케이션을 할 것인가에 대한 규칙들은 그 규칙들이 깨어져서 우리가 그 규칙들이 수행했던 어떤 기대가 있었다는 것을 알게 될 때까지 무의식적으로 일상 커뮤니케이션에 적용되고 있는 것이다. 부부 커뮤니케이션에 관한 한 연구에 의하면 대부분의 경우 남편은 아내의 말을 공공연히 가로막으며 아내가 꺼낸 주제에 대해서는 무반응한 부부 커뮤니케이션 패턴이 가장 전형적이라고 한다. 그러나 정작 부부는 자신들에게 그런 커뮤니케이션 규칙이 있다는 것을 알지 못하는 상태에서 실제 커뮤니케이션은 그런 패턴을 계속 유지해나가고 있다는 것이다(DeFrancisco, 1991). 그러므로 자신의 커뮤니케이션 규칙에 대한 올바른 인식은 바람직한 상호작용을 이끌어내지 못하는 규칙의 변화를 가능하게 한다. 다음은 비효율적인 커뮤니케이션 규칙에 대한 인식으로 커뮤니케이션 규칙을 변화시킨 한 여학생의 사례이다.

남자 친구와 나는 만나면 항상 무엇을 할까하는 문제로 고민했다. '이번 주말에 뭘

할까?'라고 그가 말하면 나는 '글쎄. 넌 뭘 하고 싶은데?'라고 다시 묻는다. 그러면 그
는 두세 가지 정도 제의를 하고 나는 마음에 드는 것이 하나도 없을지라도 내겐 다 좋
다라고 말하곤 했다. 아마도 계속 이렇게 될 것이 뻔했다. 우리는 모두 서로에게 부담
을 주지 않으려고 애썼고 그래서 사실은 자기가 원하는 것을 말하지 못했다. 2주 전,
나는 우리가 가지고 있는 그런 당혹스러운 규칙에 대해서 말했고 그는 동의했다. 우리
는 새로운 규칙을 만들었다. 우리는 각자 자신이 원하는 것을 말하기로 했고 그것이
좋지 않을 때에는 좋지 않다고 말하기로 했다. 그 규칙을 만든 후로 우리가 원하는 것
을 찾아내는 일이 훨씬 쉬워졌으며 서로에 대한 마음도 훨씬 편해졌다.

③ 커뮤니케이션의 단락에 대한 인식이 의미에 영향을 준다

커뮤니케이션의 의미를 정확히 해석하기 위해서는 커뮤니케이션의 단락, 즉 커뮤
니케이션의 시작과 끝을 분명히 인식해야 한다. 이는 문장에 있어서의 구두점과 마
찬가지 역할을 한다. 커뮤니케이션도 그 흐름에 따른 상호작용의 단락마다 그 시작
과 끝을 인식해야 관계와 의미를 분명히 할 수 있다는 것이다(Watzlawick, Beavin &
Jackson, 1967).

상호작용의 의미를 결정하기 위해, 우리는 경계를 그어야 한다. 경계를 긋는다는
것은 누가 먼저 커뮤니케이션을 시작했고 언제 어떤 행동으로 인해 상호작용이 시
작되었는가를 포함한다. 예를 들어, 입사하여 첫 출근한 날 옆 자리의 동료가 같이
점심을 먹으러 나가자고 말하면 그것을 우리는 커뮤니케이션을 하자는 제안으로 받
아들이게 된다. 다른 사람이 남겨놓은 전화 메모에 회답 전화를 하게 되면 먼저 걸
려온 전화를 그 커뮤니케이션 단락의 시작으로 생각하는 것이다.

우리가 이렇게 커뮤니케이션 단락을 매듭짓지 않으면 문제가 발생하게 된다. 누
구 때문에 싸움이 시작된 것인지에 대해 사람들이 다투는 것만 보아도 커뮤니케이
션의 단락마다 매듭을 짓는 것이 중요하다는 것을 알 것이다. 사이버 공간에서의 커
뮤니케이션은 커뮤니케이션 과정에 들어오는 사람들의 시간이 다르기 때문에 각자
가 인식하는 의미 단락이 다르게 된다. 그래서 특별한 주제를 제안한 사람이나, 어
떤 메시지가 처음의 것인가, 어떤 메시지가 어떤 메시지에 대한 응답인지를 알기 어
렵다.

기업에 새로 입사한 신입사원은 조직 내에서 누가 동료이고 적인지의 관계망이나 '언제' 그리고 '왜' 특정의 단어들이 사용되는지 이해하지 못한다.

대인 관계에 있어 이러한 커뮤니케이션 단락의 상반적인 이해에 대한 흔한 예가 다음의 '요구-회피' 패턴이다.

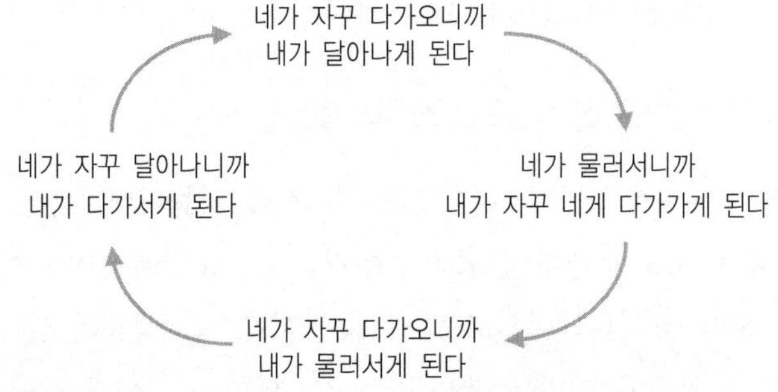

〈그림 1〉 Bergner & Bergner, 1990 ; christensen & Heavey, 1990

이 패턴에서, 한 사람은 '너에게 무슨 일이 있었는지 알고 싶어' 또는 '우리 앞으로 어떻게 할 건지에 대해서 얘기 좀 하면 좋겠어'라는 사적인 커뮤니케이션을 시도하며 친밀해지려고 노력한다. 그러나 상대는 '말할 거 없는데'라든가 '앞으로에 대해 생각해 본 적 없어' 또는 침묵으로 친밀감 있는 대화를 회피하면서 각자의 자율적 영역을 침해하지 않는 관계를 유지하려고 노력한다. 한 사람이 적극적으로 사적인 커뮤니케이션을 원하며 다가갈수록 상대는 뒤로 물러선다. 두 사람은 그들의 상호작용의 흐름에 서로 다른 구두점을 찍고 있기 때문이다. 친밀한 관계를 요구하는 사람은 '네가 자꾸 피하니까 내가 너에게 다가가려는 거야'라고 하지만 상대는 '네가 너무 대드니까 피하게 되는 거지'라고 한다.

커뮤니케이션의 흐름에 대한 주관적 인식은 사람마다 다르기 때문에 커뮤니케이션의 의미 단락에 객관적으로 정확한 구두점을 찍을 수는 없다. 그러므로 커뮤니케이션의 단락에 대한 인식이 일치하지 않으면 사람들은 서로 의미를 공유할 수 없다. '요구-회피' 패턴과 같은 건설적이지 못한 커뮤니케이션에서 벗어나려면 사람들은 그들이 커뮤니케이션의 의미 단락을 서로 다르게 인식하고 있을지도 모르며 서로 그 패턴을 어떻게 받아들이고 있는지에 대해 이야기하고 확인할 필요가 있다는 것을 알아야 한다.

'해석', '커뮤니케이션 규칙', '커뮤니케이션 단락에 대한 인식'과 관련한 언어 커뮤니케이션의 이 세 가지 원리는 우리가 커뮤니케이션에 부여하는 의미에 영향을 미친다. 창조적으로 의미를 구축하도록 강조한다.

3. 대화의 장애 요소

의학적으로 의사소통 장애(Communication Disorder)는 발달의 초기단계부터 정상적인 언어습득 방식의 장애를 가지는 장애로 신경학적 또는 말하기의 기전상의 이상이나 감각장애, 정신지체 또는 환경적 요소 등에 직접 기인되지 않는 것들이다.

의학적 의사소통 장애는 표현성 언어장애(Expressive Language Disorder), 수용성 / 표현성 혼합 언어장애(Mixed Receptive / Expressive Language Disorder), 음성학적 장애(Phonological Disorder), 말더듬(Stuttering), 수용성 언어장애(Receptive Language Disorder), 간질을 동반한 후천성 실어증 등으로 분류할 수 있다.

그런데 이러한 의학적 의사소통 장애(Communication Disorder)가 없음에도 불구하고 여러 가지 이유로 대화가 원만하게 이루어지지 않음을 느낄 때가 많다. 불편함을 야기하는 대화는 서로를 불편하게 여기게 하고 결국은 관계를 소원하게 만드는 원인이 된다.

이에 자신의 대화 방식에 대해 반성하고 효율적인 대화 기술을 향상하는 데에 도움이 되도록 올바른 대화 과정의 모델을 살펴보고 이를 방해하는 대화의 장애 요소를 살펴보기로 한다.

1) 올바른 대화 과정 모델

학자에 따라 커뮤니케이션 과정을 설명하는 많은 모델이 있지만 이 책에서는 T. Wood(1997)의 교류 모델(Transactional Models)을 중심으로 살펴보기로 한다.

Wood(1997) 이전의 설명 모델은 커뮤니케이션 과정을 한 사람씩 차례로 말하고 듣는 순차적인 것으로 설명하였다. 이에 따르면 커뮤니케이션 과정에서 한 사람이 말을 할 때에 다른 사람은 반드시 듣는 사람이 되어야 하는 것이다. 그러나 실제로 커뮤니케이션은 그렇게 순서대로 질서 있게 진행되지 않는다. 커뮤니케이션의 이러한 역동성을 강조하여 설명한 것이 Wood(1997)의 교류 모델이다.

① Wood의 교류 모델(Transactional Models)

Wood(1997) 이전의 상호작용 모델에서 설명하지 못한 것이 바로 커뮤니케이션은 거의 동시상황적으로 진행된다는 것이다. 커뮤니케이션에 참여하고 있는 사람은 자신의 메시지를 보내면서 자신의 메시지에 대한 상대의 메시지를 동시에 받는다.

〈그림 2〉 Transactional Model of Communication(T. Wood, 2000)

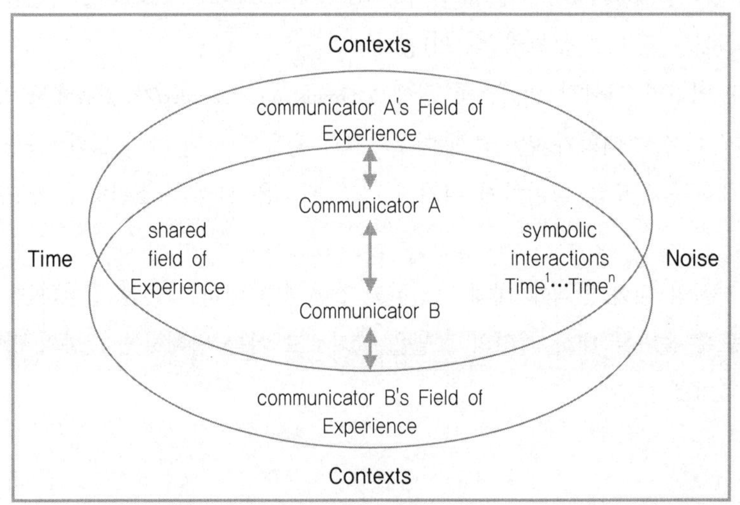

또한 커뮤니케이션으로 인해 사람들에게 일어난 관계의 변화에 따라 커뮤니케이션은 다시 변화한다. 우리가 무엇을 말하고 어떻게 상호작용할 것인가는 시간의 흐름에 따라 우리의 관계가 변한 것처럼 변한다. 예를 들면, 오랜 시간이 흐른 뒤 다시 만나게 된 옛 연인들이 서로에게 어떻게 대하고 어떤 말을 할 것인가는 그들의 변화된 관계에 따라 다를 것이다.

Wood(1997)의 교류 모델은 상호작용 모델이 간과한 커뮤니케이션의 역동성과 시간성, 변화의 특성을 설명함으로써 앞의 두 모델의 단점을 보완한 종합적 모델이라고 할 수 있다. 이 모델의 핵심 개념은 다음과 같다.

✔ 소음(Noise)

'Noise'는 올바로 듣기를 방해하는 모든 것을 의미한다. 예를 들면 주위에서 들리는 소음을 비롯하여 커뮤니케이션에 참여하고 있는 사람에게 내재되어 있는 편견에 이르기까지 포괄한다.

✔ 과정(Process)

커뮤니케이션이 계속 변화하는 과정에 있음을 설명해주는 개념이다. 서로 맺고 있는 관계의 변화 그리고 시간의 흐름과 더불어 사람들은 커뮤니케이션을 다르게 수행한다는 것이다.

✔ 체계성(Systemic)

이 모델에서 또 하나 강조하고 있는 것은 '체계성'이다. 커뮤니케이션은 체계속에서 일어나며 그 체계는 커뮤니케이션을 어떻게 수행하며 어떤 의미를 만들어내는가에 영향을 미친다. 체계 또는 맥락들은 '캠퍼스' 또는 '문화'처럼 커뮤니케이션에 참여하고 있는 사람들의 공유된 체계일 수도 있고 '가족', '종교', '친구'처럼 커뮤니케이션을 수행하고 있는 각자의 개인적인 체계일 수도 있다.

✔ 시간(Time)

우리는 새로운 사람을 만나고 성장하면서 다른 사람들과 상호작용하는 규칙을 바꾸어간다. 즉 시간의 흐름과 더불어 각각의 경험 세계가 또는 공유된 경험 세계가 변화해가는 것을 설명해주는 개념이다.

✔ 동시성(simultaneousness)

커뮤니케이션을 수행하고 있는 사람은 그 순간에 단순히 메시지를 주는 사람이 되거나 받는 사람만이 되는 것이 아니다. 우리는 말을 하기도 하고 듣기도 하면서 때로는 언어적·비언어적 메시지를 동시에 주고받으면서 커뮤니케이션 과정에 참여한다. 이는 커뮤니케이션이 수동적으로 순서를 지켜서 한 가지씩 수행되는 것이 아니라 커뮤니케이션에 참여하고 있는 사람들의 총체적인 체계들의 집합 속에서 역동적으로 이루어지는 과정이라는 것을 의미한다.

이와 같이 현재까지 인간의 역동적인 커뮤니케이션 과정을 가장 잘 설명해주는 것은 바로 이 교류 모델이라고 할 수 있다. 이렇게 커뮤니케이션이 이루어지는 과정에 작용하는 여러 가지 요인들을 잘 조정하는 것은 원만한 대화를 방해하는 요건들을 제거하는 한 가지 방법이 될 수 있다.

2) 대화 표현 장애[*]

대화를 위해 사용되는 언어 표현 자체가 대화의 장애 요소가 되는 경우이다. 발음이 부정확해서 언어 내용 전달이 제대로 되지 않거나, 특정한 어휘들을 섞어 쓰는 것이 상대방에게 저항감을 주거나 이해를 할 수 없도록 만드는 경우, 발음의 오류, 어휘의 오류로 나누어 볼 수 있다.

구현정(1997 : 207~234).

① 발음의 오류

말은 소리와 뜻의 이중 구조로 되어 있기 때문에 소리를 잘못 내면 그에 해당되는 뜻도 잘못 전달된다.

✔ 음가의 혼란

가장 문제가 되는 것은 모음의 음가이다. 특히 모음 [ㅔ]와 [ㅐ]의 구별과 [ㅓ] /
[ㅡ], [ㅣ]의 발음이 문제가 된다.

네가 / 내가 　　　　　　　게 / 개
건널목 / 건늘목 　　　　　의사 / 으사

✔ 음운 현상의 오류

말소리가 어울려 날 때, 인접한 소리들끼리 서로 영향을 받아 소리가 규칙적으로 바뀌는 현상이 있는데 이러한 규칙을 따르지 않으면 정확한 소통이 어렵거나 대화 상황에서 소외되는 경우도 발생한다.

비슬(빗을) / 비즐(빛을)　 꼬츨 / 꼬슬(꽃을)　 끄테 / 끄체(끝에)

✔ 강음화 현상

'꽈사, 짜근 형, 쌩음악, 꺼꾸로'와 같이 평음을 경음이나 격음으로 발음하는 경향이 현대에 와서 어린 학생들 사이에서 두드러지게 나타나고 있으나 이러한 언어를 사용하는 경우 대화의 품위를 손상시키게 되는 경우가 많다. 특히 어른들과의 대화나 예의를 갖추어야 하는 경우, 면접이나 토론, 토의와 같이 형식적인 자리에서는 매우 주의해야 한다.

✔ 심리적 원인

사람은 누구나 대화 상황에 따라 발음을 조금씩 의도적으로 조절할 수 있는데

‘유아적 발음, 심리적 불안정, 자신감의 결여로 말끝을 흐리는 것’과 같이 정도를 넘어서서 자기의 심리적 상태가 습관적으로 발음을 영향을 주는 경우가 있다. 일상적인 대화에서 이러한 발음들은 상대방으로 하여금 자신의 심리 상태나 정신적 능력을 의심하게 만드는 요소가 될 수 있다.

② 어휘 사용 오류

✔ 은어, 비어, 속어 사용

욕구 불만으로 인한 반항적 심리, 수치심 은폐 심리, 유희적 쾌감을 맛보기 위한 수단으로 은어나 비어, 속어를 사용하는 경우가 많다.

이러한 어휘를 사용하는 심리 자체가 상대방이나 세상을 향하여 열려 있지 않기 때문에 대화를 한다고 하여도 말장난에 지나지 않고, 대부분 대화의 장애 요소가 되어 대화를 단절시키게 되는 경우가 많다.

✔ 비표준어의 사용

서로 다른 지역의 사람들끼리 대화할 경우 특정 방언 어휘를 사용하는 것은 의미 전달에 장애를 일으키는 경우가 많으므로 주의해야 할 점이다.

✔ 외국어의 사용

국제화, 세계화의 변화 속에서 여러 나라의 언어들을 섞어 대화를 하는 경우도 흔히 접하게 되었다. 이에는 방송 매체의 영향도 크게 작용하는데 일상적인 대화에서 외국어를 사용하는 것은 과시욕으로 받아들여져 상대방에게 저항감이나 거부감을 주게 되는 경우가 많다. 관심이나 생활영역이 같은 사람들끼리는 예외가 될 수도 있지만 대부분의 일상적인 대화에서는 주의해야 할 점이다.

✔ 자극적 어휘의 사용

사람은 가치 지향적이어서 밝고 좋은 것을 더 좋아한다. 그러므로 어휘 사용에 있어서도 그 상황에서 가장 밝고, 긍정적이고, 좋은 어휘를 선택하려는 경향이 있다. 따라서 직접적이고 듣기에 좋지 않으며 부정적인 어감을 가지고 있는 언어들을 여과 없이 사용하는 것은 대화단절의 요소가 되기도 한다. 따라서 가치판단을 내포하고 있는 말들, 예를 들면, '작다, 크다, 나쁘다, 추하다, 못났다, 더럽다, 둔하다, 수다스럽다, 뚱뚱하다'와 같은 서술어나 '못난이, 곰보, 머저리, 째보, 울보, 병신' 등과 같은 어휘를 직접 사용하는 것은 상대방이나 대화에 등장하는 사람의 체면을 손상시키는 것으로 꼭 써야 하는 경우라면 완곡어법을 사용하여 충분히 간접적으로 돌려서 사용하도록 한다.

학생들이 좋아하는 말과 싫어하는 말을 조사한 다음 <표 1>은 대화 시 우리가 어떤 말들을 선택하는 것이 현명한가를 보여주고 있다.

<표 1> 학생들이 좋아하는 말과 싫어하는 말(민현식, 1996)

	좋아하는 말	싫어하는 말
남녀 공통	사랑, 우정, 친구, 행복, 희망, 꿈, 믿음, 평화, 바다, 자유	죽음, 미움, 욕, 싸움, 공부, 시험, 거짓, 불행, 똥, 슬픔, 악마, 살인
남성 우위 또는 단독 고빈도어	오락, 여자, 스포츠, 운동, 놀다, 공, 의리 조국, 평등, 힘, 이기다, 만화, 먹자, 끈기	차별, 지옥, 저주, 촌놈, 미친놈, 호모, 거지새끼, 달리기, 여드름
여성 우위 또는 단독 고빈도어	엄마, 하늘, 귀엽다, 깨끗하다, 순수, 맑다, 남자 친구, 예쁘다, 평안, 반지, 별, 가을, 인형	뚱뚱하다, 늙다, 질투, 외로움, 나쁜년, 끝, 뱀, 바퀴벌레, 마녀, 창녀, 성폭행, 두려움, 무다리

3) 대화 내용 장애

① 순환의 오류

대화는 특성상 서로 주고받는 관계가 전제되어야 한다. 혼자서 일방적으로 말하는 연설이나 훈화, 설교, 강연 등은 대화가 아니다. 이런 점에서 대화는 탁구와 같다고 할 수 있다.

말을 받는 사람은 두 가지 작업을 하여야 한다. 하나는 앞사람의 말을 수용하고 이것을 받아들이는 말을 하는 것(맥락−다듬기 context-shaped)이고, 다른 하나는 그 말을 받아서 다시 새로운 정보를 담아 상대방에게 전달하는 것(맥락−갱신, context-renewing)이다(Heritage 1984 : 242).

이러한 작업을 통하여 상대방의 말을 최선을 다해 받고 상대방에게 적절한 말로 되돌려 주어야만, 대화는 생동감 있게 지속되고, 참여자들 사이의 인간관계도 긍정적으로 바뀌어 갈 것이다.

② 화제의 오류

미리 화제를 정해 놓고 대화를 하는 사람은 거의 없다. 우리는 대화를 해 나가면서 목적이나 대상, 상황 등에 맞추어 화제를 이끌어 나간다. 그러므로 **화제를 잘못 선택하는 것은 대화의 치명적인 장애 요소가 된다.**

화제는 먼저 말하는 상황에 알맞은 것이어야 한다. 상황과 맞지 않는 화제를 가지고 이야기하면, 대화가 지속될 수 없다.

화제는 대화 참여자들이 잘 알 수 있는 내용이고, 흥미를 가질 수 있는 내용이어야 한다. 자신도 잘 모르는 분야일 뿐 아니라 상대도 잘 모른 이야기, 상대방이 흥미나 관심 없는 화제의 일방적 지속 등은 대화 장애 요소가 된다.

우리가 대화를 나누는 목적은 적을 만들고자 함이 아니다. 그러므로 상대방의 노출을 강요하거나 상대방의 관심을 강요해서는 안 되고 서로에게 부담이 되지 않는 화제로 대화를 이끌어가야 한다. 처음 만나는 사이이거나 친숙하지 않은 관계에서는 자연에 관한 것과 같이 상대방에 대한 호의일 뿐 어떤 부담도 주지 않는 것이 적절한 화제이다. 상대방에게 좋은 인상을 심기 원한다면 상대방의 입에서 긍정적인 대답이 세 번 이상 나오게 하면 된다는 하야가와의 말을 통해서도 긍정적 반응을 유도하기 위한 화제를 선택하는 것이 대화 자체뿐 아니라 인간관계에서도 매우 중요한 요소임을 확인할 수 있다.

3) 대화 참여자 관계 장애

① 대화의 걸림돌 사용

우리는 좋아하지 않는 사람, 신뢰하지 않는 사람과 이야기하는 것을 될 수 있으면 피하고 싶어 한다. 대화자 사이의 인간관계는 대화에서 절대적인 영향력을 가지고 있다. 같은 말이라도 친한 사람, 좋아하는 사람이 한 말과 그렇지 않은 사람이 한 말은 받아들이기에 차이가 있기 때문이다. 그러나 특별한 관계가 정립되지 않은 관계에서는 물론이지만, 특별한 관계로 정립된 경우라 하더라도 어떤 유형의 대화들은 두 사람이 대화를 계속하는 것을 방해하는 대화의 걸림돌로 작용한다. 걸림돌로 작용하는 대화로 다음 9가지 유형을 들 수 있다.

- 명령 또는 강요
- 경고 또는 위협
- 훈계나 설교
- 충고 또는 해결방법의 제시
- 논리적인 설득이나 논쟁
- 비평 또는 비난
- 분석 또는 진단
- 동정 또는 위로
- 캐묻기 또는 심문하기

② 승자가 되려는 욕구

가치 갈등이 있는 상황에서 승자가 되려는 욕구는 대화의 장애요소가 된다.

권위나 힘 따위에 의존하지 않고 방임하지도 않으면서 아무도 지는 사람이 없는 무패의 방법(the No-lose method)을 사용하는 것이 극복의 방법이 된다. 대화 참여자가 모두 가능한 해결책을 제안하고 평가해본 후 가장 좋은 해결책을 찾고, 어떤 방법으로 실행할 것인지 결정하는 것이 좋다.

원만한 인간관계는 원만한 대화를 만들지만, 인간관계에 문제가 있을 때에는 대화에도 문제가 생긴다. 노력과 훈련으로 이러한 장애요소를 극복해야 할 것이다.

4. 자신과의 대화, '자아 커뮤니케이션'

어떠한 일을 계획할 때에 우리는 쉽게 발설해서 책임이나 위험에 대한 문제를 만들어내지 않기 위해 심사숙고할 때가 많다. 사소한 일도 남에게 이야기하기 전에 혼자 생각할 때가 있다. 어떤 면에서는 다른 사람과의 커뮤니케이션보다 자신의 내부에서 일어나는 많은 것들에 대해 자신의 내면에서 이럴까 저럴까 생각하는 경우가 더 많을 수 있다.

자신과의 대화는 '자아 커뮤니케이션'으로서 '혼잣말(self-talk)'이라고도 한다. 자신의 내부에서 일어나는 인지 과정이라는 점에서 '생각하기(thinking)'도 포괄한다. 어떠한 이름에 대한 것이라든지 또는 아이디어와 관련한 '생각하기'는 언어에 의해 가능하기 때문에 커뮤니케이션이라고 할 수 있다(Vocate, 1994).

한 상담학회에서는 우리가 스스로 하는 말들, 즉 자신과의 대화가 어떻게 자아가치관을 강화할 수 있는지에 대하여 연구하였다(Ellis & Harper, 1977 ; Rusk & Rusk, 1988 ; Seligman, 1990).

예를 들면, '나는 이번 시험을 망쳤어. 난 정말 멍청해. 난 이제 졸업할 수 없을 거야. 졸업한다고 해도 취직할 곳도 없어'와 같은 부정적 자아 커뮤니케이션을 하는 사람은 단지 하나의 잘못된 사건으로 자신을 전체적으로 가치 없게 만들어서 자아가치를 낮추게 된다는 것이다.

V. 사티어(1972)는 낮은 자아존중감이 효과적으로 커뮤니케이션하는 것을 배우지 못한 사람들에게서 나타나는데 이들은 낮은 자아존중감으로 인해 역기능적 커뮤니케이션으로 자아 방어 기제를 삼고 외부세계를 대하며 심한 경우 병적인 증세로 진전되는 경우가 많다고 하였다.

V. 사티어의 이러한 이론을 보여주는 한 예로 론 하워드 감독의 영화 <뷰티풀 마인드(A Beautiful Mind)>를 들 수 있다. 이 영화의 주인공 '내쉬'는 노벨상을 수상한 실제 인물로 천재 수학자이었지만 대인관계와 커뮤니케이션에 서툴러 주위 사람들과 원만하게 지내지 못한다. 그러나 그 원인이 자신의 잘못된 커뮤니케이션 방법에 있다는 것을 알지 못하는 그는 '사람들이 날 싫어해'라고 외부세계에 그 책임을 전

가하면서 더욱 혼자만의 세계로 빠져 들어가 '찰스 허만'이라는 가상의 인물을 만들어내고 그와만 커뮤니케이션이 된다고 생각한다. 결국 그는 정신분열증세를 보이게 되고 프린스턴 대학의 교수직도 그만 두어야 했으며 자아분열 상태를 극복하기 위해 자기와의 힘겨운 싸움을 한다. 그가 자신의 고통을 극복하게 되는 것은 아내의 지극한 사랑에 의해서였다. 아내의 사랑에 의해 자신의 가치를 인정받고 자신을 사랑하게 되면서 그는 다른 사람과 커뮤니케이션하는 방법을 배우고 관계를 맺으며 사람과 사람이 사는 세상으로 들어오게 되는 것이다.

영화 <Breaking the Wave> 역시 자아 커뮤니케이션과 관련한 또 다른 사례로 들 수 있다. <Breaking the Wave>의 주인공 '베스'는 1970년대 초 스코틀랜드 해안 지역의 순진한 소녀로 북해 석유 채굴장에서 일하는 자유분방한 '얀'을 사랑한다. 마을 사람들의 반대에도 불구하고 두 사람은 결혼을 한다. 얼마간의 신혼생활 후 얀은 일 때문에 북해로 되돌아가게 된다. 하나님에 대한 자신의 간구에 의해 그들의 사랑이 천국에서 맺어진 것이라 확신하는 베스는 그가 돌아올 날 만을 손꼽아 기다리며 하나님께 그를 돌아오게 해달라고 기도하며 기다린다. 그러나 얀은 사고로 인해 불구가 되어 돌아오고 병상의 얀은 베스가 스스로를 일상적인 삶으로부터 차단시킬까봐 걱정한다. 앞으로 침대 신세만 질 것을 알게 된 그는 베스에게 그녀가 애인을 갖는 것이 그의 회복에 도움이 될 것이라고 설득한다. 베스는 하나님과의 기도 속에서 얀을 불구로 만든 것은 자신이 하나님께 무리하게 부탁했기 때문이라는 답을 받고 무수한 기도 속에서 얀의 회복을 위해 자신이 어떻게 해야 하는가의 답을 얻으며 서서히 자신을 버리고 무참하게 죽어가게 된다. 베스의 희생에 의해 얀이 기적적으로 회복되는 마지막 장면은 그런 모든 과정이 종교적으로 해석될 여지가 있으나 커뮤니케이션의 측면에서 볼 때 '기도'의 과정은 일종의 자아 커뮤니케이션으로 해석할 수 있다. 그러므로 '기도' 속에서 어떠한 답을 얻을 때 커뮤니케이션의 원리에 의거해서 볼 때 그가 얻는 답은 그의 인식의 범위에서 벗어나지 못하게 되며 따라서 자아 커뮤니케이션은 그가 어떤 사람이며 어떤 생각을 하고 있는가, 어떤 가치관을 가지고 있으며 얼마나 합리적이고 이성적인가 아니면 감성적인가 등에 따라 매우 긍정적인 결과를 가져올 수도 있고 매우 부정적인 결과를 가져올 수도 있다는 점을 간과해서는 안 된다. 매우 긍정적인 결과를 가져온 자아 커뮤니케이션의 예로 우리는 인류를 위해 살신성인(殺身成仁)한 공자, 석가, 예수, 마호메트와 같은 '성인(聖人)'을 들 수 있으며 부정적인 결과를 가져온 예로 세계대전을 일으켜 인류를 재앙에 빠뜨린 많은 전범(戰犯)들이나 이유 없이 다른 사람들을 해하는 범죄자들을 들 수 있다. 도스토예프스키의 소설 『죄와 벌』에서 가난한 대학생 라스콜리니코프는 '비범한 사람은 도덕과 법률을 초월할 수 있는 권리가 있다'는 허무주의적 초인사상에 경도된 나머지 끔찍한 범죄를 저지른다. 가난한 대학생 라스콜리니코프가 범죄를 저지르게 되는 과정, 그 현장, 범죄를 저지른 뒤의 방황, 그리고 자수하러 가기까지 2주 동안의 이야기를 다루고 있다. 작가는 심리적이고 철학적인 이 소설을 통해 선과 악, 이성과 감성에 대한 예리한 통찰을 보여주며 인간의 궁극적인 구원의 길을 제시하는데 이 모든 사건의 흐름은 라스콜리니코프가 세상을 어떻게 생각하고 어떻게 반응하는 것이 옳은가 스스로 해석하는 과정, 즉 라스콜리니코프의 자아 커뮤니케이션의 과정을 보여주고 있다고 할 수 있는 것이다.

이와 같이 우리가 스스로에게 하는 말이 자신의 감정에 영향을 미치고 삶에 중대한 결과를 가져오게 된다는 것이 밝혀진 후 치료자들은 부정적 '혼잣말(self-talk)'을 긍정적으로 바꾸도록 하였다. 우리가 스스로에게 어떻게 말하는가에 따라 자신의 자아 가치를 강화할 수도 있고 비하할 수도 있다는 것이다.

우리는 일상의 계획을 세운다든가 여러 가지 행동방침을 연습해보기 위해 또는 특별한 어떤 일을 하도록 또는 못하도록 강화할 때도 우리는 '혼잣말(self-talk)'을 하게 된다. '자아 커뮤니케이션'은 음식을 먹을 때 '이건 기름기가 너무 많아. 뚱뚱하게 될 거야. 2주 동안 살 뺀 게 아무런 소용이 없게 되지'라고 스스로에게 일깨워주든가 '할머니 말씀을 듣고 싶어요'라는 뜻의 존경심을 남에게 보여주기도 하고 '한대 맞을래'와 같은 말을 하고 싶은, 자칫 파괴적일 수 있는 충동을 자제하게 한다.

자아 커뮤니케이션은 이렇게 변화 가능한 각본들을 연습해볼 수 있게 하고 그것들이 수정될 수도 있게 한다.

늘 시끄럽게 자기 말만 하고 단합이 잘 되지 않는 회원에게 '넌 좀 입 다물래'라고 직접적인 말을 할까 또는 '모임에는 모든 회원이 공평하게 지켜야 할 규칙이 있다'라고 넌지시 말할까 아니면 그와 차를 함께 마시며 '모임에서는 말을 좀 조심해 주면 좋겠어'라고 말할까, 우리는 속으로 각각의 방법의 결과를 가늠해 본 후 한 가지를 골라 실제로 행하게 된다. 내면의 대화를 계속하면서 그것을 경험해보고 생각을 정리하고 행동방침을 바꾸어 보는 것이다. 이러한 것을 자아 커뮤니케이션이라고 한다. 다른 사람에게 상처를 주지 않고 좋은 관계를 맺고 싶으면 성숙하고 사려 깊은 자아 커뮤니케이션을 여러 번 연습해 본 후 가능한 결과를 예측하고 상대를 대하도록 노력해야 할 것이다.

5. 순기능적 커뮤니케이터와 역기능적 커뮤니케이터

> 인간이 지구상에 나타난 후로 커뮤니케이션은 사람들이 타인과 어떤 관계를 맺을 것인지 그리고 그를 둘러싼 세계 속에서 그에게 어떤 일이 일어날 것인지를 결정하는 가장 커다란 단일 요소이다.
>
> ____ Virginia Satir, 1972

정신의료와 사회사업을 전공한 사티어는 '가족 치료'를 위한 방편으로 '커뮤니케이션'에 주목하였다. 한 개인의 문제는 결국 가족의 문제로 귀인하며 커뮤니케이션 방법을 교정함으로써 가족 치료가 가능하다는 것이었다. 가족 치료에 개입하는 형태는 커뮤니케이션 밑에 숨겨져 있는 진정한 감정을 알도록 하는 것이다. 현재의 문제 행동을 인식하고 변화시키는 것은 행동 밑에 깔려 있는 감정을 인식하게 되거나 새로운 견해에 따라 행동을 변화시키는 것으로 보는 것이다. 그리하여 사티어는 커뮤니케이션을 정보 공유 과정으로서 중요시하였고, 커뮤니케이션의 언어적·비언어적 과정을 중요시하였으며, 메시지의 일치성과 불일치성에 많은 관심을 두었다.

사티어(1972)는 순기능적 커뮤니케이터와 역기능적 커뮤니케이터의 특징을 다음과 같이 들었다.

사티어는 역기능적 커뮤니케이션 유형을 회유(Placating), 비난(Blaming), 평가(Computing), 주의산만(Distracting)의 4가지로 나누었는데 이러한 역기능적인 커뮤니케이션은 사람들이 거부 또는 심판받는다고 느끼거나 약점이 노출될 때, 개인의 자기존중감정이 흔들리고 약해졌을 때 발생한다고 한다(Satir, 1972). 각각을 자세히 살펴보면 다음과 같다.

1) 회유(Placating)

커뮤니케이션에 있어 회유 유형을 많이 사용하는 사람은 변명과 아부를 잘하며, 다른 사람의 찬성을 받으려고 하고, 모든 것을 자기 책임으로 돌리며, 무조건 동의하고, 상대방이 원하는 대로 행동하고, 희생적이며, 다른 사람을 화나지 않게 하려고 노력한다. 의사소통을 하는 데 있어 이런 사람은 내면적으로는 자신은 무가치하다고 여기며 곁에 누가 없다면 죽은 목숨과 같다고 느낀다. 이러한 회유 반응은 자신을 위하여 자신의 욕구를 숨기는 것이다.

2) 비난(Blaming)

커뮤니케이션에서 비난을 주로 하는 사람은 내면적으로는 외롭고 비성공적인 감정이 있다. 비난은 상대방을 두렵게 하고 상대방은 비난하는 사람에게 복종하게 된다고 생각한다. 비난 행위는 다른 사람과 가까워지고 싶은 자신의 욕구를 숨기는 것이다.

이러한 사람은 자기주장이 강하고 독선적이며 명령적이고 지시적이다. 잘못을 남의 탓으로 돌리고, 참을성이 없으며 자신이 제일이라고 생각한다. 다른 사람의 충성과 복종을 요구하며, 강자같이 생각하고, 다른 사람을 무시하거나 남의 말을 무시하며, 자신이 상관이라고 생각한다.

3) 평가(Computing)

커뮤니케이션에 있어 평가를 주로 하는 이 유형은 내면적으로 약해서 감정적으로 상처받기 쉬운 사람이 사용하는 역기능적인 커뮤니케이션 유형이다. 평가 행위는 상대방에게 시기심을 갖게 하고 상대방이 시기할 경우 평가하는 사람과 한편이 되리라고 생각하는 것이다. 평가하는 사람은 자기 자신과 다른 사람을 위하여 필요한 자신의 정서적 감정을 숨긴다.

이러한 사람은 합리적이며, 지나치게 이치에 맞게 평가하고, 조용하고 냉정하고 침착하다. 그리고 자신과 다른 사람을 멀리하면서 주제에 대해 완전히 중립을 유지하고 자신의 감정을 부정한다.

4) 주의산만(Distracting)

커뮤니케이션을 할 때에 주로 주의산만한 사람은 내면적으로는 아무도 상관하지 않고, 현재 있는 곳이 자기가 있기에 적절하지 않다고 생각한다. 말하거나 행동하는 것이 다른 사람의 것과 일치하지 않아도 별로 상관이 없으며 관심이 없다. 그리고 자신과 주위사람들의 욕구를 무시한다.

사티어의 네 가지 역기능적인 커뮤니케이션 유형은 자신의 전체를 숨기는 방법이거나 자신의 부분들을 숨기는 것, 즉 감정을 숨김으로써 상처입지 않기 위해 사용하는 방어기제이다. 이와 같이 자신의 감정을 나타낼 수 없거나 나타내지 않는 사람은 대체로 오랫동안 심하게 상처를 입었거나 무시당해 온 경향이 있다. 감정을 나타내지 않는 것은 다시 상처 입는 것으로부터 자신을 보호하는 방법인 것이다.

효과적으로 커뮤니케이션하는 것을 배우지 못한 사람들은 이와 같이 역기능적인 커뮤니케이션으로 다른 사람들을 인정하지 않으면서 낮은 자아존중감을 가지고 있는데 이러한 낮은 자아존중감은 가족으로부터 자신을 분화시키고 성장 발달하는 것을 방해하므로 성숙을 방해할 뿐 아니라 병적 증상을 가지고 있는 경향이 있다.

한편 이와 더불어 사티어의 커뮤니케이션 이론에서 '이중 메시지'는 매우 중요한 개념의 하나이다. 사티어에 따르면 문제가족은 '이중 메시지(Double-level Messages)'를 통하여 커뮤니케이션을 하는데 '이중 메시지'는 다음과 같은 상황에서 일어난다.

① 낮은 자아존중감을 가지고 있고 자신을 나쁘다고 생각한다.
② 다른 사람의 기분을 상하게 할까 걱정한다.
③ 다른 사람과의 관계를 걱정한다.
④ 관계가 깨질까 걱정한다.
⑤ 강요하는 것을 싫어한다.
⑥ 사람이나 상호관계에 대한 의미를 갖지 못한다.
⑦ 일반적으로 사람들은 자기자신이 '이중 메시지'를 전달하면서도 모르고 있으며, 커뮤니케이션의 결과는 반응에 따라 다르다.

사티어는 고통의 원인을 '나쁜 사람(Bad Person)'에서 찾지 않고 '나쁜 규칙(Bad Rules)'에서 찾는다. 즉, 가족체계는 성장을 방해하는 융통성 없는 규칙 때문에 고통 속에 있는 것이므로 분명하지 않은 규칙은 표면화되고 언어적으로 분명히 밝혀 모든 가족성원들에게 알리도록 하여야 하며 가족 체계에 고통을 주는 규칙이 있다면 커뮤니케이션을 통하여 그러한 규칙을 고쳐나가도록 함으로써 가족의 문제를 해결할 수 있다는 것이다.

이와 같이 사티어는 대인관계의 가장 기본적인 기술이라는 점에 중점을 두어 커뮤니케이션을 의사(opinion)를 소통하고, 정보(information)를 교환하고 감정(sentiment)을 이입시키는 행위의 수단이라고 정의하고 있다.

6. 면담 화법

인터뷰는 고용, 견책, 연구, 조직 내 문제 해결 등 많은 곳에 쓰인다. 목표는 모두 다르지만 모든 인터뷰에는 공통되는 특질이 있다. 예를 들면 대부분의 인터뷰는 '질문－대답'의 형식으로 이루어진다는 것이다. 화법의 기본 원리는 면담 화법에도 당연히 기본적으로 적용된다. 취업 면담시에 효과적으로 커뮤니케이션하기 위해 커뮤니케이션의 기본 원리를 알고 준비하는 것이 면담 화법에서 특히 중요시하는 학습 내용이다.

대학생들에게 가장 현실적인 면담은 취업 면담이므로 여기에서는 취업 면담을 중심으로 하여 살펴보기로 한다.

얼마 전 한 대학에서 취업 면접시험에 대비한 과목을 필수 과목으로 지정하여 이 과목을 이수하지 않으면 졸업하지 못 하도록 한 것은 우리 사회의 경제 상황과 취업난의 극심함을 대변하고 있다. 이는 이제 대학도 실질적인 학문을 가르치지 않아서는 그 대학의 학생들이 사회에 나아갈 수도 없고 사회에 나아가서도 성공적 삶을 살아가는 데에 도움이 되지 않는다는 것을 인식하였다는 의미로 볼 수 있다.

인터넷 강국인 우리나라에서 가장 많은 회원을 가지고 있는 사이트가 인크루트나

잡코리아 같은 취업 전문 사이트들이며 이러한 사이트는 많은 부분을 면접에 대한 정보를 다루고 있다.

면담 화법은 특히 취업 면접에서 매우 중요한 역할을 한다. 환자 치료 면담이나 견책, 연구, 문제 해결 등을 위한 면담은 그래도 비교적 몇 회에 걸쳐 어느 정도의 기간을 두고 진행되지만 취업 면접은 단 1회로 당락이 결정되므로 그 한 번의 커뮤니케이션이 잘못 되었을 때 만회할 방법이 없기 때문이다.

성공한 사람들의 성공비결이 85%가 인간관계라는 연구 발표에서도 보여주는 바와 같이 취업에 있어서도 능력이나 학점, 영어 실력 등으로만 취업이 보장되던 시대는 이미 지났다고 한다. 다음 기사는 취업을 앞두고 있는 사람들에게 상당히 시사적이다.

명문대학 경영학과를 졸업한 이 모 씨(28)에게 취업난은 남의 얘기였다. 자신의 학점과 영어점수 등 객관적 조건이 남에게 뒤떨어지지 않는다고 생각했기 때문이다.

예상대로 이씨는 국내 대기업들의 서류전형과 필기시험에서는 쉽게 통과했지만 최종 면접에서 번번이 불합격의 고배를 마셨다.

그는 서른 번의 면접 탈락 후 친분이 있는 인사담당자에게 전화를 걸어 자신의 문제점에 대해 물었다. 인사담당자는 이씨의 외모와 첫인상을 실패의 가장 큰 이유로 꼽았다. 구직자들의 경쟁이 치열해지면서 첫인상과 외모와 같은 요소들이 면접시의 커다란 변수로 떠오르고 있다.

구직자들의 대학학점이나 영어점수 같은 객관적 평가요소들이 상향평준화됨에 따라 첫인상과 같은 주관적 요소들이 점점 중요해지고 있는 것이다.

이를 반영하듯 전반적인 경기침체에도 불구하고 피부관리실, 성형외과, 이미지 컨설팅 업체들이 때 아닌 호황을 누리고 있다.

피부관리실을 운영하는 김미선 씨(34)는 "취업시즌이 다가오면 보통 화장술과 피부관리에 대한 문의가 증가한다."며 "특히 젊은 남성들의 외모에 관한 상담이 크게 늘어났다."고 말했다.

대기업의 인사담당자는 "외모를 채용 기준의 하나로 고려하는 것은 공공연한 사실"이라며 "외모를 충실히 가꾸는 사람은 자신의 삶에도 충실할 것이라는 인식이 널리 퍼져 있다."고 설명했다.

취업 전문가들은 "구직자들은 기업들의 외모 중시 풍조에 대해 부정적으로만 생각할 것이 아니라 몸가짐과 표정, 말투 등에서 호감을 줄 수 있도록 평소부터 연습해야 한다."면서 "기업들 역시 심층면접 개발을 통해 지원자들의 첫인상이나 외모뿐만이 아니라 숨은 능력과 끼를 발견할 수 있어야 한다."고 지적했다.

___ 파이넨셜뉴스

구직자들의 대학 학점이나 영어 점수 같은 객관적 평가 요소들이 상향 평준화됨에 따라 '첫인상'과 같은 주관적 요소들이 면접에서 점점 중요해지고 있다는 위의 기사문처럼 취업의 최대 난관으로 응시자들은 면접을 꼽고 있다. 면접에서는 주어진 단 1회의 주어진 시간 동안 이루어진 커뮤니케이션에 의해 운명이 결정된다고 생각하기 때문에 응시자들뿐 아니라 기업에서도 한정된 기회를 통해 자기 회사에 꼭 필요한 진주를 찾아내기 위해 여러 기준으로 가산점과 감점을 주며 당락의 핵심 자료로 삼고 있다고 한다. 이에 대한 최근 한 취업 사이트의 다음 조사 자료는 참고가 될 만하다.

가산점을 준 경우

- 대우종합기계 : 침착하고 조직 적응력이 뛰어난 응시자에게
- LG생명과학 : 말투가 논리적이고 표정이 밝으면 후한 점수
- 신동아화재, 한미은행, 한화증권 등 : 적극성을 띤 사람에게
- 현주컴퓨터 : 외모가 단정한 사람에게

감점을 한 경우

- 소극적이거나 태도가 불량하면 여지없이 감점
- 외환은행 : '예의가 없다'는 것을 대표적인 감점 요인으로
- 한솔텔레콤 : 말투가 어눌해서
- 조선호텔 : 다리를 꼰 응시자를 감점 처리
- 나이키코리아 : 눈을 자주 굴린 사람에게 점수를 박하게

___ 헤럴드경제(2004. 12.)

기업 쪽에서는 불확실한 경제 상황을 돌파하려면 무엇보다 확실하고 유능한 인재

확보가 긴요하다는 판단에서 최고의 보석을 골라내기 위한 이색적인 채용 전략을 짜내고 있다고 한다. 10명의 대졸 신입사원을 채용한 침구업체 '이브자리'는 마지막 채용 전략을 '등산 면접'으로 하였다. 1차 시험 합격자 65명이 사장을 포함한 회사 임직원들과 함께 새벽 6시부터 4시간 동안 서울 근교 불암산에 올랐는데 인사팀장은 "등산하면서 회사 간부들이 응시자들과 1대 1로 대화를 나누고 산 정상에서 즉석 장기 자랑 등을 하는 산악 면접을 가졌다"며 "이를 통해 지원자들의 체력과 창의성, 협동성 등을 다각도로 파악할 수 있었다"고 말했다.

한편 이랜드 그룹은 2004년 국내 대기업 중 처음으로 입사 원서에 학력이나 나이, 성(性)별 기재란을 완전히 없애기로 결정했는데 담당자는 "학력·성·나이 난을 없애는 대신 구직자들이 스스로 가치관과 적성·능력 등을 보여주는 2MB(메가바이트) 분량의 '자기 증명 자료' 파일을 받는다"고 말했다. 이를 통해 컴퓨터 문서나 동영상·그래픽 제작 같은 정보처리 능력도 평가한다는 구상이다.

최근 들어 기업들에 번지고 있는 이색 채용 트랜드의 큰 특징 중의 하나는 기존 '사내(社內) 면접'의 파괴이다.

현대오토넷은 식사와 술자리 면접을, LG칼텍스는 축구 면접을 거쳐 각각 최종 합격자를 뽑았다. LG칼텍스측은 "기존 사원들과 축구 경기를 치른 뒤 회식을 하며 지원자들의 팀워크, 대인(對人) 관계 등을 측정했다"고 말했다.

샘표식품은 4명이 한 조가 되어 1시간 동안 쇠고기·닭고기·채소 같은 주어진 재료를 이용해 요리 작품을 만드는 '요리 면접'을 3년째 시행 중이다. '요리를 알아야 주부를 이해할 수 있다'는 오너의 경영 철학에 따른 것이지만, 단순 조리 능력보다 똑같은 재료로 누가 창의적인 음식을 만들고 누가 요리 작품을 잘 설명하는지를 평가하는 게 주 목적이다.

대한항공은 객실 승무원 채용 시 '역할 수행(role playing) 면접'을 한다. 담당자는 "교과서적 지식보다는 승객이 어려운 일을 요청하거나 커피를 쏟거나 어린이가 소란을 피울 때와 같은 여러 상황을 설정해 순간적인 기지와 대응 능력을 살펴본다"고 말했다.

영어 구사 능력이나 감성·상상력도 면접 평가 항목으로 부각되고 있는데 삼성그룹의 경우, 국제 사업 수행 능력 측정 차원에서 삼성물산이 처음 도입한 영어 프레젠테이션 면접을 삼성전자, 제일기획 등 다른 관련 계열사로 확대할 방침이라고 한다.

태평양은 면접 시 비발디의 사계(四季) 등을 들려주며 음악감상문을 쓰라는 주문을 했고, 국민카드는 지원자의 창의력과 자기표현력을 평가하기 위해 종이 한 장에 자신을 표현할 수 있는 사물이나 동물을 그려 보라는 '그림 면접'을 실시하기도 했다.

한 채용전문 업체의 사장은 "최악의 취업난 속에서 최고의 우수 인재를 선발하기 위해 기업들의 아이디어 면접 채용 전쟁은 앞으로 계속 확산될 것"이라고 전망했다 (조선일보, 2004. 12.).

'좋은 직장 들어가기'에서 지적한 취업문을 뚫는 사람들의 6가지 특징과 취업 못 하는 사람들의 4가지 특징은 다음과 같다.

취업문을 뚫는 사람들의 6가지 특징

1. 성적이 그렇게 뛰어나지 않다(=학점은 그리 중요한 것이 아니다).
2. 호감이 가는 외모를 가지고 있다.
3. 자기만이 내세울 수 있는 무기가 있다.
4. 금융기관의 경우 부모가 관련 직업에 종사하는 경우가 많다.
5. 글을 잘 쓰고, 말을 조리 있고 설득력 있게 한다.
6. 의지와 목표가 뚜렷하다.

취업 못 하는 사람들의 4가지 특징

1. 자기도 자기 자신에 대해 잘 모른다.
2. 구체적인 계획이나 준비도 없이, 대기업이나 공기업 같은 인기 있는 직종만 좇는다.
3. 4학년 2학기 때, 영어와 컴퓨터 공부를 하느라 허둥댄다.
4. 자기가 가려는 회사를 찾아가 보지 않는다(그 회사가 구체적으로 무엇을 하는지 모른다).

기업에서 신입 사원 채용을 위해 시행하는 면접은 일반적으로 개별 면접, 집단 면접, 집단 토의 면접의 형식에 의한다. 몇 년 전부터는 무자료 면접, 프레젠테이션 면접, 다차원 면접, 실무자 면접 등 새로운 형태의 면접이 생기기도 했는데, 면접의 기본 평가 요인은 같다.

개별 면접은 시간이 많이 걸리더라도 1명의 지원자를 한 명 또는 여러 명의 면접관이 면접하는 방식이다. 기업에서 최종 인원의 마지막 면접이나 언론사나 중소기업에서와 같이 소수의 인원을 선발할 때 주로 사용된다. 개별 면접은 지원자에게 정신적인 압박과 긴장감이 크지만 자신의 신상과 자질에 대해서 충분히 알릴 수 있다는 점에서 오히려 유리할 수도 있다.

집단 면접은 면접관 여러 명이 지원자 여러 명을 한꺼번에 평가한다. 지원자는 여러 명이 함께 면접을 받기 때문에 개별 면접에 비해 압박감이 덜하지만 지원자들은 서로 비교가 될 수 있으므로 자신의 의견을 명확히 해서 집단 속에 묻히거나 밀려나지 않도록 해야 한다. 주제넘게 남의 질문에 나서거나 돋보이기 위해 지나친 행동을 하는 것은 물론 삼가야 한다. 면접관의 입장에서도 지원자들을 서로 비교하며 개별적으로 관찰할 수 있는 시간적 여유를 갖게 되며 개별 면접에서 볼 수 없는 '협동성'을 볼 수 있다는 장점이 있다. 짧은 시간이지만 혼자서 자기주장만 하고 다른 사람이 말할 때에는 한눈을 파는 등의 행동을 하지 않도록 해야 한다.

21세기의 기업에서 중요시하는 것은 그 사람이 가진 능력이나 기술보다 얼마나 기업 조직 문화를 존중할 수 있는 사람인가, 즉 기업 내에서 다른 사람들과 협동하고 노력할 것인가 하는 '커뮤니케이션과 대인관계' 능력이라고 한다.

최근의 면접은 담당 실무진의 면접을 중시하는 경향과 함께 집단 토의식을 선호하는 추세이다. 집단 토의식은 제시된 일정한 주제나 내용에 대해 지원자들의 토의를 경청하면서 그들의 말 한마디, 제스처, 듣는 태도 등을 평가하는데 주어진 짧은 시간 안에 많은 요소들을 파악하는 데에 가장 효율적이라고 여겨지고 있다.

집단 토의식은 집단 속에서 개인의 능력을 어떻게 발휘하는가, 어떤 일에 적합한가 하는 따위를 판정하는 데 유리하다. 집단 토의는 각 구성원의 지식, 경험, 의견을 나누고 문제점을 보다 신중히 해결하기 위해 모든 멤버가 협력해 생각하는 지적 공동 작업으로 본다. 토의 과정에서 리더 역할을 하는 사람, 자신의 주장을 당당하게 발표하는 사람, 남의 의견을 차분히 듣고 모두의 의견을 정리하는 사람, 다른 사람의 의견을 들은 후 결론은 자신의 뜻대로 정해 버리는 사람 등 개인의 성품을 파악하기에 적절하다는 것이다.

그러나 실제로 면담 커뮤니케이션은 위와 같이 우리가 생각하는 취업 면담 외에도 일상생활의 많은 부분에서 이루어지고 있다. 그리고 면담 커뮤니케이션은 자신이 면담자인지 피면담자인지에 따라 커뮤니케이션 방법도 다른 것이 특징이다. 면담 커뮤니케이션에 대하여 논하는 경우 취업 면담에 대해서는 대부분 피면담자의 입장에서 어떻게 커뮤니케이션하는 것이 효과적일까에 초점을 맞추고 있지만 '해고 면담'에서는 면담자가 어떻게 피면담자에게 인간관계를 해치지 않고 해고의 내용을 잘 전달할 수 있을까에 초점을 맞춘다. 상담이라든가 의료 부문에서도 피상담자나 환자의 입장에서 문제 해결을 위해 어떻게 커뮤니케이션해야 하는가에보다 상담자나 의사, 즉 치료자의 입장에서 어떻게 효과적인 면담 커뮤니케이션을 할 수 있을까에 초점을 맞추고 있다. 최근의 임파워먼트 상담은 피상담자나 환자의 입장에서 문제 해결을 할 수 있도록 구성되어 있지만 그 구성을 상담자나 치료자가 주도한다는 점에서는 동일한 관점이다.

E. 커셀(Eric Cassell)은 의료의 예술(art of medicine)에는 다음과 같은 네 가지 영역이 있다고 말하였는데 그 내용이 모두 '관계'와 '커뮤니케이션'에 대한 것임은 의술에 있어서도 중요한 것이 단순히 육체적·물리적으로 질병을 찾아내는 진단이나 치료만이 아닌 것을 말해주고 있다. 모든 병은 마음으로부터라는 말처럼 의사가 환자를 또는 환자 스스로 '마음'을 다스리는 일이 가장 중요하다는 것이다. 그 '마음을 다스리는 일'은 '관계'와 '커뮤니케이션'을 통해서야 가능하다고 본 것이다.

1. 환자에게 최선의 결정을 내리기 위해, 주관적 그리고 객관적 정보를 얻고 통합하는 능력
2. 치료적 결과를 위해 의사-환자 관계를 사용하는 능력
3. 의사(들)와 환자(들)가 어떻게 행동하는가에 대한 지식
4. 효과적 의사 소통

전남대 의과대학의 정신과학교실에서 최영 박사는 '의사-환자 관계 증진을 위한

효과적인 면담 기법'에서 면담(interview)은 과학(science)이라기보다는 예술(art)이며 과학성과 예술성을 동시에 갖추어야 한다고 하였다. 그는 면담 이전에 고려해야 할 사항으로 의사의 외모, 진료 환경, 환자가 기대하는 것, 의사가 기대하는 것을 들었다.

그리고 환자의 면담 협조를 촉진시키는 기법들로 침묵, 다시 말해주기, 연민과 공감, 지지, 칭찬, 요약을 들었다. 이 기법들은 원래 일반적인 면담 커뮤니케이션에 적용되는 기본적인 것들로 최영 박사는 이를 의료의 측면, 즉 의사와 환자의 관계에서 기술하고 있는 것이다. 자세한 설명을 보이면 다음과 같다.

1) 침묵(silence)

환자가 자발적으로 진료에 도움을 주는 자료를 제공하는 경우, 환자를 쳐다보고 고개를 끄덕이면서 단순히 그저 듣기만 하는 것으로 충분하다.

2) 다시 말해주기(reflection)

"가슴의 통증을 네다섯 차례 느끼셨군요", "밤에 가려움증이 심하시군요" 하는 식으로 환자가 한 말을 다시 말해주는 것이 환자의 자발성을 촉진시켜 준다.

3) 연민(sympathy)과 공감(empathy)

연민과 공감의 의미는 의사 자신이 환자와 같은 입장에 서보는 것을 뜻하는데, 이 공감을 통하여 의사가 환자를 일방적으로 한 방향으로 이끌고 가는 것을 막을 수 있다. "힘드셨겠네요.", "얼마나 고통받으셨어요, 그래." 하는 식의 언급이 좋다. 반면에, 지나친 연민은 환자의 부정적 감정들을 표현하는 것을 방해하고 의사로서의 객관성을 훼손한다는 점도 알아야 한다.

4) 지지(support)

당신의 고통을 이해하게 되었다라는 식의 간단한 언급이 환자에게 도움이 된다.

5) 칭찬(praise)

예를 들어 환자가 의사가 이전의 진료 후에 처방한 약물을 복용하지 않았다고 이야기한다면, "내가 처방한 약을 먹지 않았다고 이야기 한 것에 대해 고맙게 생각합니다. 당신에게 무슨 문제가 있었는지 내가 더 잘 알수록 더 치료를 잘할 수 있으니까, 내 처방이 무슨 문제가 있었는지 이야기 해보시지요."라고 말해 주는 것은 환자를 격려해 주고 개방적이 되게 도와준다. 환자의 노력을 가끔 칭찬하는 것은 좋지만, 반복적인 칭찬은 환자로 하여금 의사의 진지함에 대한 의문이 생기게 만드므로 주의한다.

6) 요약(summation)

면담 도중에 주기적으로 환자가 말한 것을 간단하게 요약해 줌으로써, 의사가 들은 정보가 실제 환자가 이야기 한 것과 일치한다는 것을 알려주어 안심시켜 주는 것이 필요하다.

최영 박사는 치료적 면담에서는 많이 들어줄수록 좋다고 생각할 수도 있으나 지나치게 긴 면담은 부끄러움과 공허감만을 남길 수도 있으므로 임상 현장의 여러 가지 여건을 고려하여 환자의 문제를 파악하고 앞으로의 계획을 수립하는 데 충분한, 그리고 환자가 의사에게 이해 받았다는 느낌과 다소 편안해졌다는 느낌을 갖는 정도에서 면담을 마쳐야 한다고 한다.

다음은 채용 사이트 및 스피치 문화원 등에서 게시한 면접 커뮤니케이션에서 주의할 점이다.

① 경청
② 적극적인 태도
③ 좋은 인상
④ 공손한 태도
⑤ 자신의 능력을 최대한 표현
⑥ 분명한 주관
⑦ 지원회사 및 경쟁사, 시장 상황 등에 대한 정보 파악
⑧ 여유있는 태도
⑨ 개인적인 커뮤니케이션 강조
⑩ 시간을 충분히 활용(답변은 1분 내외)

7. 효율적인 대화의 지침

1) 정확하고 분명하게 말하라

언어는 언어 자체가 가지고 있는 상징적 특징, 자의적이며 추상적이고 모호함 때문에 오해 가능성이 항상 있다. 게다가 개인적인 차이와 문화적인 차이는 상징에 대한 해석을 다양하게 만든다. 그리고 커뮤니케이션 상황에 개입하는 많은 외적 요인들이 의미의 정확한 공유를 방해한다. 이러한 오해의 여지를 완전히 없애지는 못한다고 하더라도 자신이 사용한 언어의 내용적 의미와 관계적 의미가 상대의 인식과 같은 영역에 속하는가, 어떤 특정한 언어를 사용할 수 있는 관계인가 생각하여 분명하고 명확하게 말하고 서로 확인함으로써 우리는 언어 자체가 야기하는 오해를 최대한 줄여나갈 수 있다.

2) 추상성의 단계에 주의하라

언어 커뮤니케이션에서 야기되는 오해는 추상성의 단계에 주의함으로써 감소될 수 있다. 추상성이 높을수록 언어는 많은 혼란을 야기한다. 예를 들어 훌륭한 사람이 되라고 할 때 아이들은 어떤 것이 부모가 말하는 '훌륭한 사람'의 개념에 해당하는지 이해하지 못한다. 남자들이 바라는 '착한 여자'나 여자들이 바라는 '능력있는 남자'는 말하는 사람에게도 듣는 사람에게도 모두 일반적인 개념과 개인적인 가치가 다르다. 결혼을 위해 준비하는 사람은 자신이 바라는 이상형에 대하여 구체적으로 생각할 필요가 있다. 막연하게 갖고 있는 추상적인 이미지는 현실과 부딪쳐 깨어지기 쉽기 때문이다.

그러나 이러한 논의는 구체적인 표현이 추상적인 표현보다 항상 좋다는 것은 아니다. 중요한 것은 특정한 커뮤니케이션의 대상이나 상황에 맞추어 추상성의 단계를 맞추라는 것이다. 커뮤니케이션을 하고 있는 사람들이 논의되고 있는 것들에 관하여 서로 비슷한 구체적인 지식을 공유하고 있을 때 추상적 단어의 사용은 적절할 수 있다. 예를 들어 오랜 친구끼리 만났을 때 사용하는 용어는 그 용어에 대하여 그들이 가지고 있는 추상적 단계에 맞추어 해석되는 것이다. 그러므로 경험이나 어떤 용어의 의미에 대하여 공유하고 있는 것이 별로 없는 사람들끼리의 커뮤니케이션에서는 좀더 구체적인 언어 사용이 유용하다.

한편 서로 전략적 모호함을 만들어내기 원할 때에는 추상적 언어의 사용이 매우 유용할 수 있다. 예를 들면, 정치가들은 추상적 단어를 상투적으로 사용한다. 전에 그가 했던 전략적으로 애매모호한 말들이 지금 주장하는 것들과 계속 연관되는 것이라고 주장하기 위해서이다.

그러나 분명 추상적인 언어는 오해를 초래하는 경우가 많다. 예를 들어 온라인 대화는 오해되기가 쉬운데 의미 해석을 도울 수 있는 비언어적인 단서가 매우 부족하고 함축적으로 사용된 구나 완결되지 않은 생각을 표현하는 경우가 많기 때문이다.

사람들이 서로에게 변화를 원한다는 뜻을 전하기 위해 말을 할 때 추상적인 언어를 선택하면 오해를 불러일으킬 수 있다. 예를 들어 "네가 좀 더 진취적이었으면 좋겠다”라는 말은 더 많은 시간을 일하기 원한다는 뜻일 수도 있고 새로운 프로젝트를 찾아내기를 원한다고 해석될 수도 있으며 상사의 지시에만 의존하지 말라는 의미도 될 수 있다. 또는 “네가 다른 사람이 되었으면 좋겠다”와 같은 말도 상대를 매우 당혹스럽게 할 수 있다. 어떤 면에서 다른 것을 요구하는 것인지, 타고난 본성까지 달라지라는 것인지 아니면 다른 사람을 원하는 것인지 그 의미가 매우 모호할 수 있기 때문이다.

만약 대화하고 있는 사람들이 대화에 사용한 추상적인 용어가 무엇을 뜻하는지 구체적인 지시물에 대하여 공유하는 것이 없다면 애매한 추상성은 끝없는 오해를 양산할 수 있다.

3) 적절한 언어를 사용하라

커뮤니케이션의 명확성을 높이기 위한 또 하나의 좋은 방법은 적절한 언어를 사용하는 것이다.

적절성을 갖추어야 하는 언어에 두 가지 유형이 있다. 하나는 적절한 일반화이다. 어떤 절대적인 것, 개별적인 것에 일반화된 개념을 사용하여 말하면 우리 자신이나 다른 사람에게 잘못된 인식을 심어줄 수가 있다. 예를 들어 ‘정치가는 거짓말쟁이다’라는 말은 과장된 일반화로 올바른 진술이 아니다. 좀 더 정확한 진술이 되려면 ‘많은 정치가들은 정직하지 않은 모습을 보여 왔다’라고 해야 할 것이다. ‘적절함’은 우리가 말하려는 것에 대하여 ‘제한’할 것이 있음을 주의시켜 준다.

두 번째로 사람에 대한 평가와 묘사에 있어서도 적절한 언어를 사용해야 한다. 정체적 평가는 대상에 대한 평가에 변화가 없는 것으로 그 대상이 변하지 않는다는 의미를 담고 있다. 정체적 평가는 “A는 이기적이야”, “B는 무책임해”, “C는 예의가 없어”와 같이 사람에게 사용될 때 특히 문제가 될 수 있다. ‘×는 ○○해’라는 표현을 사용할 때 우리는 대상 ×가 변하지 않고 고정되어 있다고 전제하는 것이다. 그러나 실제로 우리는 고정되어 있지 않고 끊임없이 변한다. 어떤 때엔 이기적으로 행동하던 사람이 다른 때엔 관대할 수도 있으며 무책임한 사람도 다른 상황에서는 책임감이 강한 사람이 될 수 있는 것이다. 다음은 정체적 평가에 의한 부적절한 커뮤니케이션의 사례이다.

> 어머니가 아직도 나를 어린애 취급을 할 때는 정말 최악의 느낌이다. 나는 이제 군대도 다녀왔고 여자 친구도 있다. 그러나 어머니는 아직도 초등학교 저학년 아동처럼 내가 모든 것을 어머니께 말씀드리기를 원한다. 나는 혼자이신 어머니를 위해 어머니가 원하는 어린 아들 역할을 해왔지만 이제는 내가 결혼을 앞둔 다 큰 남자라는 것을 받아들이도록 말씀드려야 할 것 같다.

4) 언어를 색인하라

'색인하기'는 우리가 어떤 것에 대하여 가치 평가를 할 때 특정한 시간과 특정한 상황에 의해 한정된다는 것을 주의시키기 위해 커뮤니케이션 학자들이 생각해낸 기술이다(Korzybski, 1948).

색인하기는 사용한 언어에 다음과 같이 특정한 시간과 특정한 상황을 기술에 덧붙이는 것이다.

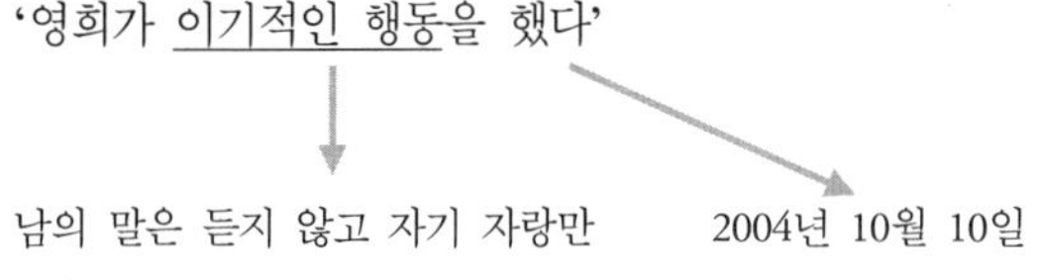

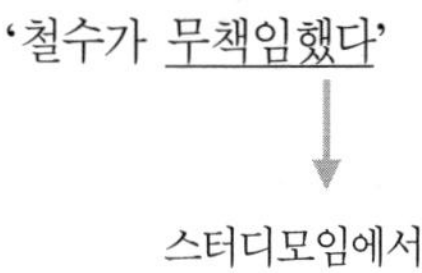

색인하기가 정신적으로 행해질 때 우리 스스로 또는 다른 사람들이 눈에 띌 만큼 바뀌어질 수 있음을 알게 된다.

5) 자신의 느낌과 생각을 가져라

우리는 종종 자신이 무엇을 생각하고 어떻게 느끼는 지에 대해 책임을 회피하는 식으로 말을 한다. 예를 들면, "너 정말 나를 귀찮게 하는구나"라는 말이나 "너는 왜 내 속을 썩이니?"와 같이 말하는 것이다. 이러한 말은 자기가 느끼는 감정이 자기가 아니라 다른 사람에 의한 것이라는 책임 회피의 의도를 담고 있다. 그러한 말을 할 때 우리는 우리의 반응을 다른 사람의 탓으로 돌리게 된다. '너는 너무 졸라대는구나'라는 말은 사실은 상대가 원하는 것 또는 기대하는 것에 의해 자기가 스트레스를 받는다는 뜻이다.

느낌은 반응을 압박한다. 다른 사람의 행동이 우리에게 영향은 주어도 그것에 의해 우리가 자신의 느낌을 결정하는 경우는 사실 거의 드물다. 우리의 느낌과 생각은 우리가 다른 사람의 커뮤니케이션을 어떻게 해석하는가에 의해 달려 있다. 다른 사람의 말을 우리가 어떻게 해석했는가 하는 것이 우리의 느낌을 결정하지만 그러한 결정을 하게 한 것은 우리의 해석인 것이지 다른 사람의 커뮤니케이션에 의한 것이 아니다. 물론 학대적 관계나 권력적인 관계와 같은 어떤 특별한 상황에서는 우리의 생각과 느낌을 다른 사람이 강제할 수도 있을 것이다. 그러나 사실은 그러한 극단적인 상황에서도 우리는 자신의 감정에 반응하는 것은 우리 자신이라는 것, 즉 자신의 감정에 대한 책임은 우리 자신에게 있다는 것을 잊어서는 안 된다. 우리는 자신의 의지대로 생각이나 느낌, 행동을 굽히지 않을 수 있고 다른 사람이 하는 것에 대해 동의하지 않을 수 있다. 다른 사람에게 그들이 우리로 하여금 어떻게 느끼게 하였다고 말하는 것은 그들에게 역시 거부감이나 방어심리를 일으킬 수 있고 어떤 경우에나 건강한 관계 형성에 도움이 되지 않는다.

효율적인 커뮤니케이터들은 자신의 생각과 감정을 담은 말을 사용함으로써 자신에 대한 책임을 스스로 진다. 그들은 자신의 느낌을 주장하고 자기 자신에게 일어난 것들에 대해 다른 사람을 비난하지 않는다. 그들은 자신의 느낌을 책임지는 표현으로 '나—언어(I language)'를 사용한다.

'나—언어'와 '너—언어'는 두 가지 차이점이 있다.

첫째로 '나–언어'는 '책임감'을 담고 있지만 '너–언어'는 책임을 다른 사람에게 전가한다. 둘째로 '나–언어'는 '너–언어'보다 훨씬 많은 기술을 한다. '너–언어'는 구체적인 행동이나 느낌에 대해서가 아닌 추상적 비난인 경우가 많다. 이로 인해 '너–언어'는 변화 추구에 비효율적이다. 반면에 '나–언어'는 우리의 느낌에 대한 책임을 다른 사람에게 전가하지 않고 느낌이나 행동에 대하여 구체적으로 기술한다.

한국 사람이 '나–언어'를 처음 사용하려면 생소함을 느끼는 것은 당연하다. 왜냐하면 우리들은 거의 대부분 '너–언어'를 듣고 자랐기 때문이다. 자꾸 해보고 연습하면서 우리는 '나–언어'로 말하는 것을 배울 수 있게 된다. '나–언어'를 쓰는 것이 편하게 느껴지게 되면 '나–언어'가 매우 많은 이점을 가지고 있음을 알게 된다.

'나–언어'는 '너–언어'에 비해 다른 사람들에게 방어적 심리를 덜 갖게 함으로써 대화의 물꼬를 튼다. 또한 '나–언어'는 '너–언어'에 비해 솔직하다. '너, 나를 속상하게 하는구나'와 같이 말하는 것은 자신을 감추는 것이다. 왜냐하면 우리의 느낌은 스스로에 의한 것이지 다른 사람이 조절할 수 있는 것이 아니기 때문이다. '너는 나를 ○○○'과 같이 말하거나 '네가 이걸 해'라고 말할 때 우리는 우리의 감정 조절을 다른 사람에게 맡기는 것이 된다. 이와 같은 방식으로 말하는 것은 우리에게 일어나는 일들에 대해 변화를 추구할 수 있는 '동기'나 '힘'을 감소시키게 된다. 그러나 '나–언어'를 사용하게 되면 다른 사람의 행동을 어떻게 해석하는지 그들에게 설명할 수 있으면서 동시에 자신의 감정을 갖게 되는 것이다.

'나–언어'의 장점을 정리해보면 다음과 같다.

① **방어심리의 감소** : '나–언어'는 상대방을 직접 판단·평가, 공격하는 것이 아니기 때문에 방어심리를 덜 유발한다. 다시 말해서 상대방은 '너–언어'의 경우보다는 '나–언어'를 통해 훨씬 편안하게 대화에 임할 수 있다.

② **솔직성** : '나–언어'는 나의 입장과 감정을 솔직하게 전달하는 기능을 한다. 누구든 솔직한 이야기를 들으면 함께 솔직해지기 쉽고 훨씬 진지하게 대화에 임할 수 있게 된다.

③ **완전성** : '나–언어'는 완전한 메시지를 전달한다. '너–언어'처럼 단순히 "…하

다”라고만 단정적으로 말하는 것이 아니라, 전후사정과 그것에 대한 나의 입장까지 알려주는 것이기 때문에 ‘나-언어’는 완전한 메시지라고 할 수 있다.

- ‘I-message’ 사용 원리

  ① 문제가 되는 상대방의 행동과 상황을 구체적으로 말한다. 이때 어떤 평가, 판단, 비난의 의미를 담지 말고, 객관적인 사실만을 말하는 것이 좋다.

  > 예 “네가 말대꾸를 할 때…”
  > “네가 어제 윗사람들이 있는 자리에서 나에게 말대꾸를 할 때…”

  ② 상대방의 행동이 자신에게 미치는 영향을 구체적으로 말한다.

  > 예 “자네가 말도 없이 자리를 비우니까 내가 힘들어.”
  > “자네가 말도 없이 자리를 비우니까 나는 자네가 해야할 일을 다른 사람에게 시키거나 기다리고 있어야 하네.”

  ③ 그러한 영향 때문에 생겨난 감정을 솔직하게 말한다.

  > 예 “네가 지난번 모임에 오지 않은 것은 도대체 무엇 때문이지?”
  > “네가 지난번 모임에 오지 않아 무슨 일이 생겼는지 걱정했었어.”

- ‘I-message’ 사용시의 주의점

  ① ‘I-message’를 사용하여 자신의 언짢은 감정 표현을 한 다음에는 다시 적극적 경청의 자세를 취한다. ‘You-message’보다는 위협감이나 방어적인 태도를 덜 일으키지만, 상대방 때문에 자신에게 좋지 않은 감정이 생겼다는 이야기를 반복하게 되면 상대방을 공격하는 셈이 된다. 그러므로 상대방의 감정을 존중하는 적극적 경청의 자세로 돌아와야 한다.

  > 예 작업 시간에 잡담을 하고 있는 사원에게
  > 상사 : 작업 시간인데 그렇게 이야기를 하고 있으니 일이 늦어질까 걱정인데…(I-message)
  > 부하 : 지금 꼭 할 얘기가 있어서 그래요.
  > 상사 : 꼭 할 얘기가 있었는데 지적을 해서 기분이 상한 모양이군.(적극적 경청)

  ② 상대방의 행동으로 인한 부정적인 감정만 강조하지 않는다.

  > 예 업무 보고를 하지 않은 부하 직원에게

　　"자네가 제시간에 보고를 해주지 않아 <u>화가 나는군</u>."
　　"자네가 제시간에 보고를 해주지 않아 <u>무슨 일이 생긴 건가 걱정했었네</u>."

③ 상대방의 행동으로 인한 표면적인 감정을 표현하기보다는 보다 본원적인 마음을
　 표시하도록 한다.

　　예 지각한 사원에게
　　　　본원적 마음 : 무슨 일이 생긴 것이 아닌가 궁금함
　　　　표면적 감정 : 화가 치밈

④ 상대방의 습관적 행동이 문제가 되는 경우에는 'I-message'를 전달하기보다는 적
　 극적인 청취를 하면서 구체적인 문제해결 방법을 함께 모색한다.

• 'I-message' 연습

　다음에 제시된 상황들은 일상생활을 하면서 흔히 부딪힐 수 있는 상황들이다. 실제
로 다음과 같은 상황에 부딪혔다고 하면 자신은 어떤 반응을 보일 것인지를 상상해 보
고 그러한 반응이 자신과 상대방에게 어떤 영향을 미칠지도 생각해 보자.

상황 1

함께 그룹스터디를 하는 친구 중에 한 명이 상습적으로 지각을 한다. 그 친구 때문에 나
머지 친구들은 늘 20여 분을 기다려야 하는데, 그 친구는 '미안해'라는 말 한마디뿐이고,
실제로 미안해하는 기색도 없다.
오늘도 모두 기다리고 있는데 15분 늦게 그 친구가 들어온다.

❶ 평소의 자신이라면 이 경우에 어떻게 말하겠는가?

____

❷ 위와 같이 말했을 때 상대방의 느낌은 어떠할까?

____

❸ ❶이 'I-message'가 아닌 경우, 'I-message'로 표현하여 보자.

____

❹ 위와 같이 말했을 때 상대방의 느낌은 어떠할까?

____

친한 친구가 운전을 처음 배우는데 당신의 차를 빌려서 연습했으면 한다고 한다. 당신은
차를 구입한지 얼마 되지도 않았고 매우 아끼는 물건이라서, 그 친구에게 차를 빌려주는
것이 선뜻 내키지 않는다.

❶ 평소의 자신이라면 이 경우에 무엇이라고 말하겠는가?

____

❷ 위와 같이 말했을 때 상대방의 느낌은 어떠할까?

____

❸ ❶이 'I-message'가 아닌 경우, 'I-message'로 표현하여 보자.

____

❹ 위와 같이 말했을 때 상대방의 느낌은 어떠할까?

____

오늘은 고등학교 동문 카니발이 있는 날이다. 쌍쌍으로 가야하는 모임이라서 당신은 카
니발이 시작하기 2시간 전에 파트너인 윤희를 먼저 만났다. 그런데 오늘 따라 당신의 파
트너인 윤희가 정말 근사한 모습으로 나타났다.

❶ 평소의 당신이라면 이 경우에 무엇이라고 말하겠는가?

____

❷ 위와 같이 말했을 때 상대방의 느낌은 어떠할까?

____

❸ ❶이 'I-message'가 아닌 경우, 'I-message'로 표현하여 보자.

____

❹ 위와 같이 말했을 때 상대방의 느낌은 어떠할까?

____

[상황 4]

같이 자취를 하고 있는 영희는 치움새도 없고 거의 식사 준비도 하지 않는다. 거의 당신 혼자서 방청소를 하고 식사 준비며 설거지도 하지만 영희는 이에 대해 신경조차 쓰지 않는 것 같다. 어제 당신이 정리해놓은 방에다 영희는 과제를 하다가 남은 종이조각, 음료수 컵 등을 너저분하게 어지럽혀 놓은 채로 외출 준비를 하고 있다.

❶ 평소의 당신이라면 이 경우에 무엇이라고 말하겠는가?

____

❷ 위와 같이 말했을 때 상대방의 느낌은 어떠할까?

____

❸ ❶이 'I-message'가 아닌 경우, 'I-message'로 표현하여 보자.

____

❹ 위와 같이 말했을 때 상대방의 느낌은 어떠할까?

____

- '**I-message**'의 적용

  다음은 I-message가 필요한 상황을 다섯 가지로 분류한 것이다. 각 상황에서 자신은 현재 어떻게 반응하고 있으며, 이를 I-message로 변화시키기 위해서는 어떻게 해야 되는지를 연습해 보자.

- **상대방을 칭찬하거나 호의적인 감정을 표현해야 하는 경우**

  ❶ 최근 경험 가운데 상대방을 칭찬하거나 호의적인 감정을 표현하고 싶었으나 하지 못했던 상황을 구체적으로 묘사해 보라.

  ____

  ❷ 위의 경우에 당신은 실제로 어떻게 행동을 하였는지 표현해 보라.

  ____

  ❸ I-message를 사용하여 표현하여 보자.

  ____

- **부탁을 거절해야 하는 경우**

  ❶ 최근 경험 가운데 상대방의 부탁을 거절하고 싶었지만 하지 못했던 상황을 구체적으로 묘사해 보라.

  ____

  ❷ 위의 경우에 당신은 실제로 어떻게 행동을 하였는지 표현해 보라.

  ____

  ❸ I-message를 사용하여 표현하여 보자.

  ____

- **상대방에게 도움을 청해야 하는 경우**

  ❶ 최근 경험 가운데 상대방에게 도움을 요청해야 했지만 하지 못했던 상황을 구체적

으로 묘사해 보라.

❷ 위의 경우에 당신은 실제로 어떻게 행동을 하였는지 표현해 보라.

❸ I-message를 사용하여 표현하여 보자.

• 상대방에게 어떤 행동을 고쳐달라고 요구할 때
    ❶ 최근 경험 가운데 상대방의 어떤 특정 행동으로 인해 당신이 불편을 겪었던 경험을 구체적으로 묘사해 보라.

    ❷ 위의 경우에 당신은 실제로 어떻게 행동을 하였는지 표현해 보라.

    ❸ I-message를 사용하여 표현하여 보자.

• 당신의 부정적인 감정을 표현해야 하는 경우
    ❶ 최근 경험 가운데 당신이 화가 나거나 귀찮은 느낌을 가졌으나 그것을 표현할 수 없었던 경험을 구체적으로 묘사해 보라.

    ❷ 위의 경우에 당신은 실제로 어떻게 행동을 하였는지 표현해 보라.

❸ I-message를 사용하여 표현하여 보자.

● ● ● http://user.chollian.net/~nowandhere/data 참고

제 2 장

화법에 수반되는 비언어 커뮤니케이션

1. 비언어 커뮤니케이션의 원리

비언어적 행위는 인간 커뮤니케이션에서 중요한 부분을 차지한다.

비언어적 행위는 음성이나 문자가 아닌, 즉 언어에 의한 커뮤니케이션 이외의 모든 커뮤니케이션을 포함한다. 제스처나 몸짓 언어(body language), 말에 얹히는 억양이나 속도, 음색, 온도나 조명과 같이 커뮤니케이션의 의미에 영향을 줄 수 있는 환경적 요소 그리고 개인적 이미지와 상호작용의 유형에 영향을 줄 수 있는 물건들 예를 들면 입고 있는 옷의 종류, 보석, 가구, 가지고 있는 소지품 등 모든 것이 비언어 커뮤니케이션에 속한다.

버드위스텔(Birdwhistell, 1970)이나 머라비앤(Mehrabian, 1981)의 연구는, 우리가 행하는 전체 커뮤니케이션의 의미 영역 중 최소 65%에서 최대 93%가 비언어적 커뮤니케이션 체계에 의한다는 것을 밝혔다. 이는 커뮤니케이션이 언어에 의해서보다 비언어적 행위에 의해 훨씬 많이 이루어진다는 것을 의미한다.

월남전이 막바지에 이르렀을 때 미 국무장관 키신저는 파리에서 북베트남의 요인과 마주 앉았다. 그것은 종전을 위한 중대한 협상의 자리였다.

적대국의 대표인 두 사람은 싸늘한 분위기 속에 서로의 시선을 교환했다. 이제 어떻게 자국에 유리한 내용을 이끌어내는가가 관건이었다. 그런데 갑자기 키신저의 시선이 엉뚱한 곳을 향한 채 한참을 머물렀다. 상대는 무심코 그의 시선을 쫓았다. 그 순간 그의 심리적인 장벽은 무방비 상태가 되어 버렸다. 이때 갑자기 키신저가 시선을 상대에게 돌리며 말했다.

"자, 우리는 이제 베트남에서 철수할 것입니다. 선생께서는 우리가 얼마나 더 머물기를 원하십니까?"

갑작스런 질문에 상대편은 할 말을 잃었다. 적반하장 격이었지만 키신저의 태도는 너무나 당당했다. 허를 찔린 그는 주도권을 빼앗기고 회담 내내 키신저에게 끌려 다녔다. 이것은 키신저의 노련한 분위기 연출의 결과였다.

_____ 데일 카네기, 이상각 역, 2002

국제 외교의 귀재 키신저의 예화는 종전 협상과 같은 중요한 상황에서도 커뮤니케이션이 이루어지는 분위기, 즉 비언어 커뮤니케이션이 얼마나 중요한 부분을 차지하고 있으며 동시에 그러한 분위기 연출의 능력이 얼마나 큰 힘을 발휘하고 있는지는 보여주고 있다.

현대에 들어와 커뮤니케이션 능력은 사회 활동이나 인간관계의 민감한 영역에까지 확대되었으며 어떻게 사람들에게 자신을 표현할 것인가가 생존 경쟁의 한 수단이 되고 있다. 특히 인간관계에 있어 분위기 연출과 같은 비언어 커뮤니케이션은 대단한 힘을 발휘한다.

철도청 광역철도사업본부에서는 급증하는 지하철 투신자살 예방을 위해 2003년 전철역에 음악방송을 시도한 바 있다. '자살예방센터'와 '생명의 전화'에서 추천한 '스트레스 해소, 마음을 맑게 해주는 음악, 심신의 피로를 풀어주는 음악들'을 시간대에 따라 선별 방송하였는데 이는 음악을 자살에의 충동을 가라앉혀 주는 비언어적 코드로 활용한 것이다.

우리나라는 2005년 OECD 국가 중 젊은 층의 자살률 1위로 꼽힐 만큼 젊은이들의 자살이 급증하고 있는데 한 연구에 의하면 자살하려는 이들은 언어든 비언어든 마지막 SOS의 메시지를 남긴다고 한다. 가장 최근 자살한 젊은 여가수의 경우도

'21일 스스로 목숨을 끊기 전 유니(26)의 심리상태는 불안했다. 지난해 10월부터 유니는 자신의 홈페이지에 '아픔', '슬픔', '바쁨' 그리고 '외로움'이라는 낱말을 유독 자주 썼다. 작년 11월 26일에는 "어느덧 한 해가 저물어 간다. 공허함으로 가득하다. 이것 역시 한 과정이겠죠. 알 수 없는 그곳으로 난 또 걸어간다"며 울적한 마음을 드러내기도 했다(조선일보, 2007. 1. 23.)'는 신문 기사와 같이 언어적 메시지로 흔적을 남겼다. 평소 아끼던 물건을 나누어 준다거나 가족, 친지들과의 관계 회복에 힘쓰기도 하고 마치 먼 여행을 떠날 것처럼 주변을 정리하는 행동 등은 자살을 결심한 사람들의 비언어 커뮤니케이션이다.

그러므로 그러한 비언어 커뮤니케이션의 코드를 읽을 수 있을 때 자살을 예방할 수 있다고 할 수 있는데 이는 여러 가지 의미로 다시 해석될 수 있다. 즉 어떤 사람이 자살을 했다는 것은 첫째, 아무도 그의 비언어적 메시지에 관심을 갖지 않았다, 둘째, 그를 알고 있는 사람들 모두가 비언어적 메시지에 무지했다, 셋째, 그를 알고 있는 사람들 모두가 커뮤니케이션에 대해 무지했다, 넷째, 아무도 그에게 관심이 없었다, 다섯째, 관심이 있었지만 그를 도울 수 있는 '힘'이 없었다 등으로 해석할 수 있다. 그 밖에도 여러 가지 해석이 더 있을 수 있지만 여기에서 말한 처음 세 항목은 커뮤니케이션과 관계된 것이며 뒤의 두 항목은 인간관계 능력과 관계된 것이다. 특히 다섯째 항목은 자원 능력을 의미하는데 자원 능력은 자신이 가진 물적 자원뿐 아니라 그의 인간관계 능력에 의해 동원될 수 있는 모든 자원 동원 능력을 말한다. 어떤 의미에서 보면 자살뿐 아니라 우리에게 일어나는 모든 문제는 그 문제를 해결할 수 있는 힘, 즉 커뮤니케이션 능력과 대인관계 능력의 문제라고도 할 수 있다.

비언어 커뮤니케이션은 다음과 같은 다섯 가지 기본 원리에 의한다. 이제 그 원리들을 차례로 살펴보도록 한다.

1) 언어 커뮤니케이션과 같이 비언어 커뮤니케이션도 모호하다

우리는 앞에서 언어 커뮤니케이션이 자의적이고 추상적인 상징에 의해 매우 모호할 수 있다고 하였다. 명시적인 '언어'에 의한 커뮤니케이션도 '언어'라는 상징 자체의 추상성과 전달 과정, 해석 과정에서 그 의미의 전달이 불명확하고 그래서 왜곡될 수 있는데 비언어 커뮤니케이션은 행위자의 의도가 전혀 명시적이지 않을 수 있으며 또한 그러한 행위를 통해 의미를 전달하고자 하는 의도, 즉 메시지 전달의 의도 여부도 분명하지 않기 때문에 언어 커뮤니케이션보다 더욱 모호할 수 있다. 즉, 우리는 자신의 행위로 표현하고자 한 대로의 의미를 다른 사람이 완전히 그대로 이해하였다고 확신할 수 없으며, 또한 반대로 다른 이들이 우리가 의도하지 않은 의미를 우리의 행위 속에서 읽지 않는다고 확신할 수도 없다는 '의미의 모호함'이 비언어 커뮤니케이션의 가장 큰 특징이다.

비언어 커뮤니케이션의 모호함은, 그것이 상징하는 의미가 시간의 흐름에 따라 달라지기 때문에 생겨나기도 하며 사회문화적 관습에 따라 형성되므로 그 사회의 구성원이 아닐 경우 잘못된 비언어 커뮤니케이션으로 심각한 문제가 발생하기도 한다. 예를 들면 엄지손가락을 치켜 올리는 'OK' 사인의 경우 이라크에선 경멸을 나타낸다. 이 뜻을 미군들이 모르기 때문에 이라크 사람들이 미군을 마음껏 욕하고 있다는 말도 있다. 그리스에서는 머리를 끄덕이는 것이 '예스'가 아니고 '노'로 받아들여질 수도 있으며 손을 가볍게 흔드는 작별인사도 그리스인은 자기에게 욕을 하는 것으로 오해할 수 있고 한다. 검지와 중지로 나타내는 승리의 'V'자는 윈스턴 처칠이 유행시켰지만 영(英)연방 국가에서 손등을 상대방에게 보이면서 V자를 만들면 '꺼져 버려라'는 뜻이 되어 버린다. 그래서 영국의 선술집에서는 술 두 잔을 달라는 뜻을 검지와 중지가 아니라 엄지와 검지의 두 손가락을 써서 표현한다고 한다. 또한 엄지와 검지로 동그라미를 그려 보여주면 '잘 됐다'는 뜻이지만 브라질에서는 외설적인 의미로 커뮤니케이션됨으로써 대인관계에 문제가 일어날 수 있다.

영화 <집으로>에서 말 못하는 할머니가 가슴에 그리는 '동그라미'는 할머니와 함께 살게 된 외손자에게 정확히 해석되지 않는다. 시간이 흐름에 따라 아이도 가슴의 동그라미를 그리게 되었지만 가슴에 동그라미를 그리는 그때그때의 상황이 꼭 같지는 않는 것이다. 비언어 커뮤니케이션은 이러한 모호함에 의해 어떻게 보면 다양한 상황에 두루 쓰인다는 장점이 있기도 하다.

한편 다른 조직과 다른, 어떤 한 조직의 특성이 비언어적 행위에 의해 커뮤니케이션되기도 한다. 예를 들면 회사는 일정한 유니폼으로써 자기 회사나 조직의 일원이라는 표시를 하는가 하면 'Apple'사와 같은 경우는 진 바지나 사적인 복장을 하게 함으로써 그 조직의 특성을 비언어적으로 보여주고 있다. 또한 원탁으로 배치된 열린 공간에서 직무를 수행하고 있는지 각 개인의 공간이 폐쇄적으로 배열되어 있고 문이 많은지, 폐쇄된 공간이 많은지 등과 같은 회사 내의 공간 배치나 업무 분위기도 조직의 특성을 비언어적으로 커뮤니케이션한다.

이러한 비언어 커뮤니케이션도 언어 커뮤니케이션과 같이 사회문화적 규칙에 의해 학습되고 수행된다.

예를 들면 우리는 대화를 할 때 함께 대화하는 사람들 사이에 어떤 순서가 있다는 것을 알고 있으며 어떤 장소나 어떤 시간에는 속삭이듯 말해야 한다는 것 등을 알고 있다. 강의 시간에 질문을 할 때에는 손을 들어야 하지만 친구와 얘기하기 위해 손을 들지는 않는다. 또한 취업 면접이나 결혼식장, 장례식장에 갈 때와 같은 형식적인 자리에 갖추어 입는 옷과 데이트할 때의 옷, 강의 시간에 입는 옷 등은 때와 장소에 따라 모두 다르다. 예포를 쏘는 것, 계급장 등은 군대 내부에서는 서로 통하는 비언어 커뮤니케이션이다.

2) 비언어 커뮤니케이션은 언어 커뮤니케이션과 상호작용한다

멀란드로우와 바커(Malandro & Barker, 1983)는 비언어 커뮤니케이션이 언어 커뮤니케이션과 상호작용 하는 방법을 다음과 같은 다섯 가지로 정리하였다. 첫째, 비언어 커뮤니케이션은 언어 커뮤니케이션을 반복한다. 즉 '그래'라고 말하면서 고개를 끄덕이는 것이다. 둘째, 비언어 커뮤니케이션은 언어 커뮤니케이션을 강조한다. 예를 들면 말을 할 때의 어조라든가 글을 쓸 때 이탤릭체, 굵은 활자를 사용하는 것과 같은 것이다. 셋째, 비언어 커뮤니케이션은 언어 커뮤니케이션을 보완하여 완결시키거나 언어 커뮤니케이션에 추가된다. 예를 들면, 협박하면서 무서운 동작이나 표정을 보이는 것, 허락하면서 미소를 지어보이는 것, 편지나 문자 메시지를 보내면서 이모티콘을 사용하는 것 등이다. 넷째로는, '별일 아니야' 또는 '아무 일 없어'라고 화를 내면서 말을 하거나 적대적인 행위를 함으로써 언어 커뮤니케이션에 대립되는 메시지를 커뮤니케이션하는 것인데 이때 사람들은 언어커뮤니케이션의 의미보다 비언어 커뮤니케이션의 의미에 더 중점을 두게 된다. 마지막으로 비언어 커뮤니케이션은 언어 커뮤니케이션을 대행한다. 즉 '좋다', '싫다', '그래', '아니'라고 말하지 않고 단지 미소 또는 험상궂은 표정으로, 고개를 끄덕이거나 가로젓는 등의 비언어적 행위로 찬성 여부를 커뮤니케이션을 한다는 것이다.

3) 비언어 커뮤니케이션도 대인 상호작용을 규칙화한다

멀란드로우와 바커(Malandro & Barker, 1983)의 연구에 의하면, 다른 사람들과 대화할 때 우리는 비언어적인 암시에 의해 언제 말하고 언제 잠자코 있을지를 결정한다고 한다.

우리가 하루 일과를 마치고 저녁에 집에 들어갔을 때 대하는 어머니의 비언어적 행위나 집안의 분위기를 보고 그 상황에서 우리가 어떻게 행동하는 것이 현명한지 알고 그에 따라 행동하는 것은 그동안의 가족 간의 상호작용에 의해 행동 유형이 규칙화되어 있음을 의미한다.

자신이 말하고 있는 동안 다른 사람에게서 방해받고 싶지 않을 때는 시선을 피하거나 목소리의 톤을 높이며, 강단에서 연설을 마친 연사가 뒤로 한 걸음 물러서는 것, 이야기를 청하고자 하는 상대를 똑바로 바라보는 것 등이 모두 학습된 규칙에 의한 것이며 또한 이러한 비언어 커뮤니케이션에 의해 대인간 상호작용이 다시 규칙화된다.

4) 비언어 커뮤니케이션도 관계적 의미를 형성한다

커뮤니케이션의 의미는 내용적 층위의 의미와 관계적 층위의 의미, 두 가지로 나누어 볼 수 있다. 관계적 층위의 위미는 그 사람이 개인적으로 어떤 사람인가, 그리고 그 사람의 대인관계를 규정해준다. 비언어 커뮤니케이션은 특히 관계적 층위의 의미에 강하게 작용하여 한 사람이 개인적으로 다른 사람을 어떻게 느끼고 있는가를 표현하는 데에 주로 사용된다(Keeley & Hart, 1994). 일부 커뮤니케이션 학자들은 비언어 커뮤니케이션의 이러한 점에 주목하여 비언어 커뮤니케이션을 '관계언어'라고도 한다(Burgoon, Buller, Hale, & de Turck, 1984 ; Wood, 2002).

언어 커뮤니케이션과 마찬가지로 비언어 커뮤니케이션에서 전달되는 관계적 층위의 의미는 상대에 대한 '반응', '애착', '힘'의 세 가지로 나누어진다.

① 상대에 대한 반응

눈맞춤이라든가, 얼굴 표정, 몸동작 등의 비언어적 행위는 상대와의 관계에 따라 알맞은 '반응'을 커뮤니케이션한다. 이러한 비언어적 행위는 문화권에 따라 다르게 실현된다. 서양 문화권에서는 시선을 피하고 고개를 돌린다든가 또는 그 사람에게서 돌아앉기도 하는 등의 행동으로 자신이 그 일에 관심이 없다는 것을 표현하지만 동양 문화권에서는 상대에게 관심이 없다는 것을 노골적으로 표현하는 행위를 되도록 피한다. 버그(Berg, 1987), 카펠라(Capella, 1991)에 의하면 사람들의 동작이나 얼굴 표정은 그들이 서로 얼마나 편하게 느끼는가를 보여준다고 한다. 응집력이 강한 집단에서는 눈짓 하나, 손짓 하나로도 서로가 의사소통이 가능하지만 응집력이 약한 집단에서는 특정 비언어적 행위가 어떤 의미인지 서로 알지 못하고 따라서 비언어적 행위로는 의사소통이 되지 않는다는 것이다. 집단의 응집력과 비언어 커뮤니케이션의 상관관계는 특히 축구라든가 야구 등의 팀플레이에서 잘 드러난다. 밀러와 파크(Miller & Parks, 1982)나 놀러(Noller, 1987)의 연구에서는 행복감에 충만한 커플은 그렇지 못한 커플에 비해 서로 가까이 붙어 앉고 서로 자주 바라본다고 한다. 직장에서 일을 할 때에도 서로 좋아하는 사람들은 자주 함께 앉고 자주 서로를 바라본다고 한다.

② 상대에 대한 애정

우리의 비언어적 행위는 우리가 다른 사람에 대해 갖고 있는 감정을 날카롭고 섬세하게 표현해준다. 찡그림이나 도전적인 자세가 상대에 대해 부정적인 감정을 커

〈사진 1〉

〈사진 2〉

〈사진 3〉

〈사진 1〉과 〈사진 3〉은 유명 연예인의 결혼 관련 사진이며 〈사진 2〉는 영국 프리미어리그 미들즈버러에 입단하는 이동국이 29일 인천공항 출국장에서 부인 이수진 씨와 작별 포옹하며 기자들에게 손 흔들어 인사하는 모습이다.(디지털조선, 연합뉴스)

뮤니케이션하듯이 미소나 친근감 있는 악수, 등을 툭툭 쳐주는 행동, 머리 쓰다듬어 주기와 같은 행동은 상대에 대해 긍정적이거나 호감 또는 애정이 있다는 것을 상대에게 커뮤니케이션한다. 상대에 대한 애정을 커뮤니케이션하는 이러한 비언어적 행위는 서구에서는 일반적인 규칙이다. 그에 비해 우리나라는 애정을 커뮤니케이션하는 데 대해 소극적이고 부정적인 편이라 한국 남성과 결혼한 외국 여성들이 불만을 하소연하는 경우가 많다. 그러나 다음 <사진 1>, <사진 2>, <사진 3>과 같이 이제 공공연한 장소에서 젊은 사람들이 상대에게 비언어적으로 애정을 표현하는 행위는 매우 자연스럽게 여겨지고 있다. 이는 애정을 표현하는 비언어 커뮤니케이션에 대한 한국 사회의 가치 규범이 서구적으로 변화하고 있음을 보인다.

또한 여성이라든가 남성과 같은 특정 사회집단에서는 상대에 대한 애정을 표현하는 그들 나름의 특정한 커뮤니케이션 규칙이 있는데 위 세 장의 사진은 모두 애정을 표현하는 비언어 커뮤니케이션에서 남자와 여자의 자세에 대한 일반성을 규칙처럼 보여주고 있다. 몽고메리(Montgomery, 1988)의 연구에 의하면 남자들에 비해 여자들은 좋아하는 사람에게 더 가까이 붙어 앉고 친근감 있는 접촉을 좋아하며 바라보기를 자주 한다고 한다.

③ 상대에 대한 힘

한편, 사람들이 서로 맺고 있는 힘의 관계가 비언어적 행위에 의해 표현되기도 한다(Henley, 1977). 예를 들면, 상대적으로 '힘'이 있는 사람, 즉 사장이 아랫사람의 등을 툭툭 두드려준다든가 하는 행위는 반대의 경우보다 자연스러우며(Spain, 1992) 사무실의 공간 크기도 그들의 힘에 비례한다. CEO들과 말단직 사원이 같은 공간을 차지하거나 같은 공간에서 함께 근무하는 경우는 거의 없다. 가정에서도 어머니에 비해 아버지는 개인적으로 차지하는 공간이 많은 경우가 일반적이다. '엄마의 방'이라는 국내의 한 TV 드라마에서는 암으로 죽음을 선고받은 엄마의 마지막 소원이 자신의 방 즉 자신만의 공간을 가져보는 것이었다. 물론 사회경제적 변화에 따라 가정에서 가족 구성원의 위상이 많이 바뀌기는 했지만 동서양을 막론하고 가정에서 권력을 가지고 있는 사람은 여전히 아버지이고 아버지에게 가부장적인 권위를 인정하는 경우가 대부분이다. 가정 내에서와 마찬가지로 사회 일반적으로도 남자는 여자에 비해 더 많은 공간을 차지하는 경우가 많고 자신의 주장을 관철하기 위해서는 큰 목소리와 위협적인 동작을 하는 경우가 여자에 비해 많으며 다른 사람의 공간에 허락 없이 들어가는 경우가 많다. 그리고 다른 사람을 통제하기 위한 동작이나 접촉도 과감히 한다는 것이다(Hall, 1987 ; Wood, 2002에서 재인용).

5) 비언어 커뮤니케이션도 문화적 가치 규범을 반영한다

<사진 4>와 <사진 5>는 1900년도 우리나라 여인의 사진이다(사진연구가 정성길 씨 소장품, http://cafe.daum.net/misslove1004). '다리미질'이라는 제목의 <사진 4> 속의 여인은 의도적으로 젖가슴을 내놓고 있다. 이는 아들을 낳은 것을 자랑하기 위한 풍속이다. '여인의 가리개'라는 제목을 가진 <사진 5>는 왕골로 짠 가리개를 쓰고 나들이하던 여인이 양손으로 가리개를 받쳐 외면하고 있는 모습으로 당시 남녀가 내외를 하는 우리나라의 사회문화적 규범을 나타내고 있다.

<사진 6>은 폴 고갱의 '망고를 든 타히티의 두 여인'이라는 제목의 1899년 타히티 여인의 그림이다. <사진 7>은 차도르를 두른 2004년 이슬람 여인의 모습으로 여자가 결혼을 했거나 신체적으로 성숙하면(일반적으로 초경을 한 후) 부모가 얼굴을 비롯한 신체를 가리게 하는 이슬람 문화권의 규범을 보여주고 있다. <사진 8>은 2005년도 이슬람 문화권의 수영복 모습이다. 이와 같이 사진 속 여인들의 옷차림은

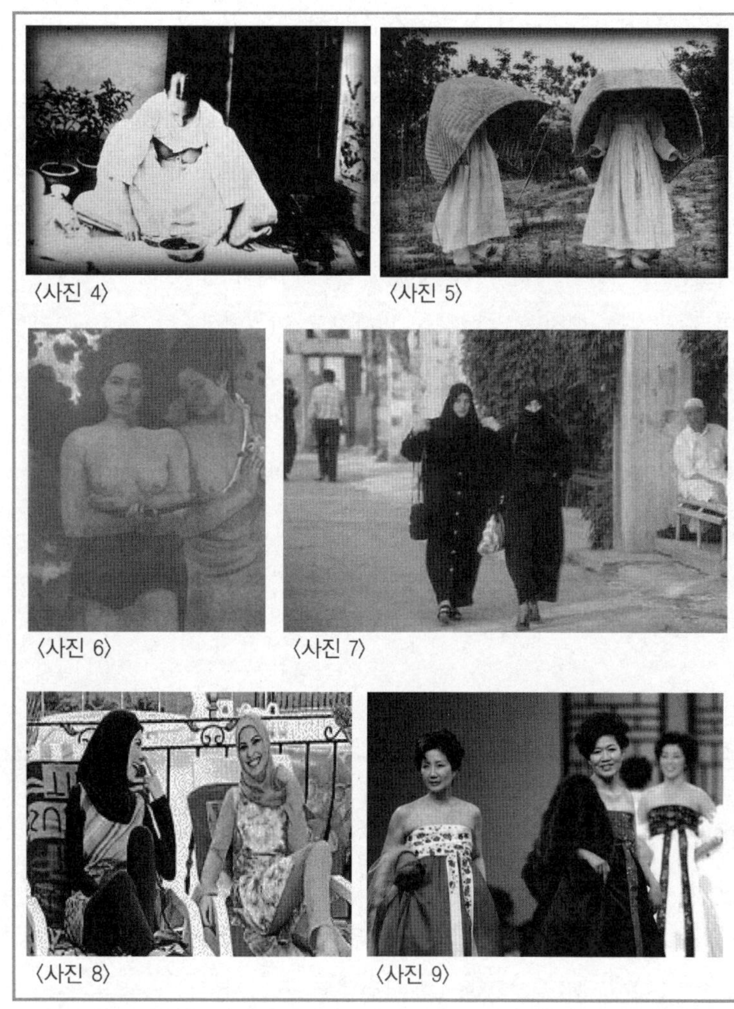

〈사진 4〉   〈사진 5〉

〈사진 6〉   〈사진 7〉

〈사진 8〉   〈사진 9〉

각기 그 시대 그 사회의 문화적 규범을 보여주고 있는데 2007년 1월 22일 오후 서울 하얏트호텔 그랜드볼룸에서 한국 해비타트가 개최한 '여성의 집짓기 후원을 위한 한복 패션쇼'가 열린 가운데 모델들이 어깨를 시원하게 드러낸 현대적 감각의 한복을 선보이고 있는 〈사진 9(디지털조선, 뉴시스)〉는 한국인들의 규범이 변화되어 감을 비언어적으로 보여주고 있다.

여성의 옷차림과 같이 특정한 문화의 가치 규범을 보여주는 비언어 커뮤니케이션의 유형은 매우 다양하다.

특정한 비언어적 행위에 대한 해석은 문화권에 따라 달라진다. 예를 들면, 대화할 때 상대방과 손을 잡는다든가 상대을 하는 등의 행위에 대한 가치 규범도 문화권에 따라 다른데 내프(Knapp, 1972)의 연구에 의하면 어느 정도 아는 사이에서 대화할 때 미국인들은 평균 한 시간에 두 번 정도의 접촉을 한다고 한다. 이에 비해 감정 표현이 풍부한 프랑스인들은 평균 한 시간에 110번 가량, 푸에르토리칸들은 평균적으로 무려 180번 정도의 접촉을 한다고 한다.

시간에 대한 태도도 그 사회의 문화적 가치 규범을 드러내 보이는데 서구인들의

시간 개념은 생활의 많은 부분에서 일의 속도를 빠르게 하는 물건들을 만들어 놓았
다. 심지어 음식에서도 '패스트 푸드(fast food)'를 만들어낼 정도로 시간에 쫓겨 사는
모습을 보인다. 하지만 타히티, 자마이카, 멕시코와 같은 문화권에서는 시간에 대해
그리 구애받지 않는 생활 태도를 보이고 있다.

 공간 개념도 문화권에 따라 매우 다른 의미를 가지고 있다. 미국인, 유럽인들은
공간에 대해 상당히 예민한 개념을 가지고 있다. 자신의 공간을 매우 중요하게 생각
하며 다른 사람에 의해 침해받게 될 경우 싸움을 불사한다. 그러나 군집적인 문화권
의 사람들에게 자기 자신만의 영역이라는 것은 그렇게 중요하지 않다. 예를 들면,
브라질 사람들은 거리에서나 버스, 상점, 엘리베이터 안과 같은 장소에서 다른 사람
들을 가로막고 서는 것이 보통이며 심지어는 다른 사람과 부딪쳐도 사과를 한다거
나 물러서는 법이 없다. 이기기 위해서가 아니라 미국인이나 유럽인들처럼 다른 사
람의 영역을 침해하거나 자신의 영역을 침해당한 것에 대해 특별한 의식을 갖고 있
지 않는 것이다.

 같은 동양 문화권에서도 중국인과 일본인은 상당히 다른 면모를 보인다. 한 관광
회사의 직원은, 중국인들은 한 명이 말해도 두 명이 말해도 또는 열 명이 말해도 모
두 똑같이 큰 목소리로 대화를 하는 데 비해 일본인들은 여러 명이 함께 있어도 소
곤소곤 작은 소리로 자신들끼리만 대화를 한다고 한다. 물론 이러한 행태를 민족성
과 같은 특성으로 일반화하기까지는 많은 연구와 논의가 되어야 하겠지만 관광 사
업에 종사하는 많은 이들이 중국인과 일본인의 태도나 대화 행위에 대해서는 거의
일치된 견해를 갖고 있다고 한다.

 이와 같이 다양한 형태의 비언어적 행위들에 그가 속한 사회문화적 가치와 규범이
반영되어 있음을 들어 커뮤니케이션 학자들은 비언어 커뮤니케이션은 본능에 의해서
생득(生得)되는 것이 아니라 사회화의 과정에서 학습된다고 하였다(T. Wood, 2000).

2. 비언어 커뮤니케이션의 유형

1) 동작에 의한 커뮤니케이션(Kinesics)

몸과 얼굴에 의한 커뮤니케이션으로 몸의 자세, 몸짓, 얼굴 표정 등을 모두 포함한다. 몸짓이나 몸동작은 우리가 스스로를 어떻게 여기는지 보여준다. 당당하게 몸을 세우고 얼굴을 똑바로 들고 사람들을 바라보는 연사는 스스로 자신감이 있음을 표현해준다.

몸의 자세나 동작은 또한 우리의 기분이나 상태를 나타내주기도 한다. 굳은 표정으로 빨리 걷고 있는 사람은 팔을 늘어뜨리고 초점 없는 시선으로 힘없이 거리를 거닐고 있는 사람에 비해 뭔가 단호한 결심을 하고 있다는 것을 보여준다. 심기가 불편하거나 신경이 날카로울 때 우리는 굳은 자세로 앉아 있게 된다. 그러므로 관객들이 지금 바라보고 있는 대상에 대해 흥미를 갖고 있는지의 여부는 그들의 자세를 보면 알 수 있게 된다. 흥미가 없을 때 관객은 하품을 하거나 등받이에 깊숙이 기대어 앉기도 하고 눈을 감고 있거나 심지어 잠을 자기도 한다.

몸짓과 자세는 우리가 상대와 커뮤니케이션을 할 준비가 되어 있는지를 알려주기도 한다. 팔짱을 끼고 시선을 내리깔고 있는 사람은 귀찮게 하지 말아달라는, 즉 커뮤니케이션에 응할 마음이 없다는 메시지를 전한다고 해석할 수 있다. 이러한 행위는 강의 시간에 질문이나 지적을 받지 않으려는 학생들의 비언어 커뮤니케이션 전략으로 많이 사용된다.

얼굴은 몸짓보다 더 복잡하고 미묘한 커뮤니케이션 매체이다. 눈썹의 움직임, 눈, 입, 머리 등의 움직임을 통해 얼굴 하나로도 우리는 수천 가지의 전혀 다른 감정 표현을 할 수 있다. 눈빛만으로 사랑, 분노, 슬픔, 기쁨, 모든 감정 표현이 가능하다. 킬리와 하트(Keeley & Hart, 1994)에 의하면, 얼굴에 의한 커뮤니케이션은 특히 애착과 반응의 의미를 가장 효과적으로 전달할 수 있다

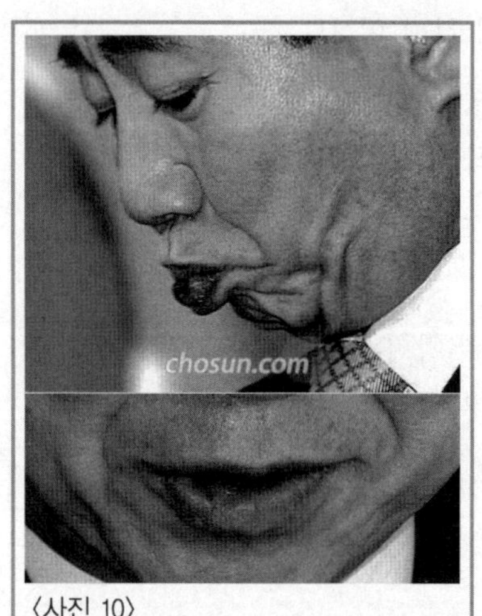

〈사진 10〉
현 정국에 대한 어려움을 보여주는 노 대통령의 피곤한 모습(07. 1.)

고 한다. '미소를 짓지 못하는 인간은 장사할 자격이 없다'
는 중국 속담처럼 미소는 상대에게 친근감과 마음이 열려
있음을 보여준다. 미소만으로도 사람은 자신의 이미지를 능
히 바꿀 수 있으며 대인관계에 있어 긍정적인 메시지를 보
낼 수 있다.

커뮤니케이션은 대부분 서로 마주 보면서 이루어진다. 즉
상대방의 얼굴을 보아야 대화가 된다는 것이다. 그러므로
표정 관리가 매우 중요하며 그 중에서도 눈은 매우 중요한
역할을 한다. 때론 언어의 내용이 말하는 사람의 시선에 따
라 의미가 달라지는 경우도 많다. '눈은 마음의 거울'이라는
시도 있는 것처럼 눈은 우리의 감정에 관해 복잡하고도 중
요한 메시지를 표현해 주며 때로는 대화의 진실성을 가늠하
는 미묘한 잣대가 되기도 한다. 그래서 청탁을 거절해야 할
때나 피하고 싶은 사람과 마주할 때 '시선 회피'의 전략을
사용하기도 한다.

갓난아기들을 보면 아기들이 다른 사람의 눈에 초점을
맞추고 있는 것을 알 수 있다. 스핏쯔(Spitz, 1965)의 연구에
의하면 갓난아기들은 엄마의 다른 부분이 안 보이는 것에는
반응하지 않지만 엄마의 눈을 바라볼 수 없게 되면 불안을
느끼게 된다고 한다. 성인으로서의 우리는 다른 사람의 눈
을 보며 그 사람이 정직한지, 흥미를 느끼고 있는지, 자신감이 있는지 또는 어떤 감
정을 가지고 있는지 등에 대하여 판단한다. 서구 사회에서 연사의 정직성과 눈 맞춤
을 관련짓는 까닭이 여기에 있다. 그러나 문화에 따라서는 눈 맞춤을 그리 좋지 않
게 여기기도 한다. 전통적인 유태문화의 규범은 남자 아이들에게 여자의 눈을 보아
서는 안 된다고 가르친다.

〈사진 11〉

노무현 대통령이 8일 오후 한–뉴질랜드 비즈
니스 포럼에서 뉴질랜드를 핀란드로 호칭하는
착각을 해 손으로 얼굴을 가리며 미안한 모습
을 하고 있다(연합뉴스, 2006. 12. 7.).

〈사진 12〉

프로축구 K-리그 구단의 올림픽 대표팀 선수
차출 거부로 카타르 8개국 올림픽 팀 초청대
회 출전이 무산된 가운데 정몽준 대한축구협
회장과 핌 베어벡 대표팀 감독이 대표팀 진로
에 관한 대화를 나누는 모습(연합뉴스, 2007.
1. 17.).

2) 촉각에 의한 커뮤니케이션(Haptics)

촉각은 신체적인 접촉을 포함하는 비언어 커뮤니케이션으로 커뮤니케이션 학자들
은 촉각에 의한 커뮤니케이션이 물심양면으로 건강한 삶에 필수적이며 따라서 인간
의 오감 중에서 가장 먼저 개발해야 할 감각이라고 한다. 촉각을 통한 비언어적 행
위는 대인관계에 있어 힘의 크기나 지위, 신분을 나타내주기도 한다. 사장이 사원을
격려하면서 어깨를 두드리는 행위는 가능하지만 그 반대의 경우는 생각할 수 없는
것과 같다. 촉각에 의한 커뮤니케이션은 특히 성별 규범이 매우 다르다. 일반적으로
여자들이 남자에 비해 촉각적 커뮤니케이션을 선호한다. 부모가 아이를 안아주거나
어루만져주는 경우도 남자아이에 비해 여자아이에게 더 많다고 한다(Condry, Condry,
& Pogatshnik, 1983).

어려서부터의 이러한 환경은 여성과 남성이 자신의 촉각적 커뮤니케이션이나 다
른 사람의 촉각적 행위에 대한 반응을 성별 규범에 따라 하도록 가르치게 된다.

3) 외모에 의한 커뮤니케이션(Physical appearance)

서구 사회에서는 사람의 외모에 대해 상당히 관심을 가진다. 서구인들은 다른 사
람을 만나면 일단 분명히 파악할 수 있는 외적 특성, 예를 들면 성별이나 피부색,
크기를 먼저 본다. 그리고 파악된 외적 특성에 근거하여 그 사람의 성격이나 특성을
추론한다. 서구의 한 연구는 살찐 사람들이 게으르고 나약한 특성과 관련이 있다고
하였으며 마르고 각진 외모는 젊고 경직되어 있으며 고집스런 특성을, 운동선수 같
은 체형을 지닌 사람들은 강하고 모험심이 많으며 남에게 의지하지 않는 특성을 보
이고 있다는 연구도 있다(Wells & Siegel, 1961). 이렇게 외모와 성품을 연결하는 것이
비록 사실적인 근거가 없을지라도 외모적 특성에 대한 인식이 고용이나 업무배치
그리고 승진 등에 관여하는 것은 사실이다.

외모에 대한 가치개념도 문화권에 따라 달라서 서구에서는 예쁘고 날씬한 여성과
강인한 남성다움과 키가 큰 남자를 중시하는 데 비해 전통적인 아프리카 사회에서

는 풍성한 몸집을 건강이나 부, 명예 등과 같은 바람직한 가치를 지닌 사람의 상징으로 여긴다. 이러한 경향에 따라 미국 내에서도 아프리카계 미국인들은 유럽계 미국인들보다 몸집이 큰 여자를 더 좋게 여긴다고 한다(Thomas, 1989 등).

외모적 특성은 눈빛이나 키와 같이 원래 우리에게 주어진 것도 될 수 있고 어떤 색으로 염색을 하며 어떤 색의 렌즈를 착용하고 어떤 화장을 하는가를 선택함으로써 우리의 외모를 관리하는 방법을 포함하기도 한다. 우리는 우리가 가진 이러한 외모적 특성을 잘 가꾸어 다른 사람에게 인상 깊은 이미지를 심어줄 수 있으며 실제로 서구인들은 이런 것에 흥미를 매우 많이 가지고 있다.

우리 사회도 '얼짱', '몸짱', '짱 신드롬', '짱 광고', '꽃미남' 등과 같은 용어가 유행할 정도로 잘생긴 외모에 대한 선호 경향이 매우 강해지고 있으며 살찐 국회의원을 죽이겠다고 협박한 사람에 대한 다음 기사 역시 사람의 내적 특성을 외모에서 추론하여 파악한 예라고 하겠다.

> "살찐 국회의원 살해" 국회에 협박 전화
>
> 서울 영등포경찰서는 13일 국회에 전화를 걸어 "살찐 국회의원을 살해하겠다"고 협박 전화를 한 혐의(협박)로 하모(42)씨를 붙잡아 조사중이다. 하씨는 12일 오후 4시께 국회 교환실과 민원실에 전화를 걸어 "자살사이트에 들어가 자살을 하려다 억울한 생각이 들었다"며 "서민들은 살기 힘든데 국회의원은 일도 하지 않는다. 살찐 국회의원 3명을 골라 9월부터 살해하겠다"고 협박한 혐의.
>
> ＿＿ 강훈상 hskang@yonhapnews.net(2003)

특히 방송과 같은 매스컴에서 외모지상주의를 부추긴다는 지적도 많은데 방송은 대중성을 반영해야 함과 동시에 다시 대중을 어떤 방향으로 이끌어가야 한다는 점에서 다음 기사는 외모에 대한 우리 한국 사회의 가치 규범이 어떠한가를 살펴볼 수 있는 일례가 될 것이다.

지석진이 '여걸식스' 멤버를 소개하면서 빠지지 않는 수식어가 하나 있다. '섹시'라는 단어다. 정선경이 이혜영의 후임으로 새 여걸식스 멤버로 투입된 '여걸식스—New 6 여걸 출범식' 방송이 된 28일 방송분은 내용 성격의 변화를 기대했던 적지 않은 시청자들의 기대를 무너뜨렸다. 이날 지석진의 여걸식스 멤버들을 소개하는 멘트에서 드러낸 '섹시'라는 단어의 수많은 반복적사용은 이 프로그램의 성격을 단적으로 드러내준다. '여걸식스'에서 자주 나오는 여성을 규정하는 단어를 보면 이 프로그램의 성격이 대략 드러난다. 지난해 부터 '여걸식스'에서 자주 사용되는 단어가 여성의 이상적 몸매라고 강변하는 'S라인'이다. KBS가 외모 지상주의를 조장한다는 판단에서 사용을 자제하자고 한 '몸짱', '얼짱'이라는 단어도 '여걸식스'에는 시도 때도 없이 등장한다. 이 단어들의 잦은 사용은 '여걸식스'의 고질적인 문제점으로 지적되고 있는 여성의 성의 상품화와 외모지상주의 그리고 여성의 수동성을 적나라하게 보여준다. 이러한 단어에는 여성은 내세울 것이 외모와 몸매밖에 없다는 것과 여성은 남성의 응시의 대상이라는 속성을 강화시켜준다. 그리고 'S라인', '얼짱'이라는 단어의 강변을 통해 직간접적으로 우리 사회의 부작용을 낳고 있는 과도한 다이어트 열풍과 성형 열풍을 조장하고 있다. 'S라인'과 '얼짱'을 이상화시키는데다 더 나아가 일상화 시키는 효과가 있기 때문이다. 그래서 KBS는 자체적으로 이러한 단어 사용을 자제하자는 움직임을 가시화 시킨 것이다. 정선경의 투입을 계기로 이러한 문제점으로 지적되고 있는 '여걸식스'의 병폐를 개선하고 방송 초반부에 보였던 여성의 주체성과 적극성을 발현시키는 방향으로 성격전환이 이뤄졌으면 한다.

_____ 마이데일리, 배국남 대중문화전문기자 knbae@mydaily.co.kr(2007. 01. 29.)

4) 소유물에 의한 커뮤니케이션(Artifacts)

자신이 가진 물건의 특성을 통해 자신을 커뮤니케이션하는 것이다. 옷차림이나 액세서리가 대표적인 경우로, 유럽 귀족 가문의 '문장'이나 아메리카인디언의 '사리', 아프리카계 미국인들의 '아프리카 풍' 액세서리와 같이 그들의 문화적 유산을 커뮤니케이션하는 것들도 있다. 그 외에 전문적인 직업을 표시해주는 '서류가방'이라든가 학생임을 나타내주는 '메는 가방', 노동자 계층임을 알게 해주는 진 바지와 부츠, 군대의 군복과 계급장, 회사를 상징하는 로고 등이 이에 해당한다.

각 가정의 진열장 안에 소중히 놓여 있는 물건이나 가구들, 장식품들은 그 집안의 분위기가 종교적인지, 여행을 좋아하는지, 서로 사랑하는지, 애착이 별로 없는지 등을 거의 거짓 없이 보여준다고 한다. 그리하여 메리(Mary, 1990)는 우리에게 소중한 것들로 집을 꾸밈으로써 우리는 집을 가정으로 바꿀 수 있다고 말한다.

1970년대에는 남녀 대학생들이 미팅을 하여 파트너를 고를 때에 여학생들의 소지품을 매개로 하는 경우가 있었다. 여학생들이 내어 놓은 반지나 스카프, 시집, 향수, 책 등은 그것을 선택하는 남학생에게 한 번도 본 적이 없는 한 여학생에 대해 처음으로 주인을 대신하여 커뮤니케이션하는 것이었다.

한편 산부인과에서 신생아가 남아일 경우에는 파란색 담요로, 여아에게는 분홍색 담요로 싸는 것에서 보듯이 소유물에 의한 커뮤니케이션에도 남녀에 따른 성별 규범이나 유형이 분명히 구별되고 있음을 알 수 있다.

유럽의 문장에 대한 다음 자료는 소유물에 의한 비언어 커뮤니케이션이 생활 속에 차지하는 비중을 보여준다.

🔍 유럽 귀족 가문의 문장(紋章)

자신이 어떤 집안 출신인가를 보여주는 수단으로 상징적인 장치들을 사용하는 것은 13세기 유럽의 귀족들에게 널리 펴졌고 곧 조합과 기관들까지도 그러한 관행을 받아들였다.

문장의 기능을 한 것은 주로 방패이며, 14세기말에 투구가 부차적으로 그 기능을 담당했다. 투구는 대개 화관(花冠)이나 보관(寶冠) 안에 놓여 있거나 담비가죽 무늬의 천이 위로 치켜 올라가 있는 샤포(chapeau : 軍帽) 위에 놓여 있다. 투구의 모습과 위치는 지위를 나타내는데, 15세기 말에는 신분이 높은 귀족들과 몇몇 조합들도 방패 양편에 그것을 받드는 사람이나 동물을 그려 넣었으며, 동시에 휘장이 문장으로 사용되었다. 가터 훈장의 경우에는 가터(대님)가 방패를 빙 둘러 에워쌌다. 세습귀족들은 화관을 방패 위에 놓았고 나중에는 휘장과 장식들을 방패 아래 놓았는데 모든 문장 도안들을 통틀어 문표(紋標)라고 부른다.

문장의 도안은 여러 관례에 따라 다양한 상징들이 쓰인다. 문장은 세습적인 것이어서 문장을 하사받았거나 문장을 지니도록 허락받았던 첫 인물의 모든 남자 후손들이 문장을 물려받았다. 장남이 아닌 아들들은 그들의 문장과 투구 장식에 분가(分家)임을 나타내는 자그마한 상징들을 덧붙인다. 문장은 명예의 표시이기 때문에 법으로 보호된다. 오늘날에는 유럽의 여러 왕국과 아일랜드, 스위스, 남아프리카, 짐바브웨만이 문장의 사용을 통제하고 있다. 몇몇 나라에서는 귀족이 아닌 일반 시민의 문장도 있지만, 이는 대개 어떤 보호도 받지 못한다. 팅크춰는 문장에 쓰이는 여러 가지 색·금속·털가죽을 말하는데, 이것에 따라 문장의 특색이 나타난다. 색상은 '홍·청·흑·녹·자주'를 사용하고 핏빛 빨강색, 오렌지 빛 황갈색, 하늘색은 거의 사용하지 않는다. 금속으로는 황색으로 나타나는 금과 항상 백색으로 묘사되는 은(銀)이 있다. 털가죽으로는 대개 흰색 바탕에 검은 점이 있는 산족제비 가죽과, 그것을 변형시켜 황금색 바탕에 검은 점을 찍은 것, 자그마한 상징적인 다람쥐의 줄무늬를 청·백으로 번갈아 넣은 얼룩다람쥐 모피를 사용했다.

문장에서 사용되는 상징들을 흰색 문장도형이라 부르는데, 주된 형은 넓은 세로 띠, 가로 띠, 대각선 띠 같은 기하학적인 도형이다. 또 다른 형은 짐승·괴물·사람·새·생선·파충류·곤충 따위의 동물이나 그 밖의 거의 모든 무생물 형태를 이용한다. 방패 면에는 문장도형들이 그려져 있는데 그것은 장식이 없거나, 또는 바둑판무늬나 자그마한 도형들이 흩뿌려져 있기도 하고 한 선 또는 여러 선으로 구획되기도 한다. 방패는 수평으로, 반 수직으로, 반 또는 양쪽 위에서 갈라지는 면이 대각선으로 나뉜다. 그리고 구분선은 톱니·물결·지그재그로 한다. 방패면의 가장 윗부분은 머리이고 아랫부분은 바닥이다. 통상 방패를 사람이 들고 있을 때 보므로, 바라보는 사람의 왼쪽은 방패의 오른쪽, 그리고 오른쪽은 방패의 왼쪽이 된다. 또 머리의 중간점은 상중점(上中點), 그리고 바닥의 중간점은 하중점(下中點)이다.

문표를 묘사하는 것은 문장을 기술(blazon)한다는 것이다. 이 말은 영어와 옛 프랑스어가 섞인 것으로, 꾸밈없고 명확하게 만드는 관례를 바탕으로 한다. 예컨대 도형들은 언제나 오른쪽을 향하며, 한 방패 안에 3개의 도형이 있으면 다르게 도해되지 않는 1~2개는 머리에, 하나는 바닥에 배치된다. 그러한 관례들은 그밖에도 많다. 도해의 기본적인 규칙들은 방패면, 주된 도형, 다른 도형들, 그리고 도형 위에 놓이는 도형의 순서로 묘사하도록 되어 있다. 또 형용사는 그것이 수식하는 명사 다음에 오고 색깔은 가장 나중에 온다. 예컨대 황금 방패 위에 그려진 뒷발로 일어선 붉은색 사자는 "황금, 사자, 뒷발로 일어선, 붉은색"이라고 도해되는 것이다.

기장(旗章)은 아주 오래전부터 귀족들이 그들의 신하들과 재산을 표시하기 위해 간단히 이용했던 군기(軍旗)에 그려졌으나 이제 문장을 지닌 사람들과 조직들에게 허용된다. 문장에는 용맹스러운 행동을 기념하고 보상하는 뜻으로 여러 가지 기장이 덧붙여지기도 한다. 예컨대 찰스 2세는 많은 왕당파 사람들에게 왕의 휘장과 기장을 문장에 덧붙이도록 하사함으로써 보답했다. 문장의 배열이란 특히 한 방패 위에 하나 이상의 문장을 그려 넣어야 할 때 문표를 올바르게 그려 넣는 것을 가리킨다. 문장의 배열에서 부부는 문장을 한 방패 안에 나란히 그려 넣고, 아내나 상속녀인 경우 남편의 방패 한가운데에 작은 방패를 그려 그 안에 아내의 문장을 넣는다. 그리고 상속녀는 그녀의 후손들에게 그녀의 문장을 방패의 한 부분에 그려 넣도록 물려줄 수 있다. 그럴 경우 방패는 상속된 문장의 수에 맞도록 수평선과 수직선들에 의해 넷 또는 그 이상으로 나뉜다. 처녀는 투구장식 없는 마름모꼴 안에 아버지의 문장을 그려 넣는다. 결혼한 여자는 남편의 문장이 그려진 방패만 사용하고, 과부는 마름모꼴 안에 남편의 문장을 그려 넣어 사용한다. 주교나 문장원(紋章院) 장관 같은 몇몇 관리들은 그들의 직책에 딸린 문장을 개인적인 문장의 오른쪽에 덧붙인다.

_____ www.empas.com

5) 공간에 의한 커뮤니케이션(Proxemics)

우리는 우리에게 주어진 공간과 그 공간을 어떻게 사용하는가로 우리 자신에 대해 커뮤니케이션할 수 있다. 공간에 의한 커뮤니케이션도 사회문화적 가치 규범에 의해 많이 다른데 예를 들면 미국에서는 사회적으로 안면이 있는 사람들이 대화를 할 때 4~12피트쯤의 거리를 두는 것이 편하다고 느끼며 친구나 연인 사이에는 18인치 정도의 거리에도 편함을 느낀다고 한다.

공간이나 공간 개념도 대인 간 힘의 관계나 신분을 커뮤니케이션하는데 예를 들면 지위의 높고 낮음에 따라 허용되는 공간의 크기가 다르며 미국사회에서 일반적으로 여자나 약자계층이 유럽계 미국인 남성보다 공간을 덜 차지함과 같은 것이다(Spain, 1992). 다른 사람의 공간에 개입하는 것 또한 힘의 관계를 보여준다. 예를 들면 가정에서도 아버지는 온 가족의 방을 어느 때나 자유로이 들어갈 수 있음에 비해 자식이 부모의 방을 또는 동생이 형의 방을 함부로 들어가지는 못하는 것이다.

아이들은 자신의 방을 자신의 취향에 따라 꾸밈으로써 자신이 어떤 사람인가를 다른 사람에게 커뮤니케이션한다. 이와 마찬가지로 집의 공간이 어떻게 처리되어 있는가를 보면 그 가족의 분위기나 상호작용 정도, 가풍, 사회경제적 지위 정도 등을 짐작한 수 있다고 한다.

6) 환경적 요소에 의한 커뮤니케이션(Environmental factors)

우리가 커뮤니케이션을 하고 있는 시간과 장소의 환경적 요소는 우리의 느낌과 생각, 행동에 영향을 미친다. 예를 들면 딱딱한 나무의자가 있는 방보다 푹신한 안락의자가 있는 방에서 편안함을 느낀다든가 은은히 촛불이 밝혀진 방에서 로맨틱한 감정을 느끼게 되는 것, 교회나 절과 같은 곳에서 근엄함과 숭배의 마음을 조성하기 위해 촛불을 켜두는 것 등이다.

음식점에서 특히 이러한 환경의 커뮤니케이션적 특성을 잘 활용하고 있는데 고급 레스토랑에서는 은은한 조명과 안락한 의자, 칸막이가 된 사적 공간, 부드러운 음악 등으로 값비싼 분위기를 만들고 있지만 값싼 패스트푸드점에서는 이윤을 극대화하기 위하여 빠른 음악과 1회용 식기, 밝은 조명, 딱딱한 의자와 테이블 등으로 고객들의 회전율을 높이고 있는 것이다. 버지(Bozzi, 1986)의 연구에서는 패스트푸드점의 빠른 음악이 음식을 먹는 속도를 빠르게 한다는 것을 밝혔는데 느린 음악을 틀어놓았을 경우 사람들이 음식을 씹는 속도는 분당 3회 떠먹는 정도인데 비해 록과 같은 빠른 음악의 경우 분당 5회 떠먹는 정도로 빨라진다는 것이다.

다음 자료는 커뮤니케이션에 작용하는 환경적 요소를 과학적으로 증명해주고 있다고 할 수 있다.

> 🔍 **달이 삶에 끼치는 신비한 영향들**
>
> 지난 주 영국 일간 인디펜던트가 세계 각국에서 진행되었던 과학적 보고를 종합해 보도한 바에 따르면, 달 주기(태음주기) 29.53에 따라 우리의 삶은 갖가지 규칙적인 변화를 겪는다.
>
> 보름달은 우리를 허기지게 만든다. 미국 조지아 주립 대학의 연구팀이 보름에 식사량이 더 늘어난다는 사실을 밝혀낸 바 있다. 성인 694명의 식사 패턴을 연구한 결과 달의 주기에 따라 작지만 의미 있는 변화가 보였는데, 초승달일 때보다 보름달이 뜨는 시기에 식사량이 8% 정도 증가했다고. 대신 보름달이 뜨면 음주는 줄어든다. 초승달 시점에 비해 음주량이 26%가 줄어들었다.
>
> 영국 리즈 대학의 연구팀은 보름달 시기에 의사들의 진료가 3.6% 정도 늘어난다는 조

사 결과를 내놓은 바 있다. 정확한 원인은 불분명하지만 우울증 등 심리적인 원인이 이런 진료 사례 증가를 야기한 것은 아니라고.

한편 슬로바키아의 한 연구소는 22년간의 통계를 근거로 풍동이나 천식 환자의 고통이 초승달과 보름달 시기에 정점에 이른다고 밝혔다.

달 주기를 4구간으로 나누었을 때 마지막 4/4분기에 임신이 가장 많이 일어난다. 이것은 뉴욕의 14만 출산 사례를 근거로 밝혀낸 사실이다.

미국 플로리다에서 진행된 조사 결과 범죄와 태음 주기도 관계를 보인다. 보름달 시기에 살인과 폭행 등 사건이 빈발한다고.

그런데 보름달은 인간 연장에도 도움을 준다. 4년간의 교통사고 통계는 보름에 교통사고가 가장 낮다는 사실을 보여준다. 교통사고가 가장 빈발하는 시기는 보름 이틀 전인 것으로 나타났다.

태음주기가 인간의 삶에 영향을 끼친다는 사실은 빈번히 확인되었지만 그 원인은 정확히 밝혀지지 않았다.

달의 인력 변화가 인간과 동물에게 영향을 끼친다고 분석하는 과학자들이 있는 반면 달의 주기가 호르몬 변화를 유발하고 그것이 생활과 신체에 미묘하지만 중요한 변화로 이어진다는 설명도 있다.

──── 디지털조선-팝뉴스(2007. 1. 30.)

7) 시간에 의한 커뮤니케이션(Chronemics)

우리가 시간을 어떻게 인식하고 어떻게 사용하는가는 우리가 어떤 사람인지 일상생활에서 다른 사람과 어떻게 상호작용을 하는지 나타내준다. 낸시 헨리(Nancy Henley, 1977)는 시간에 대한 우리의 태도와 방법이 사회적 지위를 나타내준다고 한다. 서구사회에서는 높은 지위에 있는 중요한 사람은 다른 사람을 기다리게 할 수 있지만 지위가 낮은 사람은 시간에 늦으면 안 되는 문화적 규범이 있다는 것이다. 예를 들면 강의 시간에 학생들은 늦으면 안 되지만 교수가 늦을 때 학생들이 불평 없이 기다려야 하는 것이나 미리 예약을 해놓았어도 의사는 환자를 기다리게 할 수 있으며 환자가 의사를 기다리는 것은 당연하다는 것이다. 이는 사회문화적으로 의사나 교수의 시간이 환자나 학생의 시간보다 가치가 높다고 인정하고 있다는 뜻이다. 시간이 보여주는 이러한 힘의 커뮤니케이션은 서구사회에서만이 아니라 고금을 막론하고 사람이 더불어 살아가는 사회에서는 어디에서나 일어나고 있다.

우리가 만나는 사람에게 할애하는 시간의 길이 역시 우리가 그 사람에 대해 어떻게 생각하는지를 말해준다. 아인슈타인은 예쁜 여자와 있는 1시간은 1분 같고, 난로 위에 손을 얹은 1분은 1시간 같다고 했다. 이렇듯 좋아하는 사람과는 함께 하는 시간을 오래하지만 신호 위반으로 범칙금을 떼는 경찰과는 빨리 헤어지고 싶어 한다. 회사에 초빙되어 연설하는 강사는 CEO나 그 회사의 중역과 같은 지위에 있는 사람의 질문에 대해 매우 충분한 답변을 하지만 그렇게 중요하지 않게 보이는 사람의 질문에 대해서는 짤막한 답변으로 마무리하며 질문 자체를 허용하지 않기도 한다.

한편 시간에 의한 커뮤니케이션은 그 사회의 시간에 대한 문화적 태도를 보여준다. 서구 사회에서는 시간을 매우 가치 있게 생각하고 따라서 그들은 속도를 중시한다. 그래서 계속 컴퓨터를 업그레이드하고 요리를 더 빨리 하기 위해 전자렌지를, 세탁 시간과 노동력을 줄이기 위해 세탁기와 같은 것들을 만들어낸다. 일상생활에서 우리는 '시간을 아껴 쓰라'는 충고나 '이 강의에는 시간을 더 많이 주어야 한다'는 생각, '너는 내 시간을 낭비하게 했어'와 같은 말처럼 시간을 '가치'에 비유하는 말들을 많이 듣고 있다.

세계미래회의 '티머시 맥' 회장의 다음 인터뷰 내용은 '시간'에 대한 서구인들의 가치관을 보여주는 가장 대표적 사례라 할 것이다. '맥' 회장은 "시간은 미래의 희귀자원"이라며 "한정된 시간에 처리할 정보가 너무 많아 '시간 부족 사회'가 온다"고 예견하였다. 그는 그동안 4~5차례 '인터넷시대의 커뮤니티'란 제목의 글을 발표하면서 "미래에는 인간들 사이의 대면(對面) 접촉이 더욱 중요해 진다"고 주장해 왔다. 간접 체험에서 얻는 정보의 양에는 한계가 있기 때문에 직접 체험으로 보충하려한다는 것이다. 그는 그 증거로 여행 산업의 폭발적인 증가세를 꼽으며, 여행 산업이 향후 15년 동안 4배 성장할 것이라고 예측했다. 그는 기자에게 "분명 당신은 많이 바쁠 텐데 워싱턴까지 직접 나를 만나러 왔다"며 "대신 당신은 나의 몸짓과 목소리, 인상을 통해 전화나 이메일에서 놓치는 수많은 정보를 얻고 있다"고 말했다.

인터넷을 통해 전 세계의 문화 유적을 둘러볼 수는 있지만 '아우라'(원본에서만 나타나는 분위기)는 실제 현장에서 느낄 수밖에 없다고도 했다(베데스다=신지은 기자, 2007. 1. 15.).

그러나 남미 여러 국가들이나 타히티와 같은 곳에서는 시간에 쫓기며 살지 않는다고 한다. 그들은 약속이나 근무 시간에도 늦는 것이 예사이다.

이렇게 시간을 어떻게 인지하고 어떻게 쓰는가는 삶에 대한 그 사회의 문화적 태도를 보여주고 있다.

'맥' 회장이 사용한 'Rush'라는 용어를 우리말로 바꾸면 기자는 '서둘러'라고 하였지만 아마도 우리나라 사람들이 가장 많이 쓴다는 '빨리 빨리'가 아닐까 싶다. '빨리'를 외치며 급속히 서구화되어가는 우리나라 특히 '서울 시민'의 행복지수가 세계 10대 주요 도시 중 꼴찌(조선일보, 2007. 1. 18)라는 것은 우리 민족에게 '시간'에 대한 올바른 가치관과 개념의 정립이 필요함을 보여주는 것이 아닐까 한다.

8) 준(準)언어에 의한 커뮤니케이션(몸짓·표정 따위의 전달이 포함된, Paralanguage)

테네시 윌리엄의 희곡 '유리 동물원'에서 가장인 아버지는 전화교환원의 아름다운 목소리에 반해 그녀와 전화로 사랑을 이어가고 마침내는 가정을 버리고 떠나 버린다.

'성우'는 목소리가 가장 중요한 현대인의 직업 중 가장 대표적인 것이며 '텔레마케터', '전화비서' 등은 메시지의 의미보다는 메시지를 전달하는 음성의 특성이 중요한 직업이다.

준(準)언어(Paralanguage)란 음성에 얹히는 모든 것을 의미한다. 예를 들면 음색, 음장, 높낮이, 어조, 속도 등과 같은 목소리에 얹히는 특질들과 대화 도중 들어가는 한숨, 신음과 같은 것들을 모두 포함한다. 이러한 것들은 우리가 하는 말이 농담인지 협박하는 것인지 설명하는 것인지 또는 질문하는 것인지를 상대가 알도록 해준다. 연설을 잘하는 사람은 이러한 준언어적 특질을 잘 활용함으로써 그들이 하고자 하는 말의 의미를 더 강화한다.

친한 친구라든가 애인에게 자신의 감정을 전달하기 위해 우리는 속삭임이라든가 친근감을 주는 준언어적 특질을 많이 사용한다. 이러한 준언어적 특질은 커뮤니케이션의 상황에 따라 해석된다. 예를 들면 대화 도중의 한숨 소리는 동의를 뜻할 수도 있고 지루함을 뜻할 수도 있다.

목소리는 이미지에 영향을 미친다. 취업 면접이나 승진, 보수를 올려달라고 요구할 때 우리는 신중하게 목소리를 가다듬는다. 부부 사이에는 목소리의 톤이 감정 파악에 중요한 실마리가 된다고 한다. 그래서 부정적인 느낌을 주는 목소리의 톤이나 어조는 결혼 생활에 있어 뭔가 불만족스러움이 있음을 표현한다는 것이다(Noller, 1987). 반면에 부드럽고 따스한 목소리는 애정이 있음을, 장난기 있는 목소리는 친근감을 표현해준다고 생각한다.

준언어적 커뮤니케이션에 의해 그 사람의 특질을 가늠하는 경우도 있다. 예를 들면 특정 방언의 악센트를 사용하는 사람은 어떠하다고 생각하는 것인데 문학작품에서 방언의 특징만으로 등장인물의 성격 창조를 하는 것과 같다. 김동인은 「감자」에서 평양 방언을 사용하여 여주인공 복녀의 특성을 드러내 보였고 「배따라기」에서도 다른 작가에게서 볼 수 없는 성격 창조를 작중 인물의 말과 행동 특히 방언의 두드러진 사용에 의하고 있다. 채만식의 「천하태평춘」 역시 전라방언을 통해 윤영감의 성격을 드러내 보이고 있다(이태영, 방언에 나타나는 등장인물의 성격).

이러한 준언어적 특질 역시 성별 규범에 따른다. 예를 들면 남자는 낮고 굵은 목소리로 말하고 여자는 높고 가는 목소리로 말하는 것이 정상이라고 생각하는 것과 같다.

그 사람의 사회경제적 지위가 발음이라든가 말의 속도, 악센트에 영향을 미치기도 한다.

실제로 자신의 목소리에 신경을 쓰는 사람들은 그리 많지 않다. 그러나 주어진 단 시간에 자신을 보여야 하는 면접에 대해 목소리를 다듬는 것은 중요한 준비 항목 중의 하나이다. 흔히 목소리는 타고날 때 주어진 것으로 고칠 수 없다고 생각하는 것이 일반적이지만 목소리 역시 여러 방법으로 연습해서 미성(美聲)까지는 아니라도 듣기에 나쁘지 않게 다듬을 수 있다.

자신의 준언어적 특성이 다른 사람과의 커뮤니케이션에서 오해될 만한 점은 없는지 살펴보고 잘못된 점을 찾아 바르게 고치는 것은 앞으로 사회생활을 해야 할 사람으로서 기본이라고 할 수 있다.

9) 침묵에 의한 커뮤니케이션(Silence)

소리를 내지 않는 것, 말을 하지 않는 것이 상대에게 어떤 메시지를 전하기도 한다. 어떤 면에서는 말을 하는 것보다 의미 전달을 더 강하게 할 수도 있다.

침묵은 여러 가지 의미를 전달할 수 있다. 말을 하지 않아도 마음이 편하고 서로 통한다고 생각하는 커플에게 침묵은 동의의 의미로 받아들여질 수 있다. 그러나 반대로 말을 하지 않음으로써 상대에게 화가 났음을 전하기도 한다. 직장에서 업무 중 말을 하지 않으면 어떤 일에 대하여 반대한다고 볼 수 있으며 인터넷 채팅 시에는 채팅 룰을 깨뜨린 사람에게는 아무도 반응하지 않음으로써 그에 대한 거부 의사를 표현하기도 한다. 첫 데이트에서 대화 도중 생기는 침묵에 대해서는 그 침묵의 의미 파악이 곤란하여 당황할 수도 있다.

어떤 부모는 아이에 대해 전혀 반응하지 않음으로써 아이를 무시하기도 하고 다른 사람에게 화가 났을 때 전략적으로 침묵하기도 한다.

흔히 세일즈맨은 말로 고객을 설득하는 직업이라고 생각한다. 그러나 때로는 말보다 동의를 의미하는 침묵을 전략적으로 사용함으로써 성공을 거두기도 한다. 직물업자 '하펜'이 갑작스런 후두염으로 말을 못하게 됨으로써 구매사인 '포드'의 직원이 대신 브리핑해준 덕에 유력한 두 개의 경쟁업체를 물리치고 포드사에 50만 야드, 금액으로 160만 달러어치의 계약을 체결할 수 있었던 것이 한 예라 하겠다. 그 자리에서 하펜이 한 일이라곤 그의 말에 미소 짓거나 머리를 *끄덕거리는* 것뿐이었다. 만일 그가 후두염을 앓지 않고 제품을 팔기 위해 열변을 펼쳤다면 결코 그런 대성공을 거두지는 못했을 것이다(화술 1, 2, 3).

이에 비해 '패트릭 오헤아'라는 아일랜드 사람은 자가용 운전수를 하다가 트럭 세일즈업계에 뛰어들었지만 손님이 차에 대하여 조금이라도 불만을 말하면 분개하여 논쟁을 벌이곤 하였다. 이런 그에게 차를 살 손님이 어디 있겠는가. 몇 차례 실패 후 자신의 약점을 깨달은 그는 오랫동안 침묵하고 칭찬하는 법을 배워야 했다(화술 1, 2, 3).

흔히 우리는 '침묵은 금이다'는 말을 잘 쓰는데 세계 1등 경영을 목표로 하는 삼성전자의 '이건희' 회장의 세계 경제 전망에 대한 예리한 판단을 보여주는 '경구'와 같은 언급은 '침묵'이 조화된 화술로 평가되고 있다(조선일보, 2007. 1).

> 널리 알려진 대로 이건희 회장의 말은 어눌하고 투박하게 들린다. 느릿한 말투에 경상도 사투리가 섞여 있고 문장은 길게 늘어진다. 종지형(終止形)이 불분명하고 때로 한참 뜸을 들이다가 말을 계속 이어가기도 해 말이 어디서 끝나는지 알 수 없다. 실제로 삼성 계열사 사장들은 이 회장이 갑자기 "그거 잘되고 있어"라고 말하면 뭘 묻는지 몰라 무척 당혹스러워 한다.
>
> 한창수 삼성경제연구소 수석연구원은 "이 회장은 기상천외한 사례를 갑자기 언급하는가 하면 엄청난 속도감으로 비약을 거듭하기도 해, 만일 처음 이 회장의 말을 듣는 사람이라면 도무지 갈피를 잡을 수 없다"면서 "그러다가 말이 필요치 않다고 생각되면 몇 시간이고 며칠이고 입을 다문 채 산다"고 말했다. 그는 "이 회장의 말이 어눌함에도 불구하고 사람의 마음을 흔드는 까닭은 그가 침묵의 가치를 아는 사람이기 때문"이라며 "말이란 일정한 침묵이 배경이 되어야만 가치가 드러난다"고 덧붙였다. 가령 '사장보다 더 많은 월급을 주는 인재를 스카우트하라', '아내와 자식 빼고는 모두 바꾸어라', '아예 양(量)은 포기하고 질(質)만 따져라' 등의 경구는 오랜 침묵 끝에 나왔다.
>
> 이 회장은 작년 말 삼성그룹 사장단 송년모임에서는 느닷없이 "다른 사장들은 삼성전자의 황창규 반도체담당 사장이 거래선을 관리하는 방법을 모두 배워라"고 언급, 참석자들을 긴장시켰다. 이 회장이 구체적으로 특정인을 거론한 적은 별로 없었기 때문이다. 그는 이렇게 적절한 침묵과 한마디를 통해 긴장감을 주면서 오늘날의 삼성그룹을 만들었다.

___ hschoi@chosun.com(2005. 2. 6.)

3. 효율적인 비언어 커뮤니케이션을 위한 지침

언어 커뮤니케이션과 비언어 커뮤니케이션은 많은 점에서 공통점을 가지고 있다.

그중 오해될 여지가 많다는 것이 아마 가장 큰 공통점이라 할 수 있다. 우리는 다음 두 가지 점에서 주의함으로써 일상생활에서 비언어적 행위가 초래할 수 있는 오해를 줄일 수 있을 것이다.

첫째는 자신의 비언어적 행위가 자신의 의도와 일치하는지 또는 다른 사람이 오해할 여지는 없는지 항상 점검해야 한다는 것이며 둘째는 다른 사람의 비언어적 행위를 마음대로 해석해서는 안 된다는 것이다. 이에 대하여 차례로 살펴보기로 한다.

1) 자신의 비언어 커뮤니케이션에 세심한 주의를 기울이라

우리의 비언어적 행위는 우리가 어떤 사람인지를 나타내준다. 그러나 자신이 다른 사람에게 보이고자 한 이미지대로 그 사람에게 전달되었다고 확신할 수는 없다. 예를 들면 자신에게는 정말 재미있는 이야기였지만 친한 친구에게 그 이야기를 했을 때 친구는 전혀 재미있게 여기지 않을 때, 우리는 무엇이 잘못되었는지 생각해보아야 한다. 재미있다고 느낀 그 생각이 그 이야기에 충분히 반영되었는지, 자신이 전달하고자 하는 의미대로 명확히 커뮤니케이션 되었는지 점검해보아야 한다는 것이다.

우리는 좋아하는 사람을 초대할 때 청소를 하고 꽃을 꽂고 가구 배치를 정돈하고 하는 행위로 커뮤니케이션에 좋은 분위기를 만든다. 그런 것처럼 자신의 비언어적 행위도 잘못된 것은 없는지 자신의 의도대로 비언어적 행위를 잘 사용하고 있는지 세심한 주의를 기울이는 것은 커뮤니케이션을 통해 다른 사람과 관계를 맺고 사는 현대인에게 있어 매우 중요하다.

특히 자신의 의도하지 않은 비언어 커뮤니케이션이 '성희롱'과 같은 문제에 관련되어 자신은 물론 가족이나 은사, 선후배를 비롯한 주변 모든 사람들에게 누가 되지는 않을지 조심해야 할 것이다. 성희롱(sexual harassment)이란 타인에게 정신적·신체적으로 성적(性的)인 불쾌감과 피해를 주는 행위로, "업무, 고용 기타 관계에서 공공기관의 종사자, 사용자 또는 근로자가 그 지위를 이용하거나 업무 등과 관련하여 성적 언동 등으로 성적 굴욕감 또는 혐오감을 느끼게 하거나 성적 언동 기타 요구 등에 대한 불응을 이유로 고용상의 불이익을 주는 것"(1998년 2월 8일 제정된 남녀차별금지 및 구제에 관한 법률 제2조 2항)을 말한다. 이는 남녀차별로 간주된다(동법 제7조 '성희롱의 금지 등'의 3항). 또한 아울러 '직장 내 성희롱'이란 "사업주·상급자 또는 근로자가 직장 내의 지위를 이용하거나 업무와 관련하여 다른 근로자에게 성적인 언어나 행동 등으로 또는 이를 조건으로 고용상의 불이익을 주거나, 또는 성적 굴욕감을 유발하게 하여 고용환경을 악화시키는 것"(1987년 12월 4일 제정된 남녀고용평등법의 1998년 2월 8일 신설된 제2조 2항)을 가리킨다. 성희롱은 1960년대부터 미국에서 그 사례나 판례가 무수히 많았고 일본에서도 1988년에 시민단체에 의해 성희롱이 소개되었으며, 이후 이를 방지하는 법안이 마련되었다.

우리나라에서도 성희롱과 관련하여 고발하는 사건들이 많아지고 있다. 이러한 사건에 연루되게 되면 성희롱 피해자도 심적 수치심을 겪지만 가해자 역시 자신이 평생 쌓아올린 명예와 지위를 잃는 것은 물론 지인(知人)들이나 심지어 가족에게도 얼굴을 들지 못하게 되고 자신이 정말 사랑하는 사람들에게 상처를 주게 되어 잃는 것이 많다. 심한 경우 자살한 사람도 많다. 다음 〈기사 1〉은 성희롱과 관련된 최근의 사례인데 성희롱의 기준이 갈수록 엄격해지고 있음을 보여준다. 〈기사 2〉는 우리가 평소에 아무 생각 없이 사용하는 말들이 다양한 성희롱의 유형임을 보여주고 있어 특히 학생들이나 젊은 사람들이 모르고 치기(稚氣)로 사용하다가 낭패를 볼 수 있어 자료로 실었다. 성희롱은 '피해자가 느끼는 성적 수치심'이라는 주관적인 기준 때문에 애매모호한 점이 있어 논란이 많은데 상대에게 성희롱이라고 여겨질 만한 행위가 되지 않도록 자신의 커뮤니케이션 방법에 유의함으로써 자신과 가문의 명예를 그리고 정말 사랑하는 사람을 잃지 않도록 함이 가장 우선일 것이다.

'오얏 나무 밑에서는 갓끈도 고쳐 매지 말라'

오해의 여지가 있는 비언어 커뮤니케이션을 경계한 우리 선조들의 훌륭한 가르침이다.

<기사 1> 남자끼리 한 낯 뜨거운 말 전해 들어도 '성희롱'

20대 여성 A씨는 지난 5월 직장동료가 전해준 말에 충격을 받았다. 직장 상사인 B씨가 다른 남자직원들과 대화하면서 A씨를 가리켜 "그 여자는 내 것이니 건들지 마라", "콜라에 약이라도 타서 어떻게 해보지 그러냐"는 말을 했다는 것이다. 상사에게 직접 들은 말은 아니었지만, A씨는 그 말을 전해 듣고 심한 수치심을 느꼈다. A씨는 이런 사실을 국가인권위원회(이하 인권위)에 진정했고, 인권위는 23일 "제3자를 통해 간접적으로 들은 발언도 피해자가 수치심을 느낀다면 직접 들은 것과 같은 성희롱에 해당 된다"며, 직장상사 B씨에게 인권위가 실시하는 인권교육을 받도록 권고했다. 인권위는 B씨의 발언 내용을 A씨에게 알려준 직장동료의 행위도 성희롱에 해당되는지 조사했으나 별 문제가 없었던 것으로 결론을 내렸다.

인권위는 또 회식 후 여직원에게 키스를 하려고 하면서 가슴을 만진 모회사의 직장 상사에게 경고조치 및 인권교육을, 부하 여직원에게 "돈을 줄 테니 같이 살자"는 내용의 편지를 보낸 다른 회사 사장에겐 인권교육을 받을 것을 각각 권고했다. 또 직장상사가 회식 후 노래방에서 여직원을 강제로 추행하려고 했던 또 다른 회사에 대해선 전 직원에게 성희롱 예방교육을 실시하고 회사 내 성희롱 재발 방지책을 수립할 것을 권고했다. 성희롱을 한 직장 상사는 피해 여직원에게 3,000만 원을 지급하기로 합의했다. 인권위의 권고사항은 반드시 이행해야 할 법적 강제성은 없지만 대부분 기업들이 이를 수용해 시행하고 있다.

_____ enavel@chosun.com(2007. 1. 24.)

<기사 2> 이런 발언도 성희롱이다

"군대 다녀온 사람은 알겠지만…"
"여자가 많으면 경쟁력이 떨어져."
"열심히 가르쳐도 여자는 시집가면 쓸 데 없지."
서울대, 연세대, 고려대 여대생들이 교수들로부터 자주 듣는다고 꼽은 성희롱 발언에 포함된 것들이다.

교육부와 한국대학교육협의회는 19일부터 대구 인터불고 호텔에서 전국 대학 성희롱 고충상담원 및 성희롱 심의위원을 상대로 워크숍을 시작했다. 교육부는 워크숍을 위해 서울대 2005년 성희롱 자료집, 연세대 2004~2005년 학생 설문조사, 고려대 강의평가 항목 중 성희롱 관련 내용을 취합해 성희롱 사례를 모았다. 이 중 위에 언급된 사례는 흔히 생각하는 성희롱이라기보다 남녀차별 발언에 가깝다. 하지만 <u>남성과 여성의 사회적 차이를</u>

거론하며 여성을 비하하는 발언도 성희롱 범주에 포함된다고 교육부는 밝혔다. 교육부 서영주 여성정책과장은 "성희롱에는 언어적 성희롱, 시각적 성희롱, 신체적 성희롱 등 여러 부류가 있다"며 "남녀차별 언행도 언어적 성희롱에 해당한다"고 말했다. 여대생들은 이밖에 교수로부터 자주 듣는 성희롱 발언으로 "외모도 수준 이상인데, 한번 발표해 봐", "(여성 신체에 대해 얘기하며) 쭉쭉빵빵", "방뎅이" 등을 지적했다. 남학생들로부터는 동아리 뒤풀이 때 블루스를 함께 추도록 강요당하거나 여성 몸을 빗대 "절벽", "(성형수술)견적" 운운하는 발언을 자주 듣는다고 했다. 또 "애인 있냐?", "육체관계 경험이 있냐?"라고 묻는 질문과 "가슴이 커서 무겁겠다", "술은 여자가 따라야 제 맛이다" 등의 발언도 남학생이 자주 하는 성희롱이라고 꼽았다.

성희롱이냐 아니냐를 구분하는 기준은 피해자가 성적 수치심 또는 모욕감을 느꼈느냐다. 피해자의 주관적 느낌이 중요하다. 하지만 분위기나 인간관계를 고려해 적극적으로 저항하지 않았거나 침묵했다고 해서 피해자가 성희롱 발언을 수치심 없이 수용했다고 볼 수 없다. 따라서 "화장이 진하다", "치마가 너무 짧다" 등 교수와 여대생 사이에 흔히 있을 수 있는 생활지도 역시 충분히 성희롱으로 간주될 수 있다. 교육부 김정기 평생학습국장은 "이번 워크숍은 상담원과 심의위원의 전문성을 높이고 대학 내 성희롱 예방을 강화해 구성원 간 양성평등문화가 정착되는 계기가 될 것"이라고 말했다.

_____ 국민일보 쿠키뉴스, 구민지 기자(2006. 7. 19.)

2) 다른 사람의 비언어 커뮤니케이션에 대한 해석은 잠정적으로 하라

우리가 다른 사람의 비언어적 행위를 어디까지 읽을 수 있을까. 비언어적 행위의 유형에 대한 해석을 하고 있는 책들이 많이 있지만 비언어적 행위는 상당히 모호하며 문화권에 따라 또는 개인적인 특성, 상황, 커뮤니케이션의 맥락 등에 의해 그 의미가 상당히 달라질 수 있어 일반적인 해석을 할 수 없다. 예를 들면 관객의 자세가 그의 흥미도를 보여준다고 하지만 어떤 사람은 명상하듯 눈을 감고 들음으로써 자신의 집중력을 높이기도 하고 공부할 때에 음악을 들으면서 해야 공부가 잘 되는 학생도 있다. 그러므로 우리가 다른 사람의 비언어적 행위를 자신의 인지 영역에서 선입견을 가지고 해석하는 것은 상당히 위험하다고 할 수 있다.

하나하나의 비언어적 행위에 대하여 일정한 의미를 부여하는 것도 비언어 커뮤니케이션의 오해를 줄이기 위해 좋은 방법이며 '나 언어(I Language)'로 생각하고 느끼는 것도 좋은 방법이 될 수 있다. 즉 다른 사람의 비언어적 행위에 대하여 그 사람이 어떻게 생각하고 행동했다고 추론하여 해석하는 것보다 다른 사람의 비언어적 행위를 보고 내가 어떻게 느끼는가 생각한다는 것이다. 예를 들면, 찡그린 표정을 짓는 상대를 보며 '내가 말하는데 인상을 찡그리니 저 사람은 내 말이 듣기 싫은 것이 분명해'라고 생각하지 않고 '내가 말하는데 저 사람이 인상을 찡그리는 걸 보니 별로 기분이 좋지 않다'라고 생각하는 것이다.

이러한 비언어적 행위의 모호한 의미를 보다 잘 파악하기 위해서는 커뮤니케이션의 맥락을 잘 이해하는 것이 중요하다. 우리가 어떤 시간에 어디에 있는가, 그리고 그곳은 어떤 곳인가, 어떤 사람과 함께 있는가 등에 따라 우리의 비언어적 행위는 달라진다. 장례식에 가기 위한 복장과 결혼식에 가는 복장은 다르다. 표정도 달라진다. 교통사고에서 피해자일 때와 가해자일 때 그 표정과 태도가 다르다.

그런 즉각적인 상황뿐만 아니라 특정 사회나 집단의 문화적 맥락도 비언어 커뮤니케이션에 영향을 미친다. 다른 문화권의 비언어적 행위에 대한 이해는 사적인 대인관계뿐만 아니라 특히 국제광고 커뮤니케이션에서 매우 중요하다. 상품을 팔고자 하는 나라의 비언어적 행위에 대한 문화적 이해가 부족하여 실패한 사례는 부지기수이다. 예를 들면, 7자는 흔히 행운의 상징이지만, 가나, 케냐, 싱가포르에서는 불운을 상징하며 삼각형은 홍콩, 한국, 타이완에서는 부정적이고, 콜럼비아에서는 긍정적이다. 이러한 숫자와 도형에서의 터부는 선물을 할 때나 상품포장, 광고 등에서 유의하지 않으면 안 된다. 한 광고 연구에서는 국제 커뮤니케이션의 장애는 언어장벽 보다 비언어 장벽이 오히려 높으며 따라서 국제광고에 있어서는 기술적인 정확성이나 완전한 번역만으로는 충분하지 않으며, 설득적인 메시지는 마음의 언어(language of the heart)를 말해야 한다고 지적한다. 그러기 위해서는 문화 간 신체언어, 침묵 언어, 그리고 상징을 포함하는 비언어 커뮤니케이션 요소에 대한 현지 지식과 문화적 해석능력이 요구된다는 것이다(Terpstra, 1983, 국제광고 표현에서의 문화적 금기, <광고연구>에서 재인용).

그러므로 우리가 다른 사람 특히 문화권이 다른 사람의 비언어적 행위를 해석할 때 자신의 문화적 규범과 가치 기준을 적용해서는 안 되는 윤리적 책임이 있으며 같은 문화권 내의 사람이라 할지라도 그의 비언어적 행위에 대해서는 성급한 판단을 하지 말고 잠정적으로 해두고 신중히 그 의미를 파악해야 할 것이다.

커뮤니케이션을 잘 한다는 것은 표현보다 이해, 즉 해석의 능력에 달려 있다고 할 수도 있다. 다음 이야기가 귀감이 될 것이다. 극단적인 예일지 모르지만 때로 우리가 이와 같은 우(愚)를 범하지 않는다는 보장은 없다. 실제로 우리는 이 이야기에 나오는 불효자의 아버지처럼 흔히 자신의 부모나 자식을 남에게 헐뜯어 말함으로써 자신과 가족을 스스로 불행하게 만드는 사람을 주변에서 보게 된다.

> 🔍 **효자와 불효자는 부모가 만든다**
>
> 한 고을에 소문난 효자와 소문난 불효자가 살았다.
>
> 효자는,
> 해가 떨어지면 군불을 지펴 방을 따사롭게 하고
> 부모님의 침구(寢具)를 잘 깔아 놓아서 방 기운과 이불 속을 따사롭게 하였다.
> 그것도 부족하여 부모님이 잠자리에 드실 시간이 되면
> 옷을 벗고 미리 이불 속에 들어가
> 자기의 체온으로 침구를 따뜻하게 덥혀 놓았다.
>
> 효자의 부모는 사람들을 만날 적마다
> "우리 아들은 효성이 지극하다"라며 극구 칭찬하니
> 입에서 입으로 소문이 돌아 마을 사람들이 이 효자를 우러러 보게 되었다.
>
> 한편,
> 같은 마을에 사는 불효자는 효자보다 열심히 일을 하고
> 나름대로 부모님께 잘 한다고 하는데도 이상하게
> 불효자라는 딱지가 붙어 다녔다.
> 친구가 효자라고 사람들의 떠받듬을 받는데

은근히 화가 치민 불효자는
어느 날 큰 맘 먹고 효자네 집에 몰래 숨어들었다.

"어떻게 하면 효자라는 말을 들을까.
저 친구와 똑같이 하면 나도 곧 효자라는 소문이 나겠지."

숨을 죽이고 효자의 행동을 살핀 불효자는 회심의 미소를 지었다.
"효자 되기 정말 쉽구나."
다음 날 해 질 무렵,
불효자는 아궁이에 장작불을 피워서 방을 따끈하게 하였다.
아랫목에 부모님의 침구를 깔아놓고, 밤이 이슥하기를 기다렸다.
부모님이 잠자리에 들 시간이 가까워 오자,
불효자는 옷을 벗고 이불 속에 들어가 체온으로 안을 덥히고 있었다.
이 때, 아버지가 잠을 청하러 방에 들어오니,
아들 놈이 자기의 이불 속에 누워 있는 게 아닌가.
기가 막힌 아버지는 호통을 치면서 아들을 나무라면서 마구 때렸다.

"이 놈이 버릇없이,
애비의 이불에서 잠을 자다니 불효 중의 불효구나."

다음 날,
아버지는 만나는 사람들에게
어제의 일을 얘기하면서 아들을 불효자라고 몰아 세웠다.
입에서 입으로 소문이 돌아
마을 사람들이 이 불효자를 더 멀리하게 되었다.

또한 남의 어떠한 행동에 대해 마음대로 해석하여 엉뚱한 결과를 만들고 마는 사람도 보게 된다. 가장 흔한 예로 전화 통화가 계속 되지 않을 때 보이지 않는 상대에 대하여 자신의 입장에서 '결별의 메시지'로 해석함으로써 좋은 사람과 헤어지게 되는 파국적인 결과를 만들어내는 경우를 종종 보게 되는 것이다.

  '폴 해기스' 감독의 영화 <크래쉬(crash)>에서도 건전한 흑인 청년 '앤소니'와 '피터'는 길거리를 가는 중 마주 오던 백인 부부의 아내 '진'의 비언어적 커뮤니케이션을 흑인인 자신들에 대한 무시와 흑인을 범죄자처럼 보는 시선으로 판단하고 충동적으로 총으로 그들을 위협하여 차를 강탈하는 범죄를 저지르고 만다. 사실 '진'은 밤기운이 추워 남편의 팔을 잡고 기대었을 뿐이며 오히려 '진'은 마주 오는 흑인청년들에게 그들의 어떤 행위가 인종차별주의자로 잘못 오해될까 겁나 했던 것인데 그러한 겁내는 표정이 '앤소니'와 '피터'에게는 자신들을 범죄자로 보고 겁내는 것으로 해석되어 편견에 대한 울분에 충동적인 행동을 참지 못하고 마는 장면을 우리는 볼 수 있는 것이다.

  '참을 인(忍)자 세 번이면 살인도 면(免)한다'는 옛말은 상대에 대한 너그러운 수용, 잠재적 해석 능력을 키워주고자 했던 우리 조상들의 슬기로운 대인 커뮤니케이션 기술이라 하겠다.

  화법과 언어생활

제 3 장

교사의 칭찬 화법

1. 머리말

아이들에게 칭찬을 자주 해 줘야 훌륭한 어른으로 성장할 수 있다고 한다. 그런데 칭찬은 어린이에게만 해줄 일이 아니다. 성인들도 아이들 못지않게 칭찬에 굶주려 있다. 어른들에게도 "목소리가 좋으시군요", "나이보다 10년은 젊어 보이십니다", "귀걸이가 잘 어울리는데요" 등 칭찬을 해주면 싫다는 사람이 아마 한 사람도 없을 것이다. 그 만큼 칭찬은 매우 효과적인 대화 방법 중의 하나이다.

이렇듯 어른에게도 효과적인 대화 방법 중의 하나인 칭찬이 아이들에게 그 효과가 훨씬 더 크다는 것은 명백한 사실이다. 일반적인 칭찬과는 달리 교사가 학습 현장에서 학생들에게 할 수 있는 칭찬의 방법으로는 첫째, 수업시간에 질문에 대한 대답을 했을 경우에 적절히 칭찬을 해 주어서 학습동기를 유발시킬 수 있다. 둘째, 인성 면에서 청소를 잘한다든가, 인사를 잘 해서 예절바른 학생이라는 등의 칭찬을 하여서 인성교육을 잘할 수 있다. 셋째, 창의력 면에서 각 학생의 재능이나 장점을 발견해서 그것을 칭찬해 주고 그 방면으로 재능을 키워나갈 수 있도록 하는 것이 교사의 임무 중의 하나이다.

이렇게 교사가 학생을 지도하는 데 있어서 교사가 사용하는 '말'이 중요한 역할을 하고 있다. 교사는 말로 칭찬도 하고 질책도 하고 설득도 하는 등 여러 가지 기능을 하고 있다. 그중에서 가장 학생들에게 격려해 줄 수 있고 수업 효과를 높일 수 있는 방법이 교사의 칭찬이다. 그렇다고 칭찬을 남발하면 효과가 없어진다. 칭찬할 때는 판에 박힌 투로 하지 말고, 특정한 이유를 들어야 효과적이다.

칭찬은 질책●과 관계가 있다. 질책보다는 칭찬이 더 효과적인 방법이기는 하지만 꼭 질책을 해야 할 경우에도 나중에 격려해 줌으로써 교육의 효과를 더욱 높일 수 있다. 칭찬의 방법에도 여러 가지가 있다. 무턱대고 칭찬을 하면 오히려 칭찬을 받는 학생이 혼란스러워질 수가 있다. 칭찬은 질책과 비교하면서 연구가 되어야 하겠으나 이 글에서는 칭찬만을 다루고 질책은 다음에 다루려고 한다.

이러한 효과적인 의사소통 수단의 하나인 칭찬을 교사가 수업이나 인성지도를 할 때와 학생의 재능계발을 위한 칭찬 화법에 대해서 연구해 보겠다.

2. 교사 화법의 개념과 유형

교사의 칭찬 화법에 대해서 논하기 전에 교사 화법에 대한 개념 규정을 하고 그 속에서의 교사의 칭찬 화법의 자리 매김을 하여야 하겠다. 민현식(2001 : 68)에서는 교원 화법과 교수 화법으로 나누고, 교원 화법은 '교원(교사, 교수)의 교육활동에서 말하기와 듣기에 관련한 언어활동'으로 개념을 규정하고, 그 하위 범주로 교수 화법(수업 화법), 상담 화법, 생활 지도 화법, 업무 화법을 설정했다. 그리고 교수 화법(수업 화법)은 '교원 화법 중의 하나로, 어떤 교육 내용을 어떤 학생에게 전달하고자 할 때 관련하는 교수−학습상의 언어활동'이라고 규정했다. 원진숙(2001 : 270~3)에서는 '교사 화법이란 학교라는 조직 안에서 교육적 활동에 참여하는 교사들을 대상으로 하여 구두언어인 말을 중심 매체로 하여 이루어지는 상호교섭적 의사소통의 본질, 원리, 과정, 방법, 평가 등을 다루는 (학문)분야이다'라고 규정했다. 또한 교사 화법의 범위를 1) 자기 표현을 위한 화법, 2) 수업을 위한 화법, 3) 인성지도를 위한 화법, 4) 상담을 위한 화법, 5) 업무 수행을 위한 화법으로 나누었다. 이창덕(2003)에서는 교사 화법 안에 교원 화법, 교육 화법, 수업 화법이라는 서로 다른 세 개념을 설정했다. 교사 화법 가운데 가장 넓은 범주로 교원 화법을 설정하고, 그리고 교사가 학교에서 교육활동에 관련되는 제반 활동을 하면서 수행하게 되는 화법을 포괄하는 중간 범주로 교육 화법을 설정하고, 마지막으로 교사가 교실 안에서 구체적 수업 진행을 하면서 수행하는 가장 좁은 의미의 교사 화법으로 수업 화법(교수 화법)을 설정하였다. 그럼으로써 사회구성원으로서 교사가 수행하는 전반적인 화법으로서 교원 화법(교사 사회화법), 학교 업무 수행 과정에 이루어지는 상담이나 행정업무처리 과정에 이루어지는 교육 화법(교사 학교 업무화법), 그리고 구체적 교실 수업이라는 상황 속에서 이루어지는 교사 수업 화법(교사 교실 화법)으로 나누어 볼 수 있다. 이 세 범주 가운데 교육적으로 가장 비중이 큰 수업 화법의 하위 범주로 교사의 정보 전달 화법, 질의 응답 화법, 설득 화법, 칭찬 화법, 질책 화법으로 나누어 볼 수도 있고, 시작 화법, 중간 화법, 정리 화법으로 나누어 볼 수도 있고 민현식(2001 : 73)에서 제안한 것과 같이 준비 언어, 진행 언어, 내용 언어, 강의 도구 언어 등으로도 분석할 수 있고 또는 교육학에서 수업 중에 일어나는 교사 학생 상호작용을 분류하는 데 사용하는 10범주(FIAC : Flanders Interaction Analysis Categories)를 사용하여 분류할 수도 있다고 보았다.

교사의 칭찬 화법은 수업 화법에서 가장 큰 비중을 차지하고 있으나 그 외에 인성 지도를 위한 화법, 상담을 위한 화법에서도 교사의 칭찬 화법은 적용될 수 있다.

3. 칭찬의 종류

칭찬에는 칭찬하는 대상을 앞에 놓고 얼굴을 마주 대하고 칭찬하는 대면(對面) 칭찬법과 칭찬하는 대상이 없는 자리에서 그 사람을 보지 않고 칭찬하는 비대면(非對面) 칭찬법 •으로 나뉜다.

• 제7회 한국화법학회 전국학술대회에서 발표할 때는 대면 칭찬법과 비대면 칭찬법을 직접 칭찬법과 간접 칭찬법으로 발표했었는데 권순희 선생님께서 직접 칭찬법을 대면 칭찬법으로, 간접 칭찬법을 비대면 칭찬법으로 하는 것이 좋겠다는 의견을 주셔서 그 의견을 받아들였으며 감사함을 표한다.

1) 대면 칭찬법

상대를 대면한 자리에서 하는 칭찬이다. 교사의 교수 화법으로는 대부분이 대면 칭찬법을 사용하게 되는데 학부모와의 상담시간 등에는 비대면 칭찬법도 사용될 수 있다.

대면 칭찬법은 즉각적인 효과를 볼 수 있다.

대면 칭찬법은 다시 직접 칭찬과 간접 칭찬 •으로 하위분류 된다. 칭찬을 직접적(노골적)으로 하면 칭찬 받는 학생이 불편해질 수 있다. 학생에게는 교사와의 관계보다 다른 친구(학생)들과의 관계가 더 중요할 수도 있기 때문이다. 때에 따라 간접 칭찬(은근한 칭찬)이 더 효과적일 수 있다. 간접 칭찬의 예로는 다음과 같은 것을 들 수 있다.

첫째, 칭찬 자체가 또 하나의 질문이 되어 교실 내에 활력을 불어넣을 수 있다.

"예, 매우 좋은 대답이라고 생각되는데 다른 학생들도 그렇게 생각합니까?" (학생들이 고개를 끄덕거리면) "왜 좋은 대답이라고 생각합니까?" (학생들이 고개를 갸우뚱거리면) "보다 더 좋은 대답이 있습니까?" 여기서는 교사가 칭찬을 의도적으로 모호하게 해서 학생들이 구체적인 피드백을 할 수 있도록 유도하는 것이다.

둘째, 학생의 대답을 있는 그대로 교사가 반복하는 것이다. 반복할 때 교사가 비언어적인 요소를 가미하여 고개를 끄덕거리거나 목소리에 좋은 대답을 들은 기쁨이나 반가움을 담으면 더욱 효과적이다. "모방은 가장 효과적인 아부(칭찬)이다"라는 말이 있듯이 자신이 한 말을 다른 사람이, 특히 선생님(권위자)이 따라할 때 학생은 흐뭇해진다.

셋째, 학생의 대답을 요약해서 칠판에 쓰는 것도 말없이 효과적으로 칭찬하는 것이다.

2) 비대면 칭찬법

비대면 칭찬법은 칭찬할 상대가 없는 자리에서 다른 사람에게 칭찬하는 것이다.

제7회 한국화법학회 전국학술대회에서 발표할 때는 직접 칭찬과 간접 칭찬을 노골적 칭찬과 은근한 칭찬으로 발표했었는데 이것도 권순희 선생님이 노골적 칭찬을 직접 칭찬으로 은근한 칭찬을 간접 칭찬으로 보는 것이 좋겠다는 의견을 주어서 그 의견을 받아 들였으며 감사를 표한다.

예를 들어서 영수가 철수를 만나서 영수가 철수에게 "호식이는 믿을만하고 능력 있는 사람이야. 크게 성공할 거야"라고 하면 이 말이 언젠가는 호식이 귀에 들어가게 된다.

대면해서 칭찬받은 것보다 훨씬 크고 순수한 감동을 받게 되는 것이다. 비대면 칭찬법은 대면 칭찬법보다는 즉각적인 효과를 볼 수는 없지만 그러나 일반 대인관계에서는 장기적인 안목으로 볼 때 비대면 칭찬법이 대면 칭찬법보다 훨씬 더 효과적일 수 있다. 비대면 칭찬법은 말하는 사람 즉 칭찬하는 사람에게 큰 이익을 준다.

첫째, 하기가 쉽다는 것이다. 사실 대놓고 칭찬하기란 웬만한 사람이 아니곤 그리 쉽지 않다.

둘째, 친구를 많이 늘릴 수 있다. 칭찬받아서 싫다고 할 사람이 어디 있겠는가?

셋째, 깊은 인간관계를 유지할 수 있다. 일시적으로는 대면 칭찬법이 효과를 가져오는 것 같지만 장기적으로 보면 비대면 칭찬법이 더욱 감동을 주게 된다.

4. 칭찬의 방법

칭찬하는 방법에는 의사소통 수단인 '말'뿐만 아니라 비언어적인 측면도 중요하다. 7차 교육과정에서는 반언어적 표현과 비언어적 표현을 구별하였는데 반언어적 표현(=준언어적 표현)은 '어조' 또는 '말씨'에 해당하는 개념이다. 즉 '어조'란 말의 '속도, 고저, 강세, 장단, 음량, 음질' 등이 종합적으로 어울린 것이다.

예를 들어 '잘 했어'하고 칭찬을 할 때 '잘'과 '했어' 사이를 붙여서 발음하면 칭찬이 되나 '잘'과 '했어' 사이를 떼어서 '잘'을 길게 발음하면 그것은 칭찬이 아니고 비난이 된다.

비언어적 표현에는 '표정, 눈길, 손짓, 몸짓, 걸음걸이' 등 신체언어와 '옷차림' 등의 사물언어가 있다.

칭찬을 할 때는 미소를 띠면서 해야 칭찬이 되지 인상을 찌푸리고 무서운 얼굴을 하고 말을 하면 그것은 칭찬이 될 수 없다. 교사는 늘 웃음이 가득하며 밝고 기쁜

표정을 지으며 짜증스럽고 어두운 표정을 짓지 않도록 하여야 한다. 또한 등을 두들겨 준다든지 손을 들어주는 것 등이 칭찬의 비언어적 표현이 된다.

'말'로 칭찬을 할 때도 올바른 칭찬법과 잘못된 칭찬법이 있다.

1) 올바른 칭찬법

올바른 칭찬법의 기본을 열거하면 다음과 같이 될 것이다.

(가) 성취 내용을 열거하는 구체적인 칭찬을 한다. 모호한 말보다는 어떤 점이 좋은지를 구체적으로 지적하는 것이 바람직하다.

예를 들면 수업시간에 교사의 질문에 대해서 학생이 답을 했을 경우에 "적절한 예를 들어주어서 고맙다", "이유를 말해 주어서 좋다", "간단히 요약해 주어서 좋다", "질문의 본질을 정확히 파악했다" 등으로 구체적으로 칭찬을 한다.

(나) 학생을 이해하는 칭찬을 하도록 한다. 학생을 평가하는 칭찬은 오히려 해로울 수 있다.

다음 대화를 보자.

•방과 후에 남아서 학급 문고를 정리한 아동에게 교사가 칭찬하는 대화 상황

> 교사 A : 우리 은희 참 착하구나. 언제 봐도 우리 은희는 성실하고 부지런한 모범생이란 말이야.
>
> 교사 B : 학급 문고를 순서대로 잘 정돈해 놓았구나. 덕분에 아이들이 책을 찾아 읽기 쉬워졌어. 책이 많아서 쉽지 않았을 텐데 잘 해 주어서 고맙다.

학생의 동일한 행동에 대한 칭찬이지만 A 교사와 B 교사가 칭찬하는 방식은 서로 다르다. A 교사는 아동의 성격이나 인성을 판단하고 평가하는 칭찬을 한 반면, B 교사는 칭찬받을 만한 행동을 한 사태 자체에 대해서만 꾸밈없이 있는 그대로 진술해 주고 이 일에 대한 자신의 느낌을 고맙다고 표현했을 뿐, 아이의 성품이나 인성에 대해서 이러니저러니 판단하거나 평가하는 칭찬을 하지 않았다. 행동 자체에

대한 평가는 아동 스스로 할 수 있게 한 것이다.

　아동의 성격을 판단하거나 인격을 평가하는 칭찬은 스스로 그렇지 않다고 생각하는 아이에게 부담감이나 거리감, 불안감, 의뢰심 등을 불러일으키기 쉽기 때문에 오히려 해로울 수 있다. 반면 아동의 성격을 판단하거나 평가하지 않는 칭찬은 아동에게 실수를 할 수 있다는 안도감과 함께 노력하면 잘 할 수 있다는 자신감을 갖게 해 준다. 아동에게 유익한 칭찬이란 아동의 감정을 인정해 주면서, 아동이 해 놓은 일을 꾸밈없이 말해 주는 것이다(하임 기너트 : 1986).

　(다) 긍정적인 방법으로 칭찬을 한다. 동일한 메시지의 칭찬이라도 다음과 같이 표현 방식에 유의할 필요가 있다.

교사 A : 준영아, 이번 학기에 성적이 올라서 정말 좋구나. 그런데 수학 성적이 좀 떨어지는구나. 조금만 더 열심히 하면 성적이 더 좋아질거야.

교사 B : 준영아, 이번 학기에 성적이 정말 많이 올랐구나. 이런 자세로 계속 열심히 노력하면 수학 성적도 확 올라갈 거야. 선생님은 준영일 믿는다.

　많은 교사들이 학생을 훈계할 때 위의 A 교사와 같이 처음에는 칭찬을 하다가 '그러나'나 '그런데'와 같은 부사어와 함께 나무라거나 비난하는 말로 끝을 맺는다. 이 경우 물론 비난 일변도로 말하는 것보다는 훨씬 더 바람직하지만 학생의 입장에서는 '그런데'라는 말 때문에 원래 했던 칭찬의 순수성마저도 의심하게 될 수 있다. 이 경우 B 교사와 같이 나쁜 수학 성적에 대한 언급 없이 교사가 학생에게 앞으로 바라는 모습을 간접적으로 암시해 주면, 아동은 교사의 칭찬을 있는 그대로 진심으로 받아들이고 선생님의 기대에 어긋나지 않도록 더욱 노력하게 될 것이다(원진숙, 2003).

　(라) 학생이 행한 사소한 것이라도 그것이 좋은 일이면 놓치지 않고 반드시 칭찬을 해준다. 특히 꾸준하고 착실한 학생일 경우에는 그 학생의 행위를 한층 주의 깊게 관찰하여 발견하도록 신경을 쓴다. 자기가 한 일이 별로 두드러지지 않아 칭찬을 들으리라고 생각지도 않았던 학생은 그만큼 더 감격할 것이고 앞으로 더 칭찬받을 좋은 일을 하려고 노력할 것이다.

예를 들어서 학생들이 청소시간에 대개 떠들고 장난치느라 청소를 열심히 하지 않을 때도 혼자서 열심히 청소를 하고 있는 학생을 보면 "영희는 청소를 열심히 해서 정말 예쁘네"라고 반드시 칭찬을 해 준다.

(마) 칭찬을 적절한 시기에 해서 효과가 발생할 수 있도록 칭찬을 한다. 칭찬 받을 일을 했을 때는 그때그때 때를 놓치지 말고 칭찬을 해야 효과가 있다. 시간이 많이 흐른 뒤에 하면 효과가 줄어든다. 또한 많은 사람 앞에서 칭찬을 하는 것이 더 효과적이다.

• 공부에 뜻이 없고 매사에 말썽을 부리는 학생인데 이번 시험에서 영어 성적이 많이 올랐다면 교사는 다음과 같은 반응을 보일 수가 있다.

> 교사 A : 네가 웬일이니? 이번 영어 시험이 쉬웠나?
> 교사 B : 태영아, 그래 너도 잘 할 수 있잖니? 앞으로 영어를 좀 더 열심히 해 봐. 그럼 지금보다 훨씬 잘 할 수 있을 거야. 선생님은 태영일 믿는다.
> 교사 C : 무반응.

교사 A처럼 학생을 대하면 그 학생은 점점 더 문제아가 된다. 그러나 교사 B처럼 학생을 대하게 되면 그 학생은 학업성취도도 높이고 인성지도도 동시에 할 수 있는 좋은 방법이 된다. 교사 C의 반응은 교사 A의 반응보다는 낮지만 학생에게 무관심한 것도 좋지 않은 방법이다. 학생에게 관심을 가져주고 격려해 주는 교사가 가장 훌륭한 교사이다.

(바) 학생의 장점을 지적해 준다. 학업성취도가 높지 않은 학생이라도 그 학생의 숨은 장점을 찾아내어 칭찬해 주면 학생은 더욱 힘을 내서 장점은 살리고 단점을 극복하게 될 것이다.

학교 성적은 별로 좋지 않은 편이지만 그림은 잘 그리는 학생이 있다면 "혜정이는 그림 솜씨가 있네. 그림을 더 열심히 그려보면 좋겠어. 앞으로 혜정이가 그림 그린 것을 선생님한테 가져와 봐"라고 지도한다면 그 학생은 선생님이 자기의 그림 솜씨를 인정해 준 것을 기뻐하고 더 열심히 그림 그리기를 할 것이다. 그 학생의 그림에 대해서 지속적으로 관심을 가져주면서 상급학교에 가서 좋아하는 그림공부를 하려면 학과공부도 필요하니 학과공부도 하도록 유도하면 자기가 좋아하는 것(그림 공부)을 하기 위해서 하기 싫은 것(그 외의 학과공부)도 하게 된다.

(사) 형식적인 칭찬이 아니고 진심으로 칭찬을 한다. 칭찬의 효과는 칭찬하는 사람의 진실함이 좌우한다. 그러나 똑같은 칭찬이라도 표현 방식에 따라 듣는 사람이 기분이 좋을 수도 있고 나쁠 수도 있다.

우리는 보통 상대를 가장 기분 나쁘게 하는 말은 특정한 단어(욕, 비어, 속어 등)라고 생각한다. 그러나 사람과 사람의 관계를 허물어뜨리는 것은 단어가 아니라 그 단어에 담긴 나쁜 감정이다.

사랑하는 사람 사이에 사랑과 웃음이 잔뜩 담긴 말투로 "이 바보야"하면 그 말에 상처를 받을 사람은 없다. 오히려 진한 사랑을 느낄 뿐이다. 귀에는 "바보야"라는 말이 들리지만 마음에는 "너를 사랑한단 말이야"라는 말이 들리기 때문이다. 그러나 목에 힘을 주고 양미간을 찌푸리며 매서운 눈을 하고 "이 바보야"라고 했다면 둘 사이의 관계는 완전히 끝장날 수 있게 된다. 그러므로 인간관계의 공든 탑을 무너뜨리지 않기 위하여 우리가 할 일은 말조심하기 이전에 먼저 마음을 단속해야 하는 것이다. 그러려면 항상 따뜻한 마음과 상대를 존중하고 인정하는 마음을 가져야 한다. 남에 대한 배려, 인간과 모든 존재에 대한 경외심을 가져야 한다. 마음에 담긴 말, 그것이 사람을 움직인다.

교사도 학생을 칭찬할 때 진심으로 칭찬을 해야지 건성으로 형식적인 칭찬을 하면 학생이 곧 알아차리게 된다.

(아) 결과보다는 과정을 칭찬한다. 학생이 학업이나 과제나, 그 외의 학습활동을 한 결과가 좋지 못할 때라도 그 학생이 그 동안 준비를 열심히 해 왔는데도 결과가 나쁘다면 그 학생을 칭찬하고 격려해 주어야 한다. 그러기 위해서는 학생의 평소 태도를 교사가 주의 깊게 관찰할 필요가 있다.

(자) 교사가 학생을 긍정적인 눈으로 보도록 한다. 긍정적인 관점으로 보면 학생을 칭찬할 일이 보이지만 부정적인 눈으로 보면 칭찬할 일이 보이지 않게 된다. 아동이나 학생은 완성되어 가는 인격체이므로 아직 불완전한 존재라는 생각을 가지고 긍정적인 눈으로 보아야 한다. 혹 잘못을 하더라도 일시적인 또는 일회적인 것으로

보고 그 학생의 장점을 찾아 칭찬해 주도록 한다.

(차) 칭찬의 말을 할 때는 눈을 보며 말한다. 눈은 마음의 창이란 말이 있다. 또 눈은 영혼이 통하는 통로란 말도 있다. 그만큼 눈이 중요하다는 것이다. 말을 할 때는 눈을 보며 해야 한다. 눈을 본다는 것은 마음을 주는 행위가 된다. 사랑하는 사람끼리는 끊임없이 눈을 마주친다. 그러나 싫은 사람은 애써 외면한다.

말할 때는 눈을 보는 것이 필요하다. 눈을 보며 말하는 것은 '나는 당신에게 진실을 말합니다'라는 무언의 암시가 된다. 눈을 보는 것은 예의를 갖추는 것을 나타낸다. 눈은 진실을 말하는 제2의 입이다.

교사가 학생을 직접적으로 칭찬할 때, 일대 일로 칭찬을 할 때는 학생의 눈을 보며 칭찬을 한다. 외면하고 다른 일을 하면서 칭찬을 하면 칭찬의 효과도 없을 뿐 아니라 진심으로 하는 칭찬으로 보이지 않는다.

(카) 고등학교 국어교사들이 학생들의 문학 작품에 대한 다음과 같은 평가는 학생들에게 좋은 자극이 된다.

> "네 산문은 그림처럼 아름다우며, 나오는 인물들은 믿음직스럽다. 네가 쓴 이야기가 어쩌나 힘이 있고, 마치 눈으로 보듯이 생생하여 아주 재미있게 읽었다."
> "장소나 인물에 대한 네 묘사는 마치 컬러 사진을 찍어 놓은 듯이 정확하고 생생하며 섬세하다."
> "네 시를 읽으면 힘이 솟구친다. 감수성과 지각을 지닌 작품이라 할 수 있다. 읽는 것 자체만으로도 많은 소득이 있었다."
> "네가 다룬 이야기는 인간의 상태를 그대로 반영하고 있다. 어두운 곳을 밝게 만들기 위한 노력을 보여 주고 있다."

위와 같이 문학 작품에 대한 묘사적인 칭찬은, 학생들로 하여금 생각도 하고 추리도 하게 만든다. 적절하고 솔직한 평은 학생들의 의욕을 불러일으키며, 그들의 기억 속에 확고하게 스며들어, 그들 자신의 자부심을 강화시킴은 물론, 자신감을 갖도록 해 준다.

2) 잘못된 칭찬법

잘못된 칭찬법은 대체로 올바른 칭찬법의 반대가 된다. 잘못된 칭찬법을 열거하면 다음과 같다.

(가) 학생을 평가하는 칭찬은 오히려 해롭다. 정신 요법에서는 학생에게 "너는 참 좋은 애다", "너는 계속하여 훌륭한 일을 하려무나"와 같은 말을 하지 말라고 한다. 즉 판단하는 칭찬은 피하라는 것이다. 이러한 칭찬은 학생에게 불안감을 조성하고, 의뢰심을 기르고, 반항심을 불러일으키기 때문이다. 또한 학생에게 자기 신뢰와 자제심을 갖도록 하지 못한다. 이러한 일들은 외부의 판단이 필요하지 않다. 그들의 내적인 동기가 평가로 하여 신뢰를 받아야 한다. 학생들이 바르게 자라기 위해서는 외부의 평가적인 압력으로부터 자유로워야 한다.

평가하는 칭찬은 가끔 위협으로 받아들여질 때가 있다. 그것은 즐거움이 아니라 불편을, 기쁨이 아니라 두려움을 안겨준다. 아이들은 흔히 이러한, 판단하는 칭찬의 압박 밑에서 허덕이며, 이로 말미암아 방어적이 되며, 회피하는 성격이 되어 버린다. 이러한 칭찬은 자기들을 변화시키기 위해서라는 점을 알고 있다. 아이들은 이러한 의도에 분노를 표시하며 어른들의 조작에 반항하려 든다.

(나) 적극적인 평가는 오히려 부정적인 의미를 지닐지도 모른다. 또 사람을 판단하는 칭찬은 불안감을 조성하게 하고 서로 거리감을 느끼게 만들 수 있다. 그래서 대화를 단절시키며 관계에 금이 가게 만들기도 한다.

- 은희는 10,000원 짜리 지폐를 분실했다. 열두 살인 남진이가 그 돈을 주워 교사에게 갖다 주었다. 교사가 남진에게 다음과 같이 칭찬을 하였다.

> 교사 A : 너는 참으로 정직한 아이야. 우리 반에 너 같은 훌륭한 학생이 있는 것을 자랑스럽게 생각한다.
>
> 교사 B : 돈을 찾아 주어서 고맙다, 남진아. 은희의 슬픔을 덜어 주게 되었으니, 얼마나 다행스런 일이니?

A 교사의 칭찬을 듣고 남진이는 불안해지기 시작했다. 왜냐하면 남진이는 전에

작은 물건을 훔친 일이 있었기 때문이다. 선생이 그의 정직함을 칭찬하자 마음이 몹시 불안하게 되었다. 이런 칭찬을 들은 후로는 남진이는 과거에 정직하지 못 했던 것 때문에 선생님을 멀리하게 되고 결과적으로 선생님의 칭찬이 효과가 없어지게 된 것이다.

B 교사의 칭찬은 문제가 되는 행위에 대해서만 칭찬을 했기 때문에 그 학생은 앞으로도 칭찬을 들으려고 계속 좋은 일을 하게 되고 효과적인 칭찬이 된 것이다.

아동의 성격을 판단하거나 인격을 재평가하지 않는 칭찬만이 때로는 실수를 할 수도 있다고 하는 안도감을 갖게 하며, 노력하면 다시 회복할 수 있다는 자신감을 갖게 해 준다. 그러므로 인격을 평가하거나 성품을 판단하는 말을 해서는 안 된다.

(다) 구체적인 칭찬에 반대되는 것이다. 너무 과분하거나 과장된 칭찬은 오히려 비꼬는 것처럼 들릴 수 있기 때문에 자제해야 한다.

"좋다", "잘 했다!"와 같은 모호한 칭찬과 "야, 천재적인 발언이다", "귀신같이 알아맞혔네!"와 같은 과장된 칭찬은 잘못된 칭찬이다. 교사들이 학생을 판단하는 말투인 "좋다, 훌륭하다, 굉장하다, 우수하다"와 같은 말 대신에 학생들을 인정해 주며, 학생이 좋은 일을 했을 때 고마움을 표하는 말을 하여야 한다.

(라) 평가하는 칭찬은 신분이 낮은 사람을 그 낮은 곳에 그대로 있게 만들어 준다. 마찬가지로, 학생이 그의 선생을 "선생님께서 좋은 일을 하고 계시는군요 선생님을 모시고 있는 것이 자랑스러워요 그 좋은 일을 계속해서 하세요"라고 칭찬하는 것은 건방지다고 생각되어질 수 있다.

만일 우리가 피카소를 만난다면, "오, 당신은 위대한 화가입니다. 훌륭한 직업을 갖고 계시는군요"라는 식으로 말하지는 않을 것이다.

이러한 칭찬은 거만스러움을 나타내며, 나쁜 의미로도 쓰인다는 점을 알게 될 것이다. 우리는 자신을 스스로 심판관의 자리에 올려놓아서는 안 된다. "피카소 선생님, 선생님의 그림들은 내 삶에 큰 도움이 되었습니다"와 같이 이야기하는 것이 올바른 것이다. 아이들도 이와 같은 예우를 받을 필요가 있다. 즉 비교를 하거나 겉치레의 칭찬이 아니라, 고마움에 찬 칭찬을 필요로 하고 있다.

(마) 학생의 행위 중에서 칭찬할 만한 가치가 있을 때에만 칭찬을 해야지 그저 덮

어놓고 기분 내키는 대로 칭찬을 하면 학생은 혼란을 일으키게 되고 오히려 역효과를 낳는 수가 있다.

(바) 칭찬받을 것을 예기하고 착한 일을 했을 때나 공부를 열심히 해서 좋은 결과를 얻었을 때는 때를 놓치지 않고 칭찬한다. 시간이 지난 다음에 칭찬을 하면 칭찬의 효과도 줄어들게 된다. 또한 칭찬을 아주 안 하게 되면 다음 행동에 동기부여가 되지 않게 된다.

5. 칭찬의 효과

일반적으로 학생들에게 칭찬을 할 때 효과적인 방법은 추상적인 칭찬(모호하거나 과장된 칭찬)보다는 구체적인 칭찬이 더욱 효과적이고, 평가하는 칭찬보다는 이해하는 칭찬이 더욱 효과적이다. 그러나 학생들이 다양하기 때문에 칭찬의 효과를 극대화하기 위해서는 학생들 유형에 따라 칭찬의 방법을 정한다. 대부분의 학생들에게 칭찬이 가장 교육적으로 효과가 좋은 방법이긴 하지만 학생들 개개인에 따라 특성이 다르기 때문에 학생들을 유형으로 나누어서 칭찬의 방법을 정하는 것이 더 효과적이라고 본다. 학생들 유형은 조벽(2001)에 따라 4가지 유형으로 나눈다.

1) 성취형

공부할 능력과 노력을 겸비한 학생이다. 성적이 우수하고 태도가 성실하기 때문에 흔히 모범생이라고 부르는 유형이다. 기본적으로 어릴 때부터 숫자와 언어 개념을 쉽게 터득한 편이고 학교에서 계속 상위권의 성적을 유지하고 있는 학생이다. 이들은 목표를 이루려는 성취 동기가 강하기 때문에 누가 시키지 않아도 스스로 알아서 공부하는 편이다.

이런 학생을 칭찬하려면 구체적인 칭찬을 해야지 모호하거나 과장된 칭찬을 하면 오히려 자기를 모욕한다고 생각할 수 있어서 오히려 역효과가 나타날 수 있다.

2) 체제 거부형

학습 능력은 있으나 노력을 안 하는 학생이다. 흔히 머리는 좋은데 공부를 못한 다고 자타가 공인한다. 성적이 들쭉날쭉한 편이고 작심삼일형이기도 하다. 기분이 내켜서 공부를 좀 하면 성적이 단박에 오르기도 하지만 대개는 반짝하다가 다시 다른 일에 집중한다. 공부는 나중에 하고 싶을 때 하면 잘할 거라고 장담하는가 하면, 아예 노골적으로 공부와 담쌓기도 해서 부모님 속을 태우기도 하는 유형이다. 학교에서는 엉뚱한 질문을 하거나 선생님의 말에 반박해 미움을 받기도 하지만 친구들과는 아주 친하게 잘 지내는 편이다. 좋아하는 일에는 높은 의욕과 열의를 갖지만 문제는 그것이 학교 공부와 무관하다는 점이다. 이런 유형의 학생들은 꿈과 열정을 현실로 성취해 낼 수 있도록 격려해 주고 환경 조성을 해주는 것이 필요하다.

3) 착실형

꾸준히 노력은 하지만 성적이 좀처럼 오르지 않는 학생이다. 부모님 말씀 잘 듣고 학교생활도 성실하고 얌전해서 나무랄 데가 없지만 개성이나 특성이 별로 두드러지지 않아 학교에서는 존재가 미미한 경우가 많다. 극심한 경쟁이나 부모님의 기대감에 스트레스를 가장 많이 받는 형이고 따라서 좀 더 잘해 보려고 애쓰지만 성과가 없어 자신감을 잃는 경우가 많다. 남의 기준에 맞추려고 애쓰지만 정작 자신이 원하는 것이 무엇인지 잘 모르는 경우가 많다. 따라서 정말 자기가 하고 싶은 일이 무엇인지를 찾는 것이 시급하다.

이런 유형의 학생에게는 교사가 그 학생의 숨은 장점을 찾아내 주어 칭찬해 줌으로써 자신감을 갖고 그 장점을 키워 나가도록 도와주어야 한다.

4) 내 맘대로형

노력도 하지 않고 공부할 기본 능력도 갖추지 않은 학생이다. 될 대로 되라는 식으로 매사를 쉽게 생각하거나 쉽게 포기하기 때문에 의욕도 없고 태도도 불성실해 보인다. 학교 성적은 하위권이고 태도가 불량해서 학교에서 가장 괄시를 받는 학생이다. 학교, 성적, 시험 따위에 개의치 않고 때로는 부모님의 기대와는 정반대되는 행동도 서슴지 않는다. 흔히 문제아, 천덕꾸러기라는 레벨을 달고 살며 졸업장만이라도 무사히 받기를 바랄 정도이다. 학교 안보다 밖에서 활개치고 다니며 비슷한 부류와 어울리기를 좋아한다.

이런 유형의 학생들은 학과 공부보다는 인성교육에 더 치중을 해야 할 것 같다. 또한 숨은 장점을 찾아내어서 칭찬을 해 주고 사소한 것이라도 칭찬을 해 준다.

이런 유형의 학생은 인정해 주는 말을 해 주어야 한다. "너는 그것도 못 하니?" 또는 "이 쉬운 것도 모르니?"와 같은 '핀잔주기'와 "똑같이 배우고 다른 아이들은 다 잘 하는데 너는 수업시간에 뭐 했어?"나 같은 학교에 형제가 다 다닐 경우에 "네 형은 잘 하는데 너는 왜 이렇게 못 하니?"와 같은 '비교하기'를 하지 말고 상대를 있는 그대로 인정하고 그 학생에게도 장점이 있는 것을 칭찬해 주면 교육적인 효과는 훨씬 더 커진다.

그리고 위의 4유형의 모든 학생들에게 해당되는 사항은 항상 따뜻한 말로 대해줘야 한다는 것이다. 항상 따뜻한 말로 친절히 대해 주고 격려해 주면 그것이 바로 칭찬의 효과를 얻게 된다.

그리고 이러한 분류에 의해서 실제 교실 수업에서 학생들에게 교육적으로 더 효과적인 칭찬의 방법이나 유형이 앞으로 더 연구되어야 할 과제라고 생각한다.

6. 칭찬의 예절

칭찬은 타인과 협력해 가는 데 없어서는 안 될 가장 중요한 조건이 된다. 인정하고 칭찬하는 것은 상대방에게 관심을 가져주고 상대방의 가치를 인정해 주는 것으로써 관심이 말로써 표현되는 것이다. 그러한 말이 마음에서 우러나오는 진실된 것이어야 한다.

입에서 나오는 단순한 단어 하나가 아니라 감정과 표정과 기술이 필요하며 특별히 상대방의 장점을 바라볼 수 있는 따뜻한 마음이 우선 기본이 되어야만 칭찬을 할 수 있게 된다. 그러므로 칭찬하는 것을 훈련해야 하고 습관화해야 한다. 사랑도 받아 본 사람이 다른 사람을 사랑할 수 있다고 한다. 칭찬하는 것도 칭찬받는 것도 훈련이 되어야 한다. 학과 공부뿐만이 아니라 칭찬하는 것도 반복 연습을 꾸준히 해야만 칭찬을 잘 할 수 있다.

칭찬을 받는 사람도 문제다. 칭찬을 해 주면 어떤 사람은 당황해 하거나 아주 어색해 한다. 겸손한 것도 좋지만 칭찬 받았을 때는 흔쾌히 받아들이는 것이 칭찬해 준 사람에 대한 예의다. 칭찬해 준 사람에게 고맙다는 표현을 분명히 하도록 학생들을 지도해야 한다. 그리고 칭찬한 사람을 다시 칭찬해 주도록 교육시킨다, 칭찬받고도 쑥스러워 아무 말 안하면 칭찬한 사람이 오히려 어색하게 된다.

7. 맺음말

교사의 역할은 학생들에게 지식의 전달뿐만 아니라 인성교육, 재능계발도 중요하다고 생각한다. 교사 화법 중에서 칭찬화법은 학업성취도를 높일 수 있을 뿐만 아니라 학생들의 인성교육, 재능계발에도 중요한 역할을 한다. 막연하고 모호한 칭찬 즉 추상적인 칭찬보다는 구체적이고 시의적절한 칭찬을 하여서 칭찬의 효과를 더욱 더 높여야 하겠다. 또한 이해하는 칭찬이 평가하는 칭찬보다 더욱 효과적이다. 학생들 개인의 재능이나 숨은 장점을 찾아내어 여러 사람 앞에서 칭찬해 주는 것도 효과적인 칭찬이 되겠다. 칭찬에는 대면 칭찬법과 비대면 칭찬법이 있는데 교사가 학습활동을 하면서 하는 칭찬에는 주로 대면 칭찬법이 되겠다. 그러나 비대면 칭찬법도 교육적인 효과는 크다고 하겠다.

조벽(2001)에 의해서 학생들을 4가지 유형으로 나누고 그 학생들에 의한 칭찬의 방법을 간략하게 들어 봤는데 실제 교실에서 수업을 하면서 학생들에게 실제로 적용해보고 분석을 할 필요성이 있는 것이 앞으로의 과제이며, 또한 학습자의 구분에 의한 칭찬의 차이는 없는지도 또한 연구가 되어야 할 부분이라고 본다. 이를테면 초등학생, 중·고등학생, 대학생으로 나누어서 그 대상에 의한 칭찬의 차이는 없는지 하는 것 등이다.

제 4 장

자기노출화법

1. 자기노출화법의 정의

자기노출화법에 대한 개념 정의를 위해서 먼저 논의되어야 할 문제가 몇 가지 있다. 첫째는 상위 개념인 국어 화법에 대한 정의가 선행되어야 할 것이다. 둘째는 같은 의미로 사용되면서 혼용되고 있는 '자기노출'과 '자아노출'의 비교 검토이다. 셋째는 '자기노출'의 범위에 대한 문제로 '자기진술'과 어떻게 구별할 것인가의 문제이다. 넷째 자기노출에 대한 정의를 살펴본 후 앞의 논의를 바탕으로 자기노출화법을 정의하고자 한다.

1) '자기노출'과 '자아노출'

'자기노출'과 '자아노출'을 비교 검토하여 보면 다음과 같다.

'self-disclosure'와 관련된 많은 논저들에서 이에 대한 용어가 통일되어 있지 않다. 이에 이 책에서는 다음과 같은 이유로 '자기노출'이라는 용어를 사용하고자 한다.

① 'self-disclosure'라는 용어를 처음으로 사용한 심리학이나 그 이론을 실제로 활
용하고 있는 다른 모든 분야에서 이미 '자기노출'이라는 용어를 사용하고 있다. 그
사용 실태를 제시하면 <표 2>와 같다.

〈표 2〉 자기노출과 자아노출 용어의 사용 실태

	학 문 분 야	자 기 노 출	자 아 노 출
학위논문	심리학	19	
	교육학	53	
	간호학	10	
	신문방송학	2	
	언론학	2	
	가정관리학	1	
	사회사업학	1	
	아동복지학	1	
	행정학	1	
	신학	1	
단 행 본	스피치 관련	2	
	인간관계론	2	
	국어 화법		2
논 문	국어 화법		1
	국어 화법 외	72	
계		172	3

<표 2>와 같이 국어 화법 이외의 분야에서는 모두 '자기노출'을 사용하고 있음
에 비해 국어 화법에서만 '자아노출'을 사용하고 있다.

② 'self-disclosure'라는 동일한 개념에 대하여 국어 화법에서만 '자아노출'이라는
용어를 사용할 때 학문 간 연계가 이루어지기 어렵다.

③ 두 개념은 <표준국어대사전>(국립국어연구원, 1999)의 정의에 의하면 다음과 같다.

자기(自己)[4] : ① 그 사람 자신. 자기 발견.
　　　　　② [철] = 자아(自我)
자아(自我)[1] : ① [심] 자기 자신에 대한 의식이나 관념. 정신분석학에서는 이드(id),
　　　　　초자아와 함께 성격을 구성하는 한 요소로, 현실 원리에 따라 이드
　　　　　의 원초적 욕망과 초자아의 양심을 조정한다.
　　　　② [철] 대상의 세계와 구별된 인식·행위의 주체이며, 체험 내용이 변
　　　　　화해도 동일성을 지속하여, 작용·반응·체험·사고·의욕의 작용
　　　　　을 하는 의식의 동일체. =나[3] ② 셀프·에고 ① 자기[4] ②

　위와 같이 '자기'와 '자아'를 구별할 때, '자기'가 '자아'보다 훨씬 더 포괄적인 개념임을 알 수 있다. 'self-disclosure'의 층위는 매우 광범위하다. 따라서 'self-disclosure'의 'Self'는 'ego'라는 한 영역의 개념에 대응하기보다는 'ego'와 'id', 'super ego'를 모두 포괄하는 개념에 대응해야 한다. 그러므로 'self-disclosure'는 '자기노출'로 대응함이 합리적이라고 할 수 있다.

　④ 다른 분야에서는 이미 '자기노출'에 대한 연구가 활발하다. 이에 비해 국어 화법에서는 '자기노출'에 대한 연구가 거의 이루어지지 않았으며, 개념 정의도 되어 있지 않다. 다만 국어 화법에서 언급된 '자아노출'은 'self-disclosure'에 상응하는 것이며 관련된 모든 참고자료들이 다른 분야에서 동일하게 인용하고 있는 자료들이고, 철학적 개념이 아니라 심리학적 개념이므로 이에 대응하는 것은 심리학에서 이미 사용하고 있는 '자기노출'이라는 용어가 합당한 것이다.

2) '자기노출'과 '자기진술'

　자기노출에 대한 기존의 정의에서 본 바와 같이 '자기노출'을 '자기진술'과 구별한 것은 Makay & Gaw(1975)가 유일하다.

　'자기기술(self-description)'은 자신이 말하지 않아도 다른 사람이 다른 방법으로 자신에 대해 알 수 있는 정보와 관련되어 있다. 예를 들면 나이, 직업 등. 그래서 '자

기기술'은 보통 위협적이지 않다. 어떤 사람에게 우리가 어느 학교를 다니는지 말하는 것은 위험이 없다. 그러나 '자기노출(self-disclosure)'은 보통 우리가 그에게 말하지 않으면 알 수 없는 정보를 제공한다. 물론 어떤 사람에게는 '자기기술'인 것이 다른 사람에게는 '자기노출'일 수 있다. 예를 들면 자신의 나이를 말하는 것을 어떤 사람은 'open area'의 '자기 진술'로 생각하지만 어떤 사람은 매우 중요하게 생각하여 위협이 되는 '자기노출'로 생각하는 사람도 있다는 것이다.

자신에게 중요한 많은 사람들과 함께 하는 'free area'[*]가 클수록 그는 스스로에게 그리고 다른 사람들과의 커뮤니케이션에서 보다 정직하고 진정한 사람이 될 것이다. 이를 위해서는 '자기노출'을 통해 가능한 많은 정보를 'free area'로 이동해야 한다. 그런데 사람에 따라 자기진술과 자기노출에 해당하는 정보가 달라 소통에 장애가 생기는 경우가 많다. 따라서 이 글에서도 Makay & Gaw(1975)와 같이 '자기진술'과 '자기노출'의 개념을 구별하여 다루고자 한다. '자기노출'의 개념을 '자기진술'과 구별하여 볼 때 이는 Dindia(2000)과 Wood(2002), Makay & Gaw(1975)의 정의에 일치하는 개념으로 '자기노출'을 논하게 될 것이다.

3) '자기노출'의 정의

지금까지 '자기노출'은 한 개인이 언어적으로 자신에 대하여(생각, 느낌, 경험 등을 포함하여) 다른 사람에게 노출하는 것(Derlega, Metts, Petronio, & Margulis, 1993)[**]이라고 정의되어 왔다. 자기노출의 정의에서 논점이 된 것은 노출 정보의 범위와 노출의 방법에 대한 것이다.

맨 처음 자기노출에 대하여 논한 Jourard & Lasakow(1957)은 자기노출이란 '자기 자신을 다른 사람에게 알도록 해주는 과정', 즉 다른 사람이 나 자신을 알 수 있도록 드러내 보이는 것이라고 하여 범위에 대하여 규정하지 않았다.

김교헌(1992)는 '자신에 관한 사적인 정보를 타인에게 언어로 의사소통하는 행동'으로, 김영임(1998)은 우리 자신에 대한 정보를 자발적, 능동적으로 드러내어 타인과 공유하는 것으로 그 범위는 좁게는 자신의 이름, 소속, 출신학교와 같은 비교적 공개적인 인적 사항에서부터 넓게는 자신의 감정과 내면에 자리 잡은 은밀한 자신의 모습에 이르기까지 다양하다고 하여 매우 광범위하게 잡고 있다. 자기노출의 범위가 이렇듯 광범위하다면 우리가 자기노출에 대하여 특별히 주목할 만큼 관심을 가질 필요가 없을 것이다.

'자기기술(self-description)'과 '자기노출(self-disclosure)'을 구별하여 자기노출을 좀 더 정밀하게 정의한 것은 Makay & Gaw(1975)이다. Dindia(2000), Makay & Gaw(1975), Wood(2002) 등은 자기노출의 정의를 사적인 정보의 노출이나 은밀한 정보의 노출로 제한하고 있는데 이 글은 이에 동의한다.

한편 Cozby(1973)은 자기노출은 'A라는 사람이 B라는 사람에게 언어로써 전달하는, 자신에 관한 정보'라고 하여 언어라는 조건으로 제한하였다. 그러나 최근언어뿐 아니라, 비언어 행동을 통해서도 자기노출이 성취된다는 주장이 나오고 있다.

커뮤니케이션학에서는 언어와 비언어는 커뮤니케이션의 전 과정에서 통합적으로 작용하는 것으로 나누어 살펴볼 수 없다는 것이 일반적인 견해이며 화법학에서도 언어에 수반되는 비언어적 요소에 대해 강조하고 있다. 이 책에서도 이러한 입장에서 자기노출화법에 관여하는 언어와 비언어적 요인을 함께 고려하고자 한다.

4) '자기노출화법'의 정의

위의 논의를 바탕으로 '자기노출화법'의 개념을 정의해 보고자 한다. 이 글에서는 '국어 화법'을 '의미의 공유를 위해 한국어를 주된 상징으로 하여 체계 간 상호작용을 하는 과정'이라고 정의하였다. 그리고 '자기노출'을 '자신에 대한 개인적 정보를 스스로 노출하는 것'으로, 그렇지 않으면 다른 이들은 절대로 알 수 없는, 자신의 '감추고 있는 영역(hidden area)'에 대한 노출'의 개념으로 정의한 바에 따르기로 하였다. 따라서 '자기노출화법'이란, '의미의 공유를 위해, 언어를 주된 상징으로 하여 자신의 'hidden area'의 정보를 스스로 노출하는,[*] 체계 간 상호작용을 수행하는 과정'이라고 정의할 수 있다. 이 정의는, '자기노출화법'의 '주체'와 '화법 수행 결과에 대한 책임'의 '주체'가 '화자' 자신임을 명시하고 있다. 신뢰성 있고 윤리적인 인

[*] 스스로 노출하지 않으면 다른 사람들은 절대로 알 수 없다는 것.

간관계를 맺어가는 건강한 사회인이 되기 위해서 각 개인은 자신의 언행에 책임을 지는 '주체적인 화자'가 되어야 하며 이러한 과정에 작용하는 요소 중의 하나가 올바른 자기노출화법이라는 것이다.

2. 자기노출화법의 사례 분석

다음은 학생들의 '자기노출' 경험 사례에 대해 분석한 것이다.

사례 1

> 11월 초에 나는 여자 친구와 헤어졌다. 학교가 지방이라 기숙사 생활을 해야 했던 여자 친구는 항상 기숙사의 통행금지 시간인 저녁 11시 무렵에야 나에게 전화를 하곤 했는데, 하루는 아예 전화 연결조차 되질 않았다. 일부러 연락을 피하는 것 같아 서운해 하던 와중에 새벽 한 시경 연락이 되었는데, 친구들과 심야 영화를 보고 왔노라고 했다. 말 한마디 없이 예상치 못한 행동을 한 것에 대해 나는 매우 서운했고, 관계가 요원해지기 시작했다.
>
> 며칠 뒤, 여자 친구는 나에게 사실은 그날 어떤 남자 선배와 둘이 영화를 보고 왔노라고 고백했다. 속여서 미안하다는 말을 하며 잘못을 빌었다. 하지만 나는 그 애가 했던 행동과 나를 속였다는 것에 큰 충격을 받고 그 애를 다시 보게 되었고 결국 헤어졌다.
>
> 당시 여자 친구는 자신의 행동과 거짓말에 대한 죄책감, 요원해지는 관계를 개선하고자 하는 의도에서 자기노출을 한 것으로 보인다. 여자 친구가 예상하기로는 사실을 말하면 내가 그 상황에 대해 이해를 하고 다시 관계가 정상화될 것이라고 생각한 것 같다. 하지만 그 애는 자기노출화법은커녕 커뮤니케이션에 대한 제반 지식이 전무하다시피한 상태였고 따라서 자기노출의 위험성에 대해서는 전혀 계산하지 못했다. 나는 그녀의 자기노출에 의해, 그녀의 일련의 행동들을 알았고 내가 그녀에 대해 잘못 알고 있는 점이 많았다는 것을 깨달았다. 동시에 그녀라는 사람에 대한 강한 적개심과 분노를 갖게 되었으며, 순간적으로 그녀가 싫어지는 결과가 도출되었다.
>
> 끝내 나는 더 이상 그녀와의 관계를 지속하는 것이 옳지 않다는 판단을 내렸고, 적극적이고 비건설적인 태도로 그녀와의 커뮤니케이션을 마치고 그 관계를 정리하였다.
>
> 나는 그녀에게 상처를 받았고, 그녀가 싫어졌다.

이 일을 겪으면서 나는 자기노출의 위험에 대해 생각해 보게 되었다.

사람들은 '공통된 비밀'을 공유하고 있으면 급속도로 가까워진다고 한다. 하지만 그 비밀이 다른 사람(특히 상대방)에게 상처를 주거나, 전혀 예상치 못한 방향으로 사건을 진전시킬 수 있다는 것을 염두에 두고 항상 조심해야 한다.

더욱이 불필요한 자기노출은 하지 않는 것이 좋은 것 같다. 몇 해 전 개그맨 홍석천 씨가 자신은 동성애자라고 밝힌 적이 있다. 이 경우도 자기노출이라고 볼 수 있겠는데, 내가 아직까지도 이해할 수 없는 것은 '왜, 그가 그 시점에서, 그러한 행동을 했는가'이다. 당시 그는 모 시트콤 출연과 CF 등으로 상당한 인기를 얻고 있었다. 자신의 소신 혹은 양심에 의한 것이었는지는 알 수 없지만, 결과적으로 그는 대중의 인기를 잃었고, 사회적으로 좋지 않은 낙인이 찍혔다고 본다. 이 경우에서 알 수 있는 것은 적당하지 않은 시기와 내용의 자기노출은 좋지 않다는 것이다.

적당한 선의, 나를 손상시키지 않으면서 상대방을 존중하고, 관계를 가깝게 하기 위한 경우의 자기노출은 분명 훌륭한 커뮤니케이션 기술이 될 수 있겠지만 그 위험에 대한 깊은 고려가 필요할 것이다.

<사례 1>은 수용자 입장에서 상대의 자기노출을 기술하고 분석한 것이다. 여자 친구가 '진실한 관계', '양심의 가책 해소' 등 긍정적인 의도에서 자기노출을 했다고 생각하지만 이 학생은 여자 친구의 자기노출에 의해 상처를 받고 관계를 끝내게 되었다. 여자 친구는 노출자로서 '자신의 노출이 다른 사람에게 상처를 줄 수도 있다'는 자기노출화법의 위험성을 알지 못했다. 또한 '양심의 가책을 해소'하고 싶다는 자기중심적 사고에서 상대를 배려하지 못했다. '진실한 관계'를 위한 동기 역시 자기중심적으로 판단한 것이었다. 상대가 나와 다르게 생각할 수 있다는 '다양성'에 대한 이해가 없었다.

수용자로서 이 학생은 여자 친구가 자기노출화법은 물론 커뮤니케이션의 올바른 원리를 알지 못하기 때문이라고 하였다. 여자 친구의 잘못된 자기노출화법에 대해 그 원인과 의도를 이해하면서도 그녀의 자기노출을 수용할 수 없었다. 그것은 자기노출의 화제가 자신에 대한 배신 즉 '비도덕적 행위'라고 판단했기 때문이다.

그리하여 '내가 그녀에 대해 잘못 알고 있는 점이 많았다는 것을 깨달았다. 동시에 그녀라는 사람에 대한 강한 적개심과 분노를 갖게 되었으며, 순간적으로 그녀가 싫어지는 결과'에 대해 올바른 반응으로 분석하고 있다.

자기노출화법의 실태 분석에서 본 바와 같이 개인의 '비윤리적'인 특성에 관련된 화제일 때 자기노출화법이 성공적으로 수행되기 어려움을 보여준다.

한편 수용자 입장에서도 여자 친구가 자기노출을 한 동기에 대해 자기중심적으로 해석한 것은 아닌가 생각해 볼 수 있다. 이 학생은 여자 친구의 자기노출이 자신에게 상처를 주어 헤어지게 되었다는 결과로 미루어 여자 친구가 커뮤니케이션에 대해 무지하다고 평가하고 있다. 그러나 만약 여자 친구가 이 학생과의 관계를 정리하고 싶어서 우회적인 방법으로 자기노출화법을 활용한 것이라면, 여자 친구의 전략적 자기노출화법은 성공적인 것이었다고 평가할 수 있다. 그녀의 자기노출화법의 의도가 무엇이었는지는 그녀만이 알 수 있다. 그러나 수용자 역시 자기중심적으로 문제를 해석해서는 안 될 것이다.

사례 2

고등학교 1학년, 수학여행 갔을 때의 일이었다. 여러 명이 함께 어울려 놀다보면 흔히 하게 되는 게임 중 진실게임이라고 이름 붙여진 게임을 하게 되었다. 한 친구가 A에게 첫 경험에 대한 질문을 했다. A는 중학교 2학년 때에 첫 경험을 했다고 털어 놓았고, 다른 아이들은 모두 놀라 아무 말도 못했다. A는 성적도 우수하였고 성격이 활발하고 귀염성이 있어 친구들이 많이 좋아했었다.

그 이후 아이들은 뒷말도 많았고 결국 학교생활에 적응하지 못하게 된 A는 자퇴를 하고 다음 해에 다른 학교를 다니게 되었다. 그러나 그 학교에서도 역시 소문이 나면서 자퇴하였다고 한다. 그 후 A가 어떻게 되었는지는 모른다.

자기노출은 보통 친해지기 위한 과정에서 하기는 하지만 너무 사적인 이야기를 단체 모임에서 열어 놓은 바람에 일이 너무 커진 것 같다. A의 자기노출은 막역한 친구에게만 해야 할 이야기였던 것 같다. 순진한 여고생들이 A를 이해하고 섬세하게 배려해주기에는 너무 충격적인 이야기가 아닐 수 없었다. 대부분의 아이들은 A와 양립불가의 관계를 성립해버렸고 A를 거부했으며 심지어 그 자리에 없었던 아이들까지 S의 과거를 알게 되었고 소문이 나면서 결국은 파괴적이고 비극적인 결말을 맞게 되었다.

그 당시에는 나도 어렸고 자기노출에 대한 기본적 상식이 전혀 없어 그 파장이 그렇게 한 사람의 운명을 좌우하게 될 거라고는 생각하지 못했다. 아마 나뿐만 아니라 다른 친구

　<사례 2> 역시 수용자 입장에서 자기노출화법에 대한 경험을 기술하고 분석한
것이다.

　'진실게임'에서 요구하는 정보는 자기노출화법의 대상이 되는 'hidden area'의 정
보이다. '진실 게임'에서 노출자 A는 '첫 경험'에 대한 친구들의 질문에 진실한 대
답을 하였다. 친구들은 A의 자기노출을 유도하였지만 정작 그 내용에 충격을 받았
다. 정보는 'open area'로 이동했고 제3자들마저 A와 관계 맺기를 기피하여 마침내
A는 자퇴하고 다른 학교로 가게 되어 수용자인 학생은 당시 자신들이 어렸고, 자기
노출에 대한 상식이 전혀 없었기 때문이었다고 분석했다. 그리고 A 역시 다수에게
자기노출을 함으로써 일을 크게 만들었다고 했다.

　<사례 2>는 '한 사람의 운명을 좌우하는' 결과를 가져온 자기노출화법에 대한
것이다. 노출자 A와 친구들은 '자기노출' 대한 관점이 달랐다. 친구들은 A에게 '첫
경험'의 자기노출을 요구했지만 '첫 키스' 정도를 기대했거나 또는 A가 진실을 말
하지 않아도 무관했을 것이다. '진실 게임'에서 그들은 '게임'에 초점을 맞추었고
'첫 경험'이라는 것에 대한 호기심을 표현한 것이다. 이에 비해 A는 '진실'에 초점
을 맞추었다. 실제 첫 경험에 대한 사실을 자기노출함으로써 호기심이나 재미의 욕
구를 가졌던 친구들에게 충격을 준 것이다. 친구들은 표면적인 자기노출을 재미있
는 게임으로서 요구하였지만 A는 진실한 관계를 위해 내밀한 자기노출을 함으로써
서로에게 부정적인 결과를 낳고 말았다.

　'첫 경험'에 대한 노출을 요구하는 친구들을 보며 A는 그들도 자신과 같은 경험
이 있기 때문이라고 생각했을지도 모른다. A는 자신의 자기노출에 의해 상대도 진
실하게 자기노출을 하는 상호작용을 기대하였지만 친구들은 A와 동질성을 공유하
고 싶어 하지 않았다. 그런 사실을 알고도 A와 친하게 지내면 자신도 A와 같이 평

가될까 두려워하여 A와 양립불가의 관계를 형성하게 된 것이다.

'첫 경험'을 중학교 2학년 때 한 것이 비도덕적인가의 문제는 자기노출화법과 무관하다. 그러나 노출자가 대화 상황과 수용자의 의도를 파악하여 자기노출의 내용을 조정하는 것은 자기노출화법의 문제이다. 재미삼아 상대의 자기노출을 유도하는 것이 무책임하고 잔인한 일이라고 분석한 것처럼, 자기노출화법에서 수용자의 자세 역시 중요함을 보여주는 사례이다. 자기노출화법의 교육이 이른 시기부터 이루어진다면 이러한 결과를 예방할 수 있을 것이다.

사례 3

> 정말 사랑해 마지않았던 여자가 있었다. 그 여자의 마음을 얻기 위해 난 정말 많은 노력을 했고 결국 어느 정도 가까워질 수 있었다. 많은 만남을 가졌고 서로 사랑한다는 확신을 가지게 되었을 때 우리는 어느 하룻밤을 같이 보냈다. 처음에 나를 좋아한다고 생각한 그녀는 그날 이후 내 얼굴을 똑바로 못 보겠다는 이유로 절교를 선언했다. 나는 한동안 많은 방황을 했고, 그러던 중 다른 여자를 만나게 되었다. 그녀와 매우 가까워진 후 그녀가 먼저 자기노출을 하면서 어린 시절의 이야기들, 성인이 되고 나서의 감추고 싶은 비밀, 치부 등에 대하여 털어 놓으면서 내게도 자기노출을 하기를 원했다.
>
> 나는 굳은 마음으로 '정말 좋아했던 여자가 있었는데 하룻밤을 함께 한 후 헤어졌다. 그때 참 마음이 아팠고 방황했다'고 말했다. 그러자 그녀 역시 나를 다른 사람 보듯, 세상에 상종 못할 사람이라는 듯이 대하며 결국 절교를 선언했다.
>
> 그녀는 먼저 자기노출을 시작함으로써 내게도 그러기를 고무했다. 난 그녀의 자기노출에 대해 배려했다. 나는 그녀의 자기노출을 포용했다. 그리고 그녀를 배려하며 더 사랑하는 마음이 생긴 반면, 그녀는 나의 자기노출에 대해 처음엔 거절하는 반응을 나타내었고 이후 도저히 받아들이지 못하겠다며 나를 거부했다. 다행히 아직 그녀가 주위 사람들에게 'A가 그런 사람이다'라고 정보를 악용하여 친구 사회에서 내가 약점을 잡히고 체면 깎임을 당하는 일은 일어나지 않았지만 가끔 그녀와 같이 있는 자리에서 다른 이들과의 커뮤니케이션에서 스스로 많은 제약을 당하고 그녀와 다른 의견을 가졌을 때에는 나의 의견을 내세우지 못하는 '힘이 약해진(powerless)' 자신을 발견한다.
>
> 자기노출이 인간관계 형성 특히 깊은 관계의 형성에 좋은 영향을 미치기는 하지만 가장 좋은 커뮤니케이션 방법은 아니라고 한다. 만약 내게 자기노출이라는 것에 대한 이해가 있었더라면, 어느 정도 친해진 상태에서 그렇게 여자 친구가 자기노출을 요구할 때 그것이

<사례 3>은 노출자의 입장에서 자기노출화법의 부정적 경험을 기술한 것이다. <사례 2>와 마찬가지로 지금의 여자 친구 이전에 다른 여자와 동침한 것이 비도덕적인가는 자기노출화법의 문제가 아니다. 그러한 내용이 대화 상황과 상대에게 적절한 것이었는가, 표현 방법이 적절하였는가 하는 것은 노출자가 자기노출화법에서 유의해야 할 점이다.

노출자는 여자 친구의 자기노출을 수용했고 그로 인해 여자 친구를 더 배려하였다. 여자 친구는 자신의 자기노출에 상응하는 자기노출을 요구했고 이에 노출자는 헤어진 여자 친구와의 동침 사실을 자기노출하였지만 그로 인해 헤어지고 말았다. 노출자에게는 이해할 수 없는 일이었지만 결국은 '그녀는 진정으로 나를 좋아하지 않았던 것'으로 해석함으로써 오히려 잘 된 일이라고 생각하게 되었다.

<사례 3>의 노출자는 수용자로서는 좋은 점이 많았지만, 다른 사람도 자신의 자기노출을 수용할 것이라고 생각하는 자기중심적 사고에서 벗어나지 못했다. 자기노출을 교환할 때 생기는 효과(dyadic effect ; Jourard 1964 : 179)는 단순히 서로 자기노출을 하였다는 사실보다는 자기노출의 내용이 상응한 것인가에 의해 결정된다. 그러므로 노출자는 여자 친구가 자신에게 노출한 내용과 자신이 여자 친구에게 노출한 내용이 서로 호응하는 것인지에 대해 검토하는 것이 필요했다. 또한 성과 관련된 문제에 대해서는 이 글의 실태 조사에서도 성별에 따라 다름을 알 수 있었는데 이에

대한 고려 역시 부족했다.

　이상 간단하게 세 편의 사례 분석을 살펴본 결과, 학생들 스스로 자기노출화법에 무지한 결과 이와 같은 부정적 결과를 경험하였다는 공통점을 발견할 수 있었다. 학생들은 모두 자기노출화법의 내용이 문제였던 것으로 생각하였다. 그러나 'hidden area'의 정보를 노출한다는 것이, 다른 화법과 구별되는 자기노출화법의 특징이라고 할 수 있다. 그러므로 자기노출화법의 문제는 긍정적인 결과를 위해 자기노출하는 정보가 상대에게 수용될 수 있을 것인가, 어떻게 자기노출을 해야할 것인가하는 기술적인 면에 대한 연구가 더 중요하다고 할 수 있다.

3. 자기노출화법의 원리

　본 절에서는 앞서 살펴본 일반적인 화법의 원리와 대학생들의 자기노출 실태를 바탕으로 효율적인 자기노출화법의 원리를 찾아보고자 한다.
　대화의 목적은 효율적인 의사소통이다. 효율적인 의사소통이라 함은 대화 참여자 모두의 기대가 긍정적으로 실현되는 것을 뜻한다. 화자의 기대는 자신의 메시지가 정확히 전달되어 청자가 화자의 의도대로 그 메시지를 이해하고 수용하는 것이다. 청자의 기대는 화자의 의도에 맞게 메시지를 정확히 이해하고 그에 대한 자신의 생각이나 느낌을 적절하고 정확하게 반응하는 것이다. 이러한 과정에서 화자와 청자는 피드백을 통해 '의미의 공유'를 모색해 간다. 자기노출의 목적도 효율적인 의사소통이다. 자기노출에서 노출자는 수용자의 반응을 긍정적으로 기대하면서 위험을 감수하고 자신의 'hidden area'의 정보를 스스로 먼저 수용자에게 노출한다. 노출자의 기대는 수용자의 긍정적인 이해와 수용, 그리고 의미의 공유이며 그러한 일련의 과정을 통해 궁극적으로는 자아 정체성의 확인과 자아성장을 경험하게 된다. 이상적인 자아노출화법의 긍정적 과정을 제시해 보면 <그림 3>과 같다.

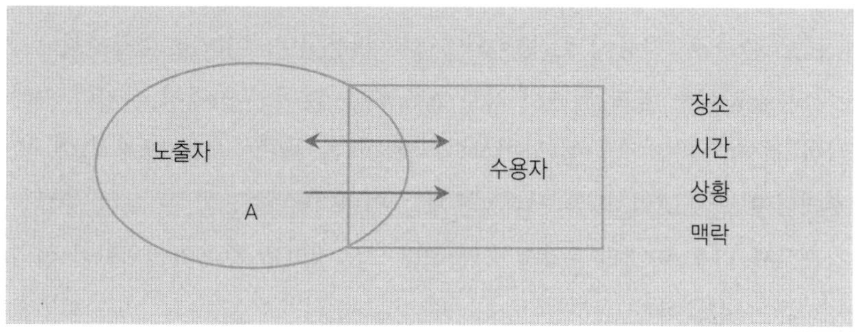

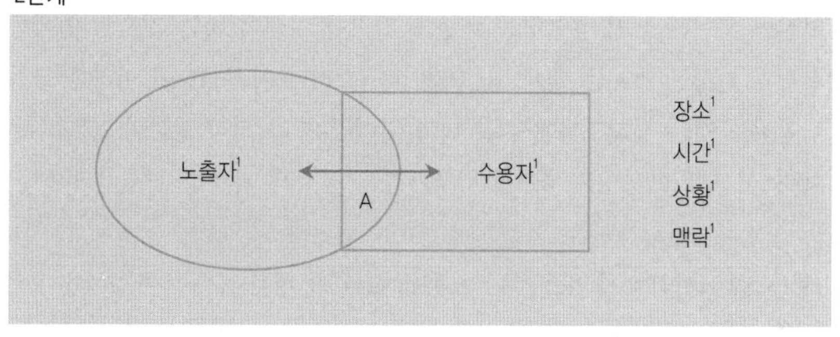

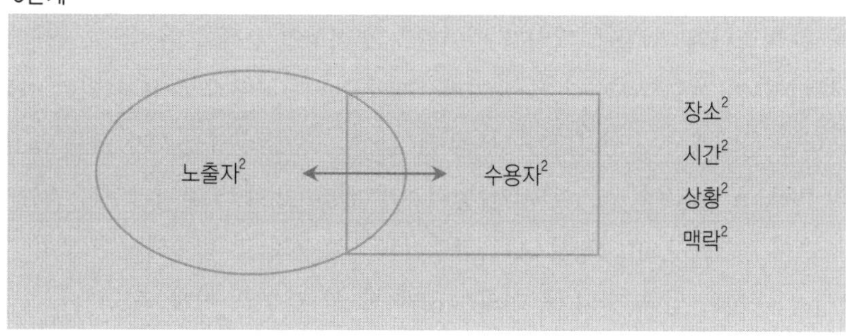

<그림 3>의 1단계에서 노출자는 'hidden area'의 정보 A를 수용자에게 노출한다. 정보 A는 노출자와 수용자의 공유된 경험 속으로 이동한다. 2단계에서 노출자와 수용자는 그러한 과정과 체계 속에서 노출자^{1}과 수용자^{1}로 변화되어 정보 A가 포함된

공유된 경험과 각자의 경험 세계 속에서 상호작용한다. 3단계에서 정보 A는 노출자[1]과 수용자[1]의 공유된 경험에 녹아들어 하나의 공유된 경험을 형성한다. 노출자[1]과 수용자[1]는 노출자[2]와 수용자[2]로 변화되어 상호작용한다. 이러한 과정에서 노출자는 수용자와의 공통점을 찾게 되면서 정보 A를 가진 것이 혼자만이 아니며 그래서 혼자 생각한 것처럼 자신이 그렇게 이상한 사람이 아니라는 것을 알게 된다. 또 자신이 감추어왔던 정보 A가 다른 사람들에게는 일반적일 수도 있는 그런 종류인 것을 알게 됨으로써 다음 단계의 노출로 진행한다. 즉, 정보는 수용자에게만이 아니라 일반적인 다른 사람들이 공유하는 'open area'로 이동하는 것이다. 그는 외부에 대한 인식을 넓히고 '자기 성장'을 이룰 수 있게 된다. 그리하여 비로소 진정한 자신으로서의 자신을 확인하고 자신이 하는 행동도 진정한 자신이 하는 것으로 인식하며 다른 사람들과 건강한 관계를 맺게 되는 것이다. 그러나 자기노출이 이러한 긍정적 과정을 경험하는 것은 실태조사에서 본 바와 같이 30%가 되지 않는다. 실태 조사대로라면 70% 이상의 학생들은 <그림 4>와 같은 부정적 과정을 경험하였다고 할 수 있다.

　　<그림 3>의 1단계에서 노출자는 'hidden area'의 정보 A를 수용자에게 노출한다. 정보 A는 노출자와 수용자의 공유된 경험 속으로 이동한다. 수용자는 정보 A에 대하여 거부감을 느낀다. 둘 만의 공유를 원하는 노출자의 의도를 수용자가 거부하면 <그림 4>의 2단계[1]과 같이 거리가 멀어지고 형식적인 관계를 유지하는 일방향으로서의 메시지 전달이 일어난다. 노출자와 수용자는 노출자[3]과 수용자[3]으로 변화되어 서먹서먹한 상태에서 고민하다가 3단계[1]과 같이 노출자와 수용자가 모두 정보 A를 자신의 'hidden area'에 두고 관계가 멀어지게 된다. 이때 노출자와 수용자는 '정보 A를 감추어 둔' 노출자[4], '정보 A를 감추어 둔' 수용자[4]로 변화되어 있으며 서로에게 부정적 존재로 남게 된다. 3.-2)의 <사례 3>의 경우가 이에 해당한다.

〈그림 4〉 자기노출화법의 부정적 과정 1

2단계[1]　←　　; 일 방향 메시지 전달

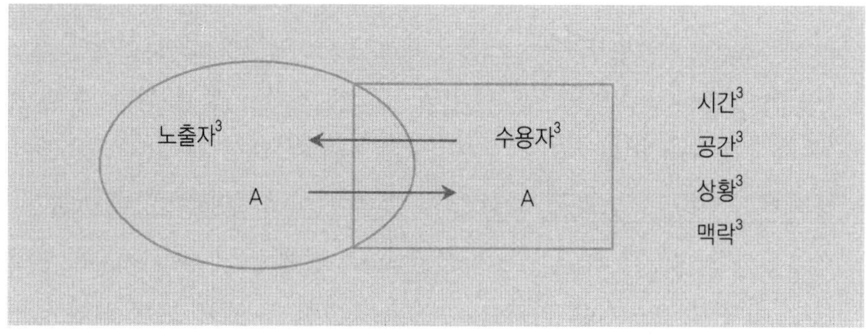

3단계[1]　……　; 일 방향 메시지 전달

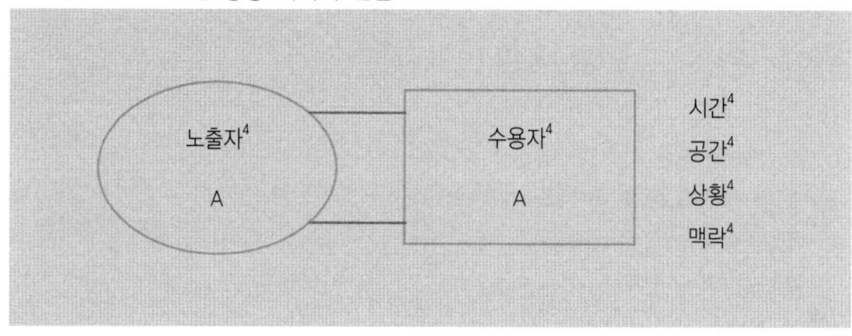

더욱 심한 부정적 결과는 〈그림 5〉과 같은 3단계를 경험하는 것이다.

〈그림 5〉 자기노출화법의 부정적 과정 2

3단계[2]

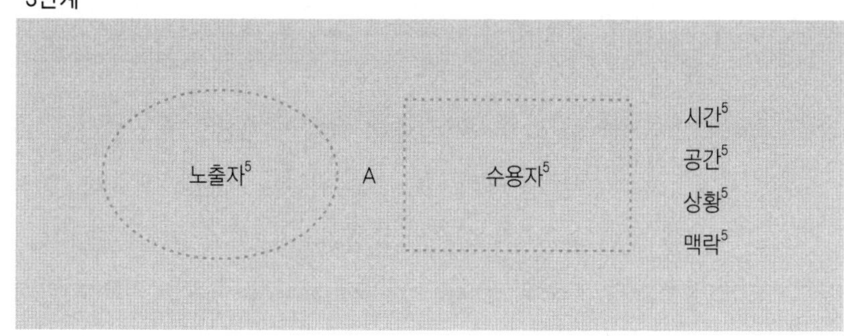

<그림 5>의 3단계[2]는 수용자와만 공유하고 싶었던 정보가 매우 빠른 속도로 ‘open area’로 확산되어 노출자가 가장 힘들어하게 되는 상황이다. 노출자는 미처 생각할 여유도 없이 잘못된 결과들을 마주하게 된다. 예기치 못한 상황에 적절하게 대처하지 못한 노출자[5]는 ‘손상당한 자신’의 모습에 회한을 품게 된다. 수용자에 대한 신뢰가 깨어져 수용자[5]를 미워할 수도 있고 나빠진 대인 관계는 다시 회복하기 어려운 상태가 되었다. 3.-2)의 <사례 2>의 경우가 이에 해당한다. 정보 A는 ‘open area’로 이동했지만 여전히 노출자의 ‘hidden area’ 정보로서 ‘open area’를 떠돌아다니게 되어 노출자[5]를 괴롭히는 약점이 되었다. <그림 5>에서 모든 선이 점선으로 처리된 것은 노출자와 수용자의 관계나 커뮤니케이션이 명확하지 않고 불투명한 상황을 나타내는 것이다. 이러한 부정적 결과는 수용자의 거부감이 가장 큰 원인이 된다. 거부감의 유형은 크게 다음 5가지로 나눌 수 있다.

① 노출자에 대한 비호감
② 노출 내용에 대한 비호감
③ 노출 행위에 대한 비호감
④ 특별한 관계 형성에 대한 비호감
⑤ 노출 정보 유지에 대한 책임감

‘① 노출자에 대한 비호감’과 ‘④ 특별한 관계 형성에 대한 비호감’은 수용자는 아직 노출자의 ‘hidden area’를 공유할 만큼 노출자와의 관계가 특별하지 않다고 생각함을 의미한다. ‘② 노출 내용에 대한 비호감’은 노출자의 정보가 비윤리적인 범주에 속하거나 수용자의 부정적 특성과 관련된 내용일 때에 형성되는 거부감이다. 대화의 기본 윤리와 예절을 중시하는 수용자는 ‘③ 노출 행위에 대한 비호감’과 ‘⑤ 노출 정보 유지에 대한 책임감’에서 자기노출에 대한 거부감을 형성한다.

자기노출이 부정적 과정으로 진행되는 또 다른 원인은 <표 2>에 대한 분석에서 보였듯이 노출 사실에 대한 수용자의 인식이 노출자와 다를 수 있기 때문이다. 노출자는 자기노출한 정보를 두 사람의 공유된 ‘hidden area’에 속하는 것으로 인지한다. 즉 자기노출에 의해 두 사람만의 ‘hidden area’가 형성된 것으로 생각하는 것이다.

이에 비해 수용자는 자신과 노출자가 'hidden area'를 공유하게 되었다고 생각하기보다 노출 사실 자체를 'hidden area'의 정보가 'open area'로 이동한 것으로 인지할 수 있기 때문이다. 이러한 사실에 비추어, 자기노출 시 노출자는 자신이 자기노출할 것임을 상대에게 밝히고 수용자의 동의를 구하는 과정을 거치는 것이 필요함을 알 수 있다. 이는 대화의 예절에 관련된 것이다. 노출자는 자기노출을 하기 전에 '말하고 싶은' 자신의 욕구보다 수용자의 입장에서 수용자가 받게 될 '다소의 충격'에 대하여 먼저 고려하는 것이 중요하다. 그러나 자기노출 시 학생들이 가장 많이 취한 태도는 다음과 같다.

① 내가 상대를 친하게 생각하기 때문에
② 상대와 더 친하게 되고 싶어서
③ 상대가 이해해 줄 것이라고 믿어서
④ 내가 거짓말을 하는 사람이 아니라는 것을 보여주기 위해서
⑤ 상대와의 관계를 진실하게 하기 위해서

'④ 내가 거짓말을 하는 사람이 아니라는 것을 보여주기 위해서'와 '⑤ 상대와의 관계를 진실하게 하기 위해서'는 비슷해 보인다. 그러나 ④는 자신의 화법에만 초점을 맞춘, 일방향적인 진실에 대한 욕구임에 비해 ⑤는 관계에 초점을 맞춘, 양방향적인 진실에 대한 욕구라는 점에서 다르다.

위 다섯 가지의 노출자의 태도는 모두 자기중심적이다. 자신의 자기노출에 대한 수용자의 이해와 수용 그리고 공유에 대한 기대만 있을 뿐이다. 자신의 자기노출이 다른 사람 특히 때로는 수용자에게 상처를 줄 수 있다는 위험[●]에 대한 사고가 없다. 그 결과 자기노출 시 수용자는 예견하지 못한 '노출 사실'에 대한 반응이 가장 힘들어지는 것이다.

이상과 같이 자기노출화법의 긍정적 과정과 부정적 과정을 살펴볼 때 효율적인 자기노출을 위해서는 기본적으로 '상호 배려의 원리'와 '표현의 원리', '이해의 원리'의 세 가지 원리가 필요함을 알 수 있다. '상호 배려의 원리'는 대화 참여자 모두 지켜야 할 원리이다. 'hidden area'의 정보 노출 사실'과 관련하여서는 대화 전

The Risks of Self-Disclosure ; Revealing some private thoughts could hurt others (Derlega, Metts, Petronio, & Margulis, 1993).

과정에서 노출자와 수용자의 역할은 바뀌지 않기 때문이다. 이는 제3자 역시 기본적인 대화 예절로서 갖추어야 할 원리이다.

'노출자 입장에서의 어려운 점'과 '수용자 입장에서 어려운 점'을 비교하면, 각각의 입장에서 상대를 배려해야 할 항목을 찾을 수 있다.

수용자가 가장 어려워 한 것은 노출에 대한 적절한 반응이었다. 노출자는 자신의 자기노출을 여러 가지 긍정적인 동기에서 시작한 행위로서 이해와 수용 그리고 공유를 긍정적으로 기대한다. 노출자는 자신의 입장에서 자신이 친밀한 관계를 형성하고 싶어서 상대에게 자기노출을 하면 자기노출화법의 위험을 감수한 만큼 상대가 이해하고 수용할 것이라고 생각하는 것이다. 그러나 수용자는 노출자의 동기를 이해할 수는 있지만 노출자의 'hidden area' 정보를 수용하고 싶지 않았고 자신의 의지와 무관하게 노출자의 의도에 의해 갑작스럽게 특별한 관계가 형성되기도 원하지 않은 것이다. '이해'와 '수용'과 '공유'는 정확히 다른 차원에 속하는 것이기 때문이다. 이러한 점에서 노출자는 수용자에게 일방적인 자기노출을 해서는 안 된다. 앞서 논한 Grice(1975)의 '양의 격률'을 지키는 것, 즉 '상호 교환하는 만큼만 필요한 정보의 제공(for the current purposes of the exchange)'은 효율적인 대화를 위해 필요한 원리이다. 그러나 자기노출화법의 특성상 노출자는 스스로 원해서 상대에게 내밀한 자기노출을 하게 되지만 자신의 자기노출이 자신의 기대대로 긍정적 경험을 하기 위해 가장 좋은 방법은 수용자를 배려하는 것이다. 그가 자신과 다른 인식을 할 수도 있다고 생각해야 한다. 그리고 자신의 내밀한 자기노출이 수용자에게 상처가 되지는 않을지 미리 생각해야 한다.

한편 노출자는 정보의 확산을 가장 곤란하게 여긴 반면 수용자는 비밀 유지의 책임에 대한 응답이 가장 낮아 눈에 띄게 대조된다. 이는 노출자가 자기노출화법임을 명시하지 않았기 때문일 수도 있고 수용자가 'hidden area'의 정보가 'open area'로 이동한 사실에만 초점을 맞추었기 때문일 수 있다. 그러나 노출자가 비밀 유지를 요구하지 않아도 대화를 성실히 진행하면서 대화의 내용과 맥락을 파악한다면 수용자는 자신이 어떻게 해야 하는지에 대한 판단을 할 수 있다. 자기노출화법의 이상적인 수용자 모델은 노출자를 배려하고 노출 사실을 공정하고 이성적으로 판단하여 윤리적으로 적절한 반응을 하는 것이다. 이에 비해 대부분의 수용자들은 자신이 미처 예견하지 못한 상황에 처하게 된 사실 자체를 매우 불쾌하게 여긴다. 그러한 불쾌감은 자기노출에 거부감을 형성하여 <그림 5>와 같은 부정적 과정을 형성하게 되는 것이다.

자기노출이 부정적으로 끝나게 되는 것은 노출자의 잘못이라는 것이 일반적이다. 그러나 '해석이 의미를 만든다'(Wood, 2002)는 의미 창조의 원리에 비추어 보면 수용자가 자기노출을 어떻게 수용하는가도 자기노출의 결과를 결정하는 데 큰 영향을 미친다고 본다. 수용자가 노출자에게 긍정의 피드백을 줄 수 있는 배려와 여유를 갖춘다면 좋은 동기에서 출발한 자기노출이 상처만 남는 부정적인 결과로 끝나지는 않을 것이다.

'상호 배려의 원리'와 함께 '자기노출화법'을 긍정적 결과로 이끌어갈 다른 원리로 '표현의 원리'와 '이해의 원리'가 있다. '상호 배려의 원리'는 자기노출의 과정에 있어 실제 수행되는 외적 상징보다는 내적 자세와 관련되어 있다. 이에 비해 '표현의 원리'와 '이해의 원리'는 자기노출을 실제 수행하는 외적 상징에 초점을 맞춘다. '표현의 원리'와 '이해의 원리'는 자기노출의 전개 과정에 따라 달라진다. 자기노출의 시작 단계에서는 노출자와 수용자로서 표현하고 이해하지만 대화가 전개되면서 노출자와 수용자는 화자와 청자의 역할을 교환하면서 피드백을 주고 받게 되기 때문이다.

자기노출은 노출자가 어떻게 자기노출을 하는가 그리고 수용자는 그에 대한 피드백을 어떻게 하는가에 따라 서로의 인식에 영향을 미칠 수 있다. 자기노출화법이 가지는 'hidden area'의 정보에 대한 노출'이라는 심리적 특성상 대화 과정에서 노출자와 수용자는 정확하고 명료한 대화를 기피할 수 있다. 대화의 목적이 상실될 수 있는 것이다. 이러한 문제를 예방하기 위해 노출자는 자기노출을 어떻게 할 것인가, 그 다음 단계에서 순환적으로 일어나는 피드백에 대하여 어떻게 다시 반응할 것인가 고려해야 할 것이다. 수용자 역시 노출자의 갑작스러운 자기노출에 대하여 어떻게 피드백할 것인가에 대해 고려해야 한다. 자기노출화법의 특성상 노출자는 수용자의 표현에 매우 예민해진다. 수용자가 피드백에서 선택하는 단어 하나에 대해서도 의미를 부여한다. 자기노출화법에서는 특히 비언어적 요소가 표현의 의미 결정에 크게 작용한다. 언어에 얹히는 억양이나 속도, 대화 시의 수용자의 표정이나 자세, 순간적인 찡그림에도 노출자는 크게 반응한다. 따라서 자기노출 시 어떻게 자기노출할 것인가 그리고 어떻게 피드백할 것인가 하는 표현 방법에 대한 원리를 세우는 것이 자기노출화법에서 필요하다.

'이해의 원리' 역시 자기노출을 긍정적으로 이끌어가는 데에 큰 영향을 미친다. '해석이 의미를 만든다'(Wood, 2002)는 원리에 비추어 보면 수용자가 자기노출화법을 어떻게 수용하는가가 자기노출의 결과를 결정한다고 할 수 있기 때문이다. 이해의 원리에서 중요한 것은 대화의 전 과정에서 노출자와 수용자는 '표현'과 '이해'의 기능을 순환적으로 이행하게 되므로 이를 '노출자－표현', '수용자－이해'의 관계로 나누어 생각해서는 안 된다는 것이다.

자기노출화법에서 수용자가 이해해야 할 항목은 매우 많다. 노출자가 자신을 수용자로 선택한 이유, 노출자가 자신에게 자기노출을 하게 된 상황, 노출자 자신에 대한 이해, 노출 정보에 대한 이해, 대화의 맥락과 더불어 자신의 피드백을 노출자가 어떻게 이해할 것인가에 대해서도 고려해야 한다.

'이해의 원리'는 자기노출화법에 대한 이해에도 적용된다. 자기노출화법의 특성 특히 '화제'와 관련하여 개인적 특성, 특히 부정적인 특성과 관련한 화제는 수용자의 긍정적 반응을 얻기 힘들었다. 이는 자기노출화법은 특성상 그들만의 공유를 통한 '동질감'과 '상호성'을 요구하지만 이러한 화제에서는 수용자가 이를 거부하기 때문이다. 대화 참여자는 '이해'와 '수용' 그리고 '공유'의 개념을 구분하여 이해할 필요가 있다. 수용자는 노출자에게 이해와 배려의 표현을 하는 것이 수용한다거나 공유한다는 의미는 아니라는 것을 이해하여야 한다. 노출자 역시 수용자의 긍정적인 피드백이 이해한다는 표현인지 수용이나 공유의 의미를 표현한 것인지 구분하여 이해하여야 한다.

서로의 관계에 대한 이해 역시 중요하다. 관계의 진행 단계에 따라 자기노출의 층위도 변하게 된다. 초기에는 '표면적 자기노출'을 통해 친밀한 관계를 지향하지만 일단 관계가 형성되고 나면 관계의 질에 따라 '내밀한 자기노출'을 하게 된다. 실태 조사에서 학생들은 내밀한 자기노출을 할 수 있는 '관계'에 대해 자기중심적으로 판단함으로써 실패한 경험이 많았다. 노출자가 수용자에게 수용과 공유의 피드백을 요구하지 않는 것이나 수용자의 피드백을 어떻게 해석할 것인가의 문제도 '이해의 원리'에 따라야 할 것이다.

자기노출화법이 이러한 '상호 배려의 원리'와 '표현의 원리', '이해의 원리'에 따라 신중하게 수행된다면 노출자는 자기노출의 과정을 통해 긍정적인 자아의 성장을 경험하게 된다. 수용자도 노출자의 자기노출에 적절한 반응을 하며 성공적인 자기노출을 하는 과정에서 자아의 성장을 경험하게 된다. 그들의 관계 역시 발전하게 되는 것이다. 이러한 원리를 실천할 수 있는 구체적인 지침을 정리해 보았다. 먼저 '상호 배려의 원리'를 실천할 수 있는 구체적인 지침이다.

1) 자신의 책임은 자신이 진다.
2) 협동의 대화 자세를 가진다.
3) 예의를 갖춘다.
4) 적당한 거리를 유지한다.
5) 일반화나 유형화에 의한 편견을 버린다.
6) 공정하고 윤리적으로 판단한다.

'표현의 원리'를 실천할 수 있는 구체적인 지침은 다음과 같다.

1) 충동적인 자기노출을 하지 않도록 한다.
2) 적절한 어휘를 선택한다.
3) 정확한 발음과 완결된 문장으로 표현한다.
4) 명확하게 질문하고 명확하게 대답한다.
5) 함축적 표현을 잘 활용한다.
6) 긍정적 가치를 가진 상징을 사용한다.
7) 간단하고 명료하게 말한다.
8) 말할 내용을 순서대로 잘 정리하여 말한다.
9) 의견과 사실을 구분하여 말한다.
10) 화제에 대해 충분히 생각하고 대화를 준비하는 자세를 갖춘다.

11) 비언어적 요소에 대하여 주의한다. 용모나 태도, 시간, 공간 등의 외적 요인이
    자기노출화법에 부정적 영향을 미칠 가능성을 예방한다.

'이해의 원리'를 실천할 구체적 지침은 다음과 같다.

    1) 노출자는 자기노출의 동기를 스스로 분명히 알아야 한다.
    2) 경청한다.
    3) 수용자의 표현에 대해 잠정적으로 판단한다.
    4) 대화상의 함축적 표현의 의미를 정확히 이해하도록 노력한다.
    5) 표현의 의도를 잘 파악하도록 한다.
    6) 대화 외적인 요소에 의해 의미 해석에 영향 받지 않도록 주의한다.
    7) 이해와 수용, 공유를 구분하여 생각한다.
    8) 자기노출화법의 화제와 구성된 내용을 충분히 생각한다.
    9) 결과가 기대와 다를 수 있다는 것을 인정한다.
    10) 대화 상대자에 대해 충분히 파악하고 있는지 생각한다.
    11) 대화의 맥락과 상황에 대하여 고려한다.

이상과 같이 긍정적 결과를 가져오기 위한, 효율적인 자기노출화법의 원리로 '상호 배려의 원리'와 '표현의 원리', '이해의 원리'를 세우고 이를 실천할 수 있는 구체적인 지침을 세워 보았다.

이 세 가지 원리는 자기노출화법의 전 과정에서 통합적으로 작용한다. 노출자와 수용자가 상호 배려하되 자신의 생각을 정확히 표현하고 상대의 메시지를 정확히 이해하면 아무도 피해자가 되지 않고 상호 성장을 경험하면서 대화의 목적을 달성할 수 있을 것이다.

4. 자기노출화법의 활용

본 장에서는 자기노출의 실제 활용 사례를 '일상생활'에서와 '영화' 속에서 찾아 자기노출화법의 원리로 분석해 본다. 편의상 적극적 자기노출화법과 소극적 자기노

출화법으로 나누었다. 구분의 기준은 '노출자의 태도'와 '수행된 자기노출화법의 성격'이다.

'노출자의 태도' 기준은 노출자가 수용자의 유도나 상황에 의해 충동적으로 자기노출을 한 것이 아니라 진정한 자아의 확립 과정에서 자신의 판단에 의해 자발적이고 적극적으로 자기노출을 하였는가 하는 것이다. '수행된 자기노출화법의 성격' 기준은 노출자가 자신의 의사소통 능력을 사용하여 자신의 의도와 기대에 맞게 자기노출의 과정과 결과를 수행하였는가 하는 것이다. 즉 자기노출 과정이 노출자의 능력으로 상호 배려의 원리와 표현의 원리, 이해의 원리에 맞게 수행되고, 노출자의 의도와 기대에 긍정적인 결과가 있을 때 적극적 자기노출화법이 수행된 것으로 보았다.

적극적 자기노출화법의 예로는 일상생활에서는 인터넷 가상공간에서 블로그나 홈피를 통한 자기노출을, 영화에서는 <우리들의 행복한 시간>에서 자기노출을 통해 외상 후 스트레스 장애를 극복하는 여주인공의 예를 들었다.

인터넷 가상공간에서 개인의 블로그나 미니홈피를 통해 자기노출을 하는 것은, 블로그나 미니홈피의 폐쇄 여부와 덧글 허용 여부에 따라 성격이 달라진다. 개인의 블로그나 미니홈피를 개방하였을 때 그 블로그나 미니홈피는 개인의 자아 영역에서 'open area'와 같게 된다. 그러므로 자신의 블로그나 미니홈피를 개방하고 거기에 자기노출을 하는 행위는 불특정 다수에게 자기노출을 하는 것과 같다. 이는 보통의 자기노출화법이 특정한 개인을 수용자로 하여 수행되는 것과 규모가 다르다.

가수 '유니'나 탤런트 '정다빈'의 경우, 일반인에 비해 지명도가 높으므로 자신의 블로그나 미니홈피를 방문하는 사람이 적지 않음을 스스로 알았을 것이다. 그러므로 그들이 블로그와 미니홈피에 자기노출을 한 것은, 적극적인 자기노출화법이라고 할 수 있다. 덧글을 허용한 것 역시 자기노출에 대한 수용자의 피드백을 허용한 것이므로 적극적인 자기노출화법의 특성을 갖추었다. '수행된 자기노출화법의 성격' 역시 '유니'와 '정다빈'의 자기노출이 의도한 의미의 전달을 충분히 하였으며 순기능적 결과를 가져 왔으므로 적극적 자기노출화법으로 분류할 수 있다.

영화 <우리들의 행복한 시간>에서 주인공 문유정은 어릴 적 사촌오빠에게 당한 성폭행의 충격에 의해 PTSD(post traumatic stress disorder, 외상 후 스트레스성 장애)를 갖고 있다. 그녀는 현실에 적응하지 못하고 주변 사람들과 좌충우돌하며 자살을 기도한다. 사형수 정윤수를 만나면서 자신과의 공통점을 발견하고 정윤수의 살인과 불우한 어린 시절에 대한 자기노출을 수용하면서 자신도 정윤수에게 자기노출을 하게 된다. 문유정의 자기노출 과정은 매우 이상적으로 진행된다. 문유정은 조심스러운 탐색 과정을 거친다. 그리고 상대의 자기노출을 먼저 긍정적으로 수용하여 긍정적인 관계가 형성된 후 자기노출을 함으로써 쌍방 효과(Jourard의 dyadic effect)를 얻고 수용자의 이해와 수용, 공유까지 얻을 수 있게 되었다. 그리고 자신은 PTSD를 이겨낸 긍정적 자아를 찾게 된 것이다. 이에 <우리들의 행복한 시간>의 문유정의 자기노출화법을 적극적 자기노출화법으로 분류하였다.

한편 소극적인 자기노출화법의 활용 사례로 일상생활에서는 2007년 버지니아텍 총기난사 사건의 '조승희'의 자기노출화법을, 영화에서는 <비열한 거리>의 주인공 '병두'의 자기노출화법을 들었다.

'조승희'의 경우, 다른 사람들과 적대적 관계에 있어 아무에게도 자기노출을 긍정적으로 하지 못하였다. 그는 자신의 'hidden area'에 세상에 대한 적개심과 분노를 쌓아 두었지만 직접적으로 그것을 노출하지 못하였다. 다만 자신이 그러한 상태에 있음을, 강의 시간에 모자와 선글라스를 쓰고 앉아 있다거나 교수의 질문에 침묵을 지키는 비언어적인 상징을 사용하여 노출하고 있다. 이는 노출의 층위가 다르다. 'hidden area'의 정보 자체의 노출이 아니라 'hidden area'의 상태에 대한 암시적 노출인 것이다. 또한 자신의 희곡을 통해 문학적 비유를 통해 자신의 파괴적이고 공격적인 심정을 노출하고 있지만 이 역시 수용자의 해석에 따라 달라질 수 있다. 자기노출의 표현이 명료하지 못하여 조승희는 문제를 해결하지 못하고 오히려 더욱 나쁘게 만들었다. 조승희의 경우, '자기 표현'의 문제에서 원인을 찾을 수 있다. 조승희의 자기노출화법은 가장 부정적인 과정을 겪고 긍정적 자아를 찾는 데 실패함으로써 미국 역사상 최악의 학내 총기 난사 사건으로 끝나게 되었다. 이러한 점에서 이 사례를 소극적 자기노출화법으로 분류하였다.

영화 <비열한 거리>의 '병두'는 충동적 자기노출을 한다. 자신이 좋아하는 여자 친구 ‘현주’가 직장 상사로부터 괴롭힘을 당할 때 그를 때리고 ‘현주’를 구해 주지만 정작 그녀는 조폭인 병두의 폭력을 싫다고 한다. 이에 상처를 입은 병두는 참담한 상황에서 술을 마시고 친구 ‘민호’와 하룻밤 지내면서 민호에게 자신이 저지른 살인 사건에 대하여 노출하게 된다. 병두로서는 스스로 자기노출을 한 것으로 생각하지만 조폭으로 살 수밖에 없는 자신의 상황에 빠져 자기노출한 것은 적극적 자기노출이라고 할 수 없다. 이성적 판단보다는 주어진 상황에 의해 형성된 일시적 감정에 의해 충동적으로 자기노출을 하게 된 것이다. 또한 민호는 조폭의 경험담을 얻기 위해 초등학교 동창회에 병두를 데려가 현주를 만나게 해주는 등 의도적으로 병두에게 접근한 것으로 병두의 자기노출은 처음부터 민호에 의해 유도된 것이라는 점에서 소극적이다. 상황에 밀려 일시적 충동으로 살인 사건에 대해 자기노출한 병두는 결국 그로 인해 죽게 된다. 살인 사건의 교사자 ‘황 회장’과 공범자 ‘종수’가 병두가 정보 확산의 위험을 초래한 병두를 살해한 것이다.

병두의 자기노출화법은 조승희의 경우보다는 덜하지만 부정적인 자기노출화법의 과정을 겪고 있다. 병두는 자신의 판단과 의지로 자기노출을 하지 못하였으며 결과 역시 자신의 기대에 상반된, 자신의 죽음으로 끝나게 된 것이다. 이러한 점에서 병두의 자기노출화법을 소극적 자기노출화법의 사례로 분류하였다.

이제 적극적 자기노출화법과 소극적 자기노출화법의 사례를 영화 자료와 더불어 살펴보기로 한다.

1) 적극적 자기노출화법 – 〈우리들의 행복한 시간〉의 자기노출화법

영화 〈우리들의 행복한 시간〉은 제14회 춘사대상영화제 각본상을 수상한 작품이다. 간략히 소개하면 다음과 같다.

    원   작 : 공지영
    시나리오 : 장민석 · 박은영
    감   독 : 송해성
    제   작 : 엘제이 필름(주)

개   봉 : 2006. 09. 14.

 이 글은 영화 <우리들의 행복한 시간>을 자기노출화법의 관점에서 분석한다. 주인공 문유정이 자신과 같이 삶에 미련이 없는 사형수와의 정신적 교감을 통해 자신의 PTSD(post-traumatic stress disorder-외상 후 스트레스 장애)을 극복하고 자아를 바로 세우게 되는 기제로서 적극적 자아노출화법이 얼마나 크게 기능하는가를 보이고자 한다.

 문유정이 겪는 PTSD(외상 후 스트레스 장애)는 사람이 생명을 위협하는 천재지변이나 불의의 사고, 전쟁 등을 겪으면 보일 수 있는 증상으로 주된 증세는 3가지이다. '충격의 재경험'과 '감정 회피 또는 마비', '과민반응'이다.

 '충격의 재경험(re-experience or intrusion)'은 생명의 위협을 줄 정도로 엄청난 사고를 겪은 후 사건을 잊고 싶은데 잊지 못하고 반복해 기억하게 되는 것이다. '감정 회피 또는 마비(avoidance or emotional numbness)'는 일상적 행동에서 멀어지게 되는 '회피' 현상이 나타나 사건이 일어난 공간에 가까이 가지 않는 것처럼 사건과 연관된 자극을 계속 회피하고 대인관계로부터도 멀어져 친밀한 인간관계를 유지할 수 없게 되는 것이다. '과민반응(hyperalertness, hyperarousal)'은 과도하게 몸이 긴장되어 집중이 잘 되지 않고 잠도 제대로 들 수 없으며 불안감으로 깜짝깜짝 놀라는 각성 반응을 나타내는 것이다. 테러와 폭동, 전쟁, 지진, 홍수, 자동차 사고 등의 재난을 당한 사람 가운데 적게는 5%, 많게는 75% 정도가 외상 후 스트레스 장애를 보이고 있는 것으로 학계에 보고되어 있다.

 외상 후 스트레스 장애는 어릴 때 감정적 외상을 받은 경험이 있거나 의존성, 편집성 혹은 경계형 성격 소유자, 사회보호, 보장제도 등 사회적 지지가 부적합한 경우, 최근 스트레스성 생활변화 등을 겪은 사람들에게서 특히 많이 발생하는 것으로 알려져 있다. 대체적으로 30%가 회복되고 40%가 가벼운 증상, 나머지는 중등도의 증상과 사회적 복귀가 어려운 상태로 지내게 된다고 한다. 충격 후 수일에서 수주 이내 치료를 시작하는 것이 유리한데 치료 방법으로는 위기 개입이나 단기 정신치료가 적절하며 인지치료, 행동치료, 최면치료, 그룹요법, 약물치료, 불안·걱정의 치료, 안구운동법(EMDR : eye movement desensitization and reprocessing), 신경차단 치료요법

등이 있다고 한다.[*]

  문유정의 PTSD는 1차로는 사촌오빠의 성폭행에 의해 2차로는 이를 알면서 유정을 비난하고 사촌오빠의 성폭행을 비밀로 만들어 버린 유정모의 행위에 의해 가중된, 이중적인 것이다. 성폭행으로 인한 1차 PTSD에 대한 치료 과정 없이 어머니에 의해 2차 PTSD를 겪게 된 문유정은 자살을 기도한다. 어머니는 유정에게 가한 1차, 2차의 거듭된 충격을 모두 그들만의 'hidden area'에 감추어 두고 PTSD로 표출된 자살 행위에 대해서만 비난을 한다. 호화로운 상류층의 생활, 대학 강사의 자리 등과 같은 표면적인 치레로 유정의 상처를 덮어두려 하고 유정은 치료되지 않은 PTSD를 대인 장애, 자살 시도 등으로 표출한다. 이러한 유정이 정윤수에게 한 자기 노출은 자신의 의지로 PTSD를 극복하고 자아를 찾아가는 과정 전체에 의사소통의 기능으로서 작용하였다는 점에서, 환자로서 치료받는 과정에서 행하는 자기노출과는 다르다.

  의사나 상담사가 문제를 진단하고 치료하는 과정에서 환자나 피상담자가 하게 되는 자기노출은 의사소통 기능을 가진 자기노출화법으로 볼 수 없다. 그간 심리학을 비롯하여 국어학 외의 분야에서 이루어진 자기노출의 연구는 화법 기능으로서의 자기노출과는 무관한 것이다.

  자기노출화법 관점에서의 자기노출은 노출자가 노출 사실을 자신의 언어 행위로 인지하고 대화의 맥락과 체계에 맞게 자신의 소통 능력으로서 수행하는 것이어야 한다. 이러한 점에서 영화 <우리들의 행복한 시간>에서 문유정이 자신이 당한 성폭행 사건을 정윤수에게 노출하는 과정은 자기노출화법의 원리와 규칙에 잘 맞는 이상적인 자기노출화법의 과정으로 분석된다. 분석을 위해 등장인물에 대해 간략히 살펴보면 다음과 같다.[**]

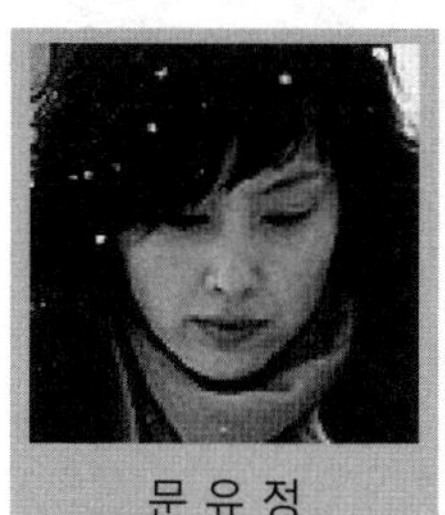

문유정

부유하고 화려한 외모, 대학 강사. '모든 걸 다 가진' 듯이 보인다. 그러나 세 번씩이나 자살을 시도한다. 가족들에게 그녀는 자기중심적이고 제멋대로인 골칫덩어리로 보이지만 그녀의 내면은 성폭행의 PTSD로 고통 받고 있다.
세상과의 소통을 거부하며 냉소로 일관하던 그녀는 자신만큼이나 세상에 벽을 가진 사형수 윤수를 만나고 동질의 고통을 발견하면서 스스로도 전혀 예상치 못했던 내적 변화를 겪기 시작한다.

[*] 채정호(2004), 외상 후 스트레스 장애의 진단과 병태 생리, 『대한정신약물학회지』 제15권 제1호, 대한정신약물학회.

[**] 등장인물과 줄거리에 관한 내용은 다음 사이트를 이용하였다.

www.buxmovie.com,
www.movie.naver.com,
www.movie.daum. net,
www.movie.empas.com,
www.cineseoul.com,
www.kr.yahoo.com,
www.movie.yes24.com 등

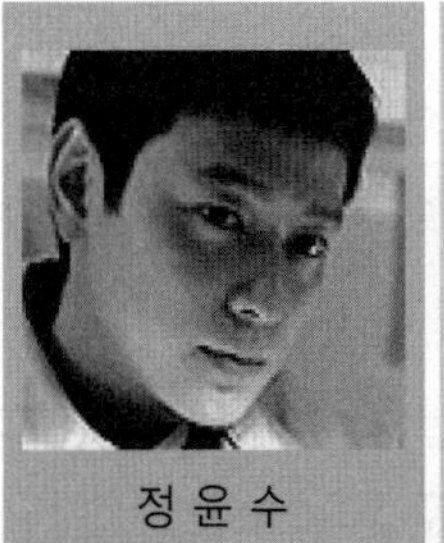

알코올 중독자인 아버지의 폭력과 차갑게 어린 형제를 버렸던 엄마, 그리고 길거리에서 죽어간 어린 동생. 그의 짧은 인생은 가난과 불행으로 채워졌다. 불우한 성장기를 보내고 밑바닥 인생을 살던 그에게도 좋아하는 여자를 만나 살 만하다 느꼈던 때가 있었지만, 우발적인 사건으로 살인자이자 사형수가 되고 만다.

세상으로부터 버림받았다고 느끼며 그는 세상을 증오한다. 그런 그의 앞에 유정이 나타나고, 그녀의 진심과 소통하며, 죽음의 문턱에서 윤수는 새싹 같은 생의 의지를 품게 된다.

정윤수

부유한 재력으로 유정을 경제적으로 지원해주며, 피아노 연주를 즐기는 어린 아이 같고 철없는, 화려한 외모를 가진 어머니. 어릴 적 친척 오빠에게 성폭력을 당하게 된 유정을 오히려 탓하고 함구시킴으로써 유정에게 이중의 PTSD를 겪게 한 애증의 존재이다.

유정의 母

때론 단호하게 때론 따뜻하게 유정의 상처를 유일하게 어루만져 주는 고모 윤수와 같이 그늘진 곳에서 고통받는 이들을 찾아다니며, 진심을 다해 손잡아주고 위로해주는 전형적인 수녀이다.

모니카 수녀

이 글은 시나리오 자료를 사용하여 자기노출화법이 문유정의 PTSD의 극복에 관여하는 과정을 살펴보기로 한다.

S#5 병실-밤

자살 시도 후 외삼촌의 병원에서 깨어나 침대에 앉은 유정과 걱정스럽게 보고 있는 유정의 오빠 유찬과 의사인 외삼촌 그리고 지긋지긋하다는 표정의 유정 모가 있다.

유정모　너 진짜 왜 그래? (혼잣말로) 아휴, 죽으려면 조용히 잘 죽든가, (목소리 낮춰서) 삼촌 병원에서 이게 뭐니? 챙피하게?

유　정　챙피해? 그럼 병원 옮겨 줘. 다른 데 가서 조용히 죽어 줄게.
유　찬　유정아!
유정모　너 이러지 마. 나 혈압 올라 쓰러지는 꼴 또 보고 싶니? 이번에는 또 뭐 때문이
　　　　니? 한두 번도 아니고, 자꾸 이렇게 멀쩡히 깨나는 거 보면 너 이거 다 연극하는
　　　　거 아니니? 관심 끌고 싶은 어린애도 아니구 대체 왜 그러니?
유　정　엄마가 죽기 싫어하니까, 내가 대신 죽어 줄라 그래. 왜?
유정모　못된 기집애. 내가 지를 어떻게 낳았는
　　　　데, 너 낳느라고 피아노도 포기하고 내
　　　　인생이 완전히 엉망진창이 됐는데, 나
　　　　쁜 기집애.
유　정　또 그 얘기야? 누가 낳아 달라고 그랬
　　　　어? 낳아 달라 그랬냐고?

　　손에 든 링거 병을 내던지는 유정. 요란한 소리와 함께 산산조각이 나 바닥에 흩어지
는 링거 병.

유　정　그러게, 죽게 그냥 내버려 두랬잖아!

　　어이없고 분한 표정을 짓는 유정 모를 유찬이 부축해 나가고, 외삼촌은 유정을 침대에
앉히는데… 독기 어린 눈빛으로 가쁜 숨을 몰아쉬는 유정을 물끄러미 내려다보는 외삼촌.

외삼촌　유정아. 난… 네가 좀 울었으면 좋겠다.

　　<S#5>는 세 번째 자살도 실패한 유정이 깨어난 병실에서 어머니와 갈등을 겪는
장면이다. 유정 모는 유정의 자살 기도의 원인에는 관심이 없다. “자꾸 이렇게 멀쩡
히 깨나는 거 보면 너 이거 다 연극하는 거 아니니?”라는 부정적 화법으로 유정의
분노를 자극한다. “엄마가 죽기 싫어하니까, 내가 대신 죽어 줄라 그래. 왜?”라는 유
정의 말은 엄마가 증오의 대상임을 보여준다. 치유되지 않은 상처로 인해 유정과 유
정 모의 대화는 늘 이렇게 역기능적으로 악순환을 계속한다. 팔에 꽂은 링거를 뽑아
던지는 독기 어린 유정에게 외삼촌은 “유정아. 난… 네가 좀 울었으면 좋겠다.”고

말한다. 의사인 외삼촌은 유정의 치유를 위해 '자기노출'이 필요하다는 것을 안다. 유정의 'hidden area'에 문제가 있음을 알지만 환자로서보다는 조카로서 바라보면서 유정의 문제에 직접 개입하지는 않는다. 유정 스스로 극복하기를 권한다. 유정의 PTSD의 상태를 보여주는 장면이다.

유정, 화가 난 것을 들키지 않으려고 더 못된 소리를 지껄인다.

유 정 (다시 출발하며) 난 그렇게 죽을려구 해도 안 되던데, 나라에서 죽여준다니 좋겠
        네. 그 사람은.
모니카 수녀 그렇게 말하면… 편하니?

유정, 자신을 싸늘하게 보는 고모의 시선을 고스란히 받으면서, 모르는 척 운전만…

<S#7> 역시 역기능적 화법으로 표출되는 유정의 PTSD의 상태를 보여준다. '그렇게 말하면 편하니?'라는 고모의 말은 유정에게 유정의 내부의 마음과 표출된 언어가 불일치함을 지적하고 그런 불일치한 메시지를 보내는 유정의 불안정한 상태 역시 이해하고 수용하는, 이상적인 수용자의 자세를 갖추고 있다.

유 찬 너 요즘 고모랑 구치소 다닌다면서? 거기 젊은 여자가 드나들 데 아니야. 고모가
        무슨 생각 하시는지 몰라도, 그러지 말고 외삼촌 병원에서 상담 받으면서,
유 정 (피식) 오빠도 내가 골치 아퍼 죽겠
        지?
유 찬 그런 게 아니라…
유 찬 … 어머니도 이제 많이 늙으셨다…
유 정 (고개를 돌려 오빠를 보고) 오빠,
        엄마가 좋아? (피식 웃더니) 아,

　유정은 역기능적인 커뮤니케이션을 하는 것이지 그녀 자신이 역기능적 커뮤니케이터는 아니라고 할 수 있다. 그녀는 자신의 화법이 역기능적이라고 인지하기 때문이다. <S#25>에서처럼 유정은 자신이 '골치덩이'라는 것을 안다. 그 원인이 엄마 때문이라는 것도 안다. 그래서 말한다. '오빠, 엄마가 좋아? (피식 웃더니) 아, 유치해.'

　이러한 유정의 역기능적 화법과 어머니와의 적대적 관계 그리고 소통 장애의 극복을 위해 V. 사티어(1972)의 몇 가지 개념을 활용할 수 있다.

　사티어의 이론에 의하면, 유정의 역기능적 커뮤니케이션은 유정 모에게서 그 뿌리를 찾을 수 있다.

　중학교 시절, 유정은 사회적으로 명성 있고, 지적이고, 지위가 높은 게다가 이미 부인에 아이까지 둔 사촌오빠로부터 자신의 집에서 성폭행을 당하게 된다. 충격을 받은 그녀는 울면서 엄마에게 그 사실을 이야기하지만 헤드폰을 끼고 음악감상 중이던 그녀의 엄마는 오히려 그녀의 뺨을 때리며 행동을 어떻게 하고 다녔냐고 하며 그녀를 다그쳤다. 성폭행이라는 큰 충격을 받은 딸에게 유정 모는 단 한마디의 위로의 말도 없이 "입 다물고 있어!"라는 한 마디로 사건을 은폐하였다. 그녀의 입도, 마음의 문도 닫게 하였다. 자신을 위로하고 자신을 보듬어 주길 바랐던 유정에게 매몰차게 던진 엄마의 단 한마디는 유정이 그녀의 삶을 자꾸만 죽음으로 몰고 가고, 세상을 등지는 도화선과 같은 역할을 한다.

　유정의 문제는 사티어의 이론에 정확하게 들어맞는다. 유정의 PTSD로 인한 역기능적 커뮤니케이션은 유정 자신이 아니라 그녀 가족 전체의 관계와 소통이 문제였음을 <S#52>와 <S#26>, <S#30>에서도 엿볼 수 있다.

유　찬　… 너 오늘 혼자 두면 안 되겠다. 집으로 가자.
유　정　(단호하게) 싫어.
유　찬　어머니 말은 그래서도, 너 걱정 많이 하신다. 니가 어머니를 좀 이해해 드려야지…
유　정　왜? 왜 나만 이해해야 돼? 오빤, 나 이해해? 내가 왜 세 번이나 죽을려고 했는지,
　　　　이해는커녕, 왜 그러냐고, 도대체 니 문제가 뭐냐고!! 물어본 적도 없잖아!!
유　찬　유정아, 난… 그냥… 니가 말하고 싶지 않은 거 같아서.
유　정　웃기지 마. 혹시나 알게 될까 봐. 그 짐 지기 싫어서! 다들… (발악!) 나하구 눈도
　　　　안 마주쳤잖아!!!

　　<S#52>는 자신이 성폭행 당한 사건을 처음으로 수면 위에 꺼내는 장면이다. 유정은 자신의 문제를 함구하게 함으로써 자신의 상처를 더 깊게 한 가족들의 태도를 비난한다. '난… 그냥… 니가 말하고 싶지 않은 거 같아서.'라는 유찬의 말은 유정의 자기노출을 유도하지는 않지만 수용자로서 수용의 한계에 대해 고민함을 엿볼 수 있다. 수용자로서의 이해와 수용, 공유의 범주와 성폭행을 당한 누이동생의 오빠로서의 그것과는 동질의 것이 될 수 없는 것이다. 유찬의 고민은 유정의 문제를 알게 되었을 때 단순한 수용자가 아닌, 오빠로서의 당위적인 행위와 할 수 있는 행위의 괴리에 대한 것이다. 그 괴리는 유정을 성폭행한 사촌오빠 민석의 '힘'으로부터 나온 것임을 <S#26>에서 볼 수 있다. 민석의 힘은 유찬뿐 아니라 유정의 가족 전체를 지배한다. '힘'이 관계를 지배하는 부조리한 상황에서 유정이 민석에게 성폭행 당한 사건은 함구되었으며 유정은 성폭행 당한 일보다 그 사실이 가족 체계 전체를 지배하는 힘에 의해 은폐되는 상황에 더 못 견뎌 하는 것이다. 유정의 PTSD는 사실을 은폐하는 가족의 비굴함에서 더 악화될 수밖에 없었다.

민 석   이모님은 여전히 멋있으세요.

유정모   (생긋 웃으며) 바쁠 텐데 와줘서 고마워 정우 아빠.

민 석   (젠틀 미소로) 당연히 와야죠.

유정모   방배동 일대에서는 우리 정우 아빠가 헌금을 제일 많이 한다며? 천국 가는 버스
        맨 앞자리 예약해 놨다고 소문이 자자하드라.

민 석   (호방하게 웃으며) 에이- 누가 그럽디까. 다 헛소문이에요.

    유찬과 민석, 두 사람이 소파에 앉고… 유정 모가 쇼팽의 이별곡을 연주하기 시작한다.
잔잔한 연주가 <u>흐르고</u>… 탁자 옆에 두었던 고급 코냑을 짠- 들어 올리는 유찬.

유 찬   형님 좋아하시는 걸루 특별히 준비한 겁니다. 오늘 이거 다 드시고 가셔야 돼요.

민 석   (웃으며) 유찬이 너, 인사발령 얼마 안 남았지? 아버지가 총장님 만나셨는데…

유 찬   에이. 형님, 술맛 떨어지게… 스트레스 받는 얘기는 나중에 하시구요.

유정 모는 조카 민석이 유정을 성폭행한 사실을 알면서도 민석에게 자신이 아무
것도 모르고 있는 듯 행동한다. 유찬 역시 그렇다. 민석은 유찬의 인사발령을 좌우
할 수 있는 '힘'으로 화답한다. 가족 전체가 유정이 민석에게 성폭행 당한 사실은
함구하고 있다. 역기능적인 가족 관계와 커뮤니케이션을 보여준다. 유정의 PTSD는
치유될 수 없는 상황이다.

    유유히 걸어 나오는 유정, 차에 타서 시동을 거는데… 그제야, 손이 부들부들 떨린다.
흔들리는 유정의 시선, 앞에 보이는 검정 세단, 벤츠. 유정, 라이트를 켜더니, 갑자기 벤
츠를 들이받는다.

    쾅- 들이받자, 울리기 시작하는 알람. 놀라 뛰어나오는 가족들…

    벤츠보다 더 찌그러지는 유정의 차. 무표정한 얼굴의 유정. 쾅- 또 들이받는 유정. 쾅-
또 한 번… 시끄럽게 울리는 알람. 놀라 뛰쳐나와 그 광경을 보는 가족들의 얼굴이 일그

러지고… 화가 난 얼굴로 유정의 차 문을 열려는 유찬.

유 찬   열어! 빨리 열어!!

　부르릉— 가버리는 유정.
　가족들, 놀라고 불쾌한 표정이지만, 선뜻 뭐라고 말을 하는 사람은 없다.

유정모   (곤란한 얼굴로) 어쩜 좋아, 미안해, 정우 아빠, 새 차를, 이거 어뜩해… 내 가 깨
　　　　 끗이 수리해서 보내줄게.
민 석   (좋은 사람의 호방한 웃음) 하하, 괜찮습니다, 차야 뭐. 고치면 되죠. 얘 여전하네
　　　　 요.
유정모   어쩜 좋아. 저 기집애… 미쳤나 봐.
민 석   아니에요. 씩씩하고 좋은데요 뭐.

<S#30>에서 유정은 민석의 벤츠를 고의로 계속 들이받는다. 유정은 자신이 그들로 인해 상처받고 있음을 가족들에게 부정적으로 표출하다. 그러나 가족들은 놀라고 불쾌해 하지만 아무도 선뜻 뭐라고 말하지 않는다. 유정의 자기노출 욕구에 대해 가족들은 아직 수용의 준비되지 않았다. 소통의 길은 아직 막혀 있는 것이다.

S#36 구치소 만남의 방-낮

　자신도 모르게 웃음이 터지는 윤수. 피식피식 웃던 웃음과는 다른… 진짜 웃음이다.

유 정   그렇게 웃을 줄도 아네요.
윤 수   사형수는 뭐, 하루 종일 찡그리고 있어야 됩니까?
유 정   말하는 거 보면 그쪽도 나만큼 꼴통이에요.
윤 수   (대뜸) 뭐 하나 알려줄까요? 나 같은 놈이 속 얘기하기 젤 좋은 놈입니다. 왜냐?
　　　　 비밀을 죽음까지 가져가거든요.

　천연덕스럽게 히죽히죽 웃는 윤수… 유정은 어떤 표정을 지어야 할지 모르겠다. 당황

스러운 감정을 감추고 싶다…

유 정 재밌네. 무슨 말이 하고 싶은 거죠?
윤 수 (어깨를 으쓱하는데 기침이 쿨럭쿨
       럭 쏟아져 나온다) 나 같은 놈 찾
       아오려면, 뭐 하나 얻어 가는 게
       있어야죠. 하고 싶은 말이 있어서
       오는 거 아니에요? 아님 말구요…
       (키득키득)

유정도 묻고 싶어진다.

유 정 그러는 당신은 무슨 말을 하고 싶은 거죠? 날 만나고 싶어 했다면서요?

윤수의 눈빛이 흔들린다.

　　<S#36>은 유정과 윤수가 서로 탐색하는 장면이다. 매주 목요일 만남을 통해 그
들은 진짜 웃음을 웃을 만큼 공감대를 형성했다. 그리하여 그들은 서로 상대가 '하
고 싶은 말'이 있음을 느낀다. 그래서 하고 싶은 말을 하라고 서로 말한다. 윤수는
유정에게 자신은 비밀을 죽음까지 가져가는 사형수라며 속얘기 하기 제일 좋은 놈
이라고 말한다. 그들은 각자 'hidden area'에 상처를 감추고 그것에 대해 소통하고
싶어 한다. 소통을 통해 그 상처에서 벗어나고 싶어 하지만 아무도 그들의 자기노출
에 응해 주지 않았다. 억눌린 소통의 욕구를 가진 두 사람은 서로에게서 동질감을
발견한다. 하지만 아직은 탐색하며 자신은 수용할 자세가 되어 있다는 것을 상대에
게 보여 주면서 서로의 자기노출을 고무한다. 상호 배려하면서 자기를 먼저 표현하
기보다 상대의 상처에 대해 느끼고 수용하려는 이해의 자세를 보이는, 자기노출화
법의 이상적 과정을 밟고 있다.

유 정   그래요. 나 학교에서 꼴통으로 유명해요.
윤 수   나두 여기서 완전 꼴통 새끼로 소문났는데,

　유정과 윤수, 키득키득 웃는데…

이 주임   저기, 말씀 중에 죄송하지만…

　웃음을 멈추고 돌아보는 유정과 윤수,

이 주임   제가 말수가 적어서 사람들이 잘 모르는데, 저, 어디 내놔도 빠지지 않는 꼴통입
　　　　니다… 그러니까, 저도 좀… (끼워 달라는…)

　푸하하, 웃음이 터지는 유정과 윤수, 그리고 이 주임.
　진짜 웃음을 웃는 세 사람… 방 안에 따뜻한 공기가 채워지는 것 같다…

유 정   웃으니까, 더 잘생겨 보이네…

　얼굴이 붉어지면서 피식 웃는 윤수, 쑥스러운 듯 고개를 돌려 창을 본다.

윤 수   우와. 눈 온다.

　창밖으로 펑펑 쏟아지는 흰 눈. 한참을 그렇게 창밖을 보는 두 사람.

유 정   (차분하게) 이제… 진짜 얘기… 할 차례, 아닌가요…?

　윤수의 눈동자가… 떨리기 시작한다…

　<S#62>는 이제 진짜 얘기를 할 수 있는 질적 관계가 형성되었음을 보인다. 스
스로 '꼴통'인 그들은 이제 함께 '진짜 웃음'을 웃을 수 있게 되었다. 유정의 "웃으

니까, 더 잘생겨 보이네…"라는 대화는 긍정적 단어로 상대를 칭찬하는 내용이다. 유정의 화법이 순기능적으로 변하고 있음을 보여준다. 윤수와의 관계에 있어 유정은 순기능적으로 임하고 있다. 처음에는 부정적이었던 두 사람의 관계는 긍정적인 것으로 바뀌어 자기노출화법에 개입하는 요소가 되고 있다.

유정은 착해지지 말고 솔직해지자고 한다. 그렇게 유정과 윤수는 서로에게 솔직하게 자신들의 감추고 있는 영역(hidden area)을 조심스럽게 조금씩 드러낸다. 아무에게도 털어놓지 못했던 '진짜 애기'를 꺼내놓으며 생애 처음 자신의 말에 마음을 열고 귀 기울여주는 사람을 갖게 되면서 윤수와 유정은 마음속에 응어리를 조금씩 깨뜨리게 된다. 그리고 지속적으로 소통함으로써 서로를 진심으로 이해하게 된다. 세상은 꼭 어두운 면만 있는 것이 아니라는 것을 알게 되고 행복한 시간을 갖게 되면서 자신의 상처를 스스로 치유하고 건강한 자아를 찾게 되는 것이다. 유정과 윤수는 서로 배려하면서 서로의 말에 경청한다. 만남의 목적에 부합하는 내용은 긍정적인 언어로 표현되고 있다. '진짜 이야기'는 그들의 대화가 자기노출화법의 범주임을 명시한다. 그들은 서로 'hidden area'의 노출자로서, 수용자로서 대화에 임하며 이해와 수용 그리고 공유의 단계까지 함께 할 수 있다는 의미를 전하고 있는 것이다. 서로에게 긍정적인 결과를 가져올 수 있도록 유정과 윤수의 자기노출 과정은 자기노출화법의 모든 원리에 맞게 진행되고 있다.

S#72 호텔 중식당 – 밤

유 정 (어색한 분위기를 무마시키려) 나 많이 먹을 거야. 오빠가 다 사줄거지?
유정모 (나무라듯) 밥도 못 처먹고 다니니?
유찬처 아가씨, 이번 주 토요일 잊지 마세요.
유 정 언니. 나 선 안 본다니까요.
유정모 성형외과 닥터래. 니가 어디 가서 그런 자릴 만나니?
유 정 나. 결혼하기 싫어. (먹으면서) 나중에 엄마 같은 엄마 될까 봐. 결혼 안 해, 나.
유정모 내가 나 위해 이러니? 너 하나 아껴주는 남자 만나서 사랑받고 사는 거, 너 두 해 보라는 거야. 이 멍충한 기집애야.

유 정 사랑받고 사는 거? (조소의 눈빛
      으로 피식 웃는)
유정모 (기분이 상해서) 너, 그 얼굴은
      뭐야? 무슨 뜻이야?
유 정 엄마가 사랑받았다구 생각해? 아
      빠 엄말 사랑한 게 아니라, 무서
      워한 그거 모르지?

유정모 (혈압이 오르는 듯 뒷목을 잡으며) 너, 너 지금 무슨 말 하는 거야?
유 찬 유정아!
유 정 내가 아빨 꼭 닮았거든, 그래서 아빠 눈빛만 봐도 자알 알지. 내가 자살에 실패하
      고 눈 떴을 때마다 제일 끔찍스러운 게 뭔지 알어? 엄마 얼굴 보이는 거야, 다시
      살아서 엄마 딸이라는 게 제일 끔찍하다구.

   테이블을 꽉— 치며 벌떡 일어나는 유정. 뒷목을 잡고 쓰러지는 유정 모. 달려오는 아
들 며느리들. 우는 아이들. 유정, 잠시의 지체도 없이 휙 돌아 나간다.

<S#72>는 유정과 유정 모의 갈등이 절정에 달한 장면이다. 그들은 서로에게 상
처가 되는 말을 거침없이 쏟아낸다. 유정 모는 "밥도 못 처먹고 다니니?", "니가 어
디 가서 그런 자릴 만나니?", "이 멍충한 기집애야." 등과 같은 부정적 가치의 문장
으로 유정의 자존심을 다치게 한다. 유정은 유정 모를 비웃으며 "나중에 엄마 같은
엄마 될까 봐. 결혼 안 해", "엄마가 사랑받았다구 생각해? 아빤 엄말 사랑한 게 아
니라, 무서워한 그거 모르지?"라고 말한다. 그리고 "내가 자살에 실패하고 눈 떴을
때마다 제일 끔찍스러운 게 뭔지 알어? 엄마 얼굴 보이는 거야, 다시 살아서 엄마
딸이라는 게 제일 끔찍하다구."라는 말로써 자신의 'hidden area'의 상처로 인한 고
통에 대하여 노출한다. 그러나 이 노출은 진짜 이야기, 즉 '성폭행'과 '엄마의 냉담
했던 대응' 그리고 '사실 은폐'에 대한 진짜 자기노출이 아니다. 자신의 상처에 대
해 아무도 들어주지 않고 오히려 가족 전체가 그런 사실이 없었던 듯이 은폐하는
현실에 대한 고통의 노출이다. 유정은 가족 누구도 들어주지 않았던 진짜 이야기를
아무에게도 할 수 없었고 그로 인한 PTSD는 유정을 역기능적인 커뮤니케이터로 만

들어갔음을 보여주는 장면이다.

산소 호흡기를 하고 누워 있는 유정의 엄마. 창밖엔 겨울비가 주룩주룩 내린다. 그 옆에 가만히 엄마를 바라보고 있는 유정. 엄마의 발을 본다. 곱게 잘고 곱게 늙어 하얀 발. 발톱에 빨간 매니큐어. 와락 눈시울에 괴는 눈물, 엄마를 향한 격정적인 연민. 그러나, 울지도 않고, 슬픔도 지워 버리려는, 유정 특유의 의지적인 표정으로 돌아간다. 벌떡 일어나는 유정. 창가로 간다.

유 정 엄마, 얘기 좀 하자. 따질 것도 많고, 물어 볼 것도, 너무 많아.

(당연히) 대답 없는 엄마. 천천히 뒤돌아서는 유정. 뒤돌아서, 창밖을 때리는 빗줄기를 안에서 닦아보려 한다. 그런 의미 없는 동작만 계속.

유 정 나 엄마한테 할 얘기. 너무 많아.

유정은 엄마에게 하고 싶은 말이 너무 많았지만 엄마는 유정과의 진실한 소통의 길을 "입 다물고 있어!"라는 한마디로 원천 봉쇄해버렸다. 유정은 자신이 던진 말로 충격을 받고 쓰러져 의식을 잃고 병실에 누워 있는 엄마에게 "엄마, 얘기 좀 하자. 따질 것도 많고, 물어 볼 것도, 너무 많아.", "나 엄마한테 할 얘기. 너무 많아."라고 말한다. 오래 억눌려 온 자기노출의 욕구에 대하여 말하고 있다.

윤 수 웬 일입니까? 오늘 목요일, 아닌데,

유정, 윤수를 빤히 본다.

윤 수 (고개를 돌리며) 그렇게 보지 마요. 나두, 쪽팔린 거 아는 놈이에요..

유　정　(대뜸) 비밀을 죽음까지 가져 간다 그랬죠?

　　긴장하는 윤수,

유　정　얘기를 들어줄 사람이 필요해서, (고개를 저으며) 모르겠어요. 아마 무슨 얘길,
　　　　하려고 온 거겠죠. 나?

　　갑자기, 유정의 뺨 위로 자신도 모르게 눈물이
흘러내린다. 눈을 부비며 눈물을 닦는 유정.

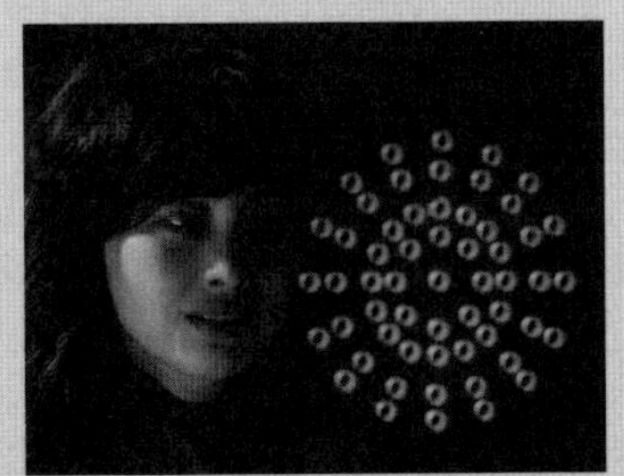

유　정　아, 쪽팔려.

　　아무렇지도 않다는 듯 눈을 부비는 유정.

유　정　(눈을 부비며) 진짜 진부하고 유치한 얘기를 내 식으로 하면, (고개를 들어 윤수
　　　　를 본다) 나 문유정은, 세 번 자살을 하려고 했다. 열다섯 살 때, 사촌오빠한테,
　　　　강간을 당했다. 부인도 있었고, 아이도 있었다. 개새끼. 나. 사촌오빠한테 강간당
　　　　했다. 이게 끝.

　　잠시, 고개를 숙였다가 드는 유정.

유　정　시시하죠? 그래두, 이 시시한 얘기 누구한테 한 거 처음이에요. 휴, 다 얘기하면
　　　　비참해서 기절이라도 할 줄 알았는데, 멀쩡하네.

　　억지로 웃어 보이는 유정의 입 꼬리가 떨린다.
　　아무 말도 없는 윤수.

유　정　할 말 없어도, 뭐라고 한마디 해줘요. 나, 후회될라 그러네. 내가 이 얘길 왜했지?

　　유정의 숨소리가 크게 들릴 정도의 침묵. 겨우 몇 초지만, 몇 시간쯤 되는 것 같은. 적막.

윤　수　… 죄송합니다.

유　정　(울 것 같은 얼굴로 억지로 웃으며) 윤수 씨가… 왜요…
윤　수　죄송합니다… 잘못했습니다… 죄송합니다… 죄송합니다…

　　고개를 떨구는 윤수의 눈에서 눈물이 뚝 떨어진다. 닦지도 않고 눈물을 뚝뚝 떨구는
윤수를, 그런 윤수를 유정이 한참 보고 있다.

유　정　웃기다. 어렵게 얘기한 건 난데 왜 자기가 멋있는 척을 하구 그래요?

　　고개를 들어 유정을 보는 윤수, 눈물에 콧물에 얼굴이 엉망이다.

유　정　어후, 잘생긴 사람도 울면 별 수 없구나. 으. 못 봐주겠다.

　　피식 웃음이 나는 윤수.

유　정　어? 울다가 웃으면 어떻게 되는지 알죠?

　　콧물을 쓰윽 닦으며 웃는 윤수. 그런 윤수를
보는 유정의 눈에도 눈물이 맺힌다. 윤수의 눈
에서 흘러내리는 눈물을 닦아 주듯 유리에 손을
대는 유정. 그 손에 자기 손을 천천히 겹치는
윤수. 유정 손목의 상처와 윤수 손목의 상처가
겹쳐진다. 서로를 위로하듯이 천천히.

　　유리를 사이에 두고 앉은 두 사람, 마주 댄 손이 마주 보는 눈길이 따스하다. 마주한
마음이 따뜻해진다.

　　<S#78>은 실제로 유정의 자기노출이 이루어지는 장면이다. 유정은 윤수에게
"비밀을 죽음까지 가져간다 그랬죠?"라고 말함으로써 자신에게 했던 비밀 공유의
약속에 대해 먼저 언급함으로써 수용자인 윤수에게 자기노출을 예고한다.

　　"얘기를 들어줄 사람이 필요해서, (고개를 저으며) 모르겠어요. 아마 무슨 얘길,
하려고 온 거겠죠. 나?"의 문장은 자기노출에 대한 윤수의 동의를 구하는 의미이다.

자기노출 전에 자기노출에 대한 언급을 함으로써 상대를 당황하게 하거나 불쾌하게
할 수 있는 영향을 줄이고 있다.

> "(눈을 부비며) 진짜 진부하고 유치한 얘기를 내 식으로 하면, (고개를 들어 윤수를
> 본다) 나 문유정은, 세 번 자살을 하려고 했다. 열다섯 살 때 사촌오빠한테 강간을 당
> 했다. 부인도 있었고 아이도 있었다. 개새끼. 나. 사촌오빠한테 강간당했다. 이게 끝."

이는 열다섯 살 때부터 이 순간까지 유정의 가슴 깊이 눌러왔던 진짜 이야기이다.
유정은 "휴, 다 얘기하면 비참해서 기절이라도 할 줄 알았는데 멀쩡하네."라고 말한
다. 자기노출을 통해 유정은 자기로 하여금 세 번이나 자살을 기도하게 했던 사건이
다른 사람에게는 진부하고 유치할 수 있다고 말할 수 있게 되었다. 다 얘기하면 즉
꼭꼭 숨겨왔던 상처를 다른 사람이 알게 되면 비참해져서 기절이라도 할 줄 알았는
데 '멀쩡한' 자신을 보며 비로소 상처를 이겨낸 자신의 모습을 똑바로 바라보게 된
것이다. 유정은 윤수의 피드백을 긍정적으로 구한다. 유정은 윤수와 지속된 만남의
시간을 통해 공감대를 형성했다. 그의 자기노출을 수용했으며 공유했고 동질감을
느끼며 긍정적 관계를 형성했다. 그에게 자기노출을 예고했고 동의를 구했다. 그리
고 자기노출을 한 것이다. 그래서 유정은 긍정적으로 윤수의 명시적인 피드백을 구
하는 것이다. "할 말 없어도, 뭐라고 한마디 해줘요. 나, 후회될라 그러네."

일반적으로 자기노출 시 노출자는 상대에 대한 배려 없이 자기만의 생각에 빠져
예고 없는 노출을 한다. 자기노출을 하는 과정에서 보이는 수용자의 피드백이 자신
의 기대와 다를 때 그때서야 노출자는 무엇인가 잘못되었다는 것을 느끼며 후회하
기 시작한다. 피드백의 의미를 탐색하며 자신의 관점에서 주관적으로 해석하고 자
기노출의 과정 전체가 자신의 생각과는 다르게 변해 버리게 되는 것이다.

유정의 자기노출화법은 오해를 일으켜 부정적인 영향을 미칠 수 있는 요소들을
잘 통제하여 수행되고 있다고 할 수 있다.

윤 수 안 믿겠지만, 진짜 한 번도 생각 안 해봤어요… 많이 가진 것들은 무조건 밉구, 싫었는데, 니들도 이렇게 태어나서, 이렇게 살아봐라. 맨날 억울했거든요… 당신 같은 부류의… 돈 많고… (조금 쑥스러워하며) 예쁜 여자가 죽고 싶어 할 수도 있다는 거… 진짜… 몰랐어요.
유 정 (웃으며) 우리 똑같네요 뭐… 나도 그래요. 나만 불행하고… 나만 억울하다고…맨날 그래요. 남들 보기엔 먼지만한 까시 같애도… 그게 내상처일 때는… 우주보다도 더 아픈 거예요… (어깨를 으쓱하며) 어쩔 수 없죠. 뭐… 그니까, 우리… 너무 많이 반성하지 말아요. 갑자기 착해지면 재미없잖아요… (웃는다)

윤수와 유정은 너무도 다른 두 사람이지만 공통점이 있다. 삶에 대한 의지가 없다는 것이다. 유정은 세 번째 자살을 시도했고, 윤수는 자신의 사형을 조기에 집행해 달라고 탄원한다. "이따시만 한 해가 무섭다."면서 목숨을 끊으려 했던 유정이나 "가장 두려운 게 뭐냐?"는 질문에 "아침이요."라고 답하는 윤수나 마음 속에 아프고 무서운 상처를 갖고 있다. 처음의 둘은 서로에게 그리고 다른 사람(부모와 감방 동료 등)에게 모진 말로 다른 사람들을 상처 줌으로서 자신의 상처를 감추고 다가가려는 노력을 하지 않는다. 자신의 삶에 대한 행복과 자유, 그리고 자기 자신의 존중은 없다. 윤수와 유정의 만남에서 서로를 외면하고 소통의 문을 닫으려 한 것도 따지고 보면 상대 안에서 자신의 감추고 싶은 상처를 발견했기 때문인지도 모른다. 세상으로부터 버림받았다는 것에 절망과 증오로 삶을 끝내고 싶어 하는 서로가 닮았다는 것을 알게 된다. "우리 똑같네요 뭐… 나도 그래요."라는 유정 말은 자기노출을 통해 노출자와 수용자가 경험의 공유를 형성하는 과정을 보여주고 있다.

자기노출 전 그들은 각자 "나만 불행하고… 나만 억울하다."고 생각했다. 자기노출을 통해 그들은 자신만이 불행한 것이 아니라는 정보를 얻게 되었다. 자신의 문제를 'hidden area'에서 'open area'로 보냄으로써 정보 공유를 통해 자신이 여태 고통스러워하며 숨겨 왔던 문제가 사실은 다른 사람들에게도 있는 문제라는 것을 알게 되면서 문제로부터 벗어나게 되었다. 또한 자신이 그렇게 문제가 있는 사람이 아니

라는 것도 알게 된다. 긍정적인 자아의 확인, 자기노출화법의 가치는 거기에 있는
것이다.

유정의 자기노출화법은 바로 이런 이상적인 자기노출화법의 과정에 맞는다. 윤수
역시 유정의 자기노출화법의 수용자로서 긍정적인 모습을 보인다. 그의 화법은 '예
쁜 여자'라는 긍정적인 단어로 상대를 칭찬하는 순기능적인 것으로 바뀌어졌다. 또
한 유정의 자기노출화법을 통해 자신만이 상처를 받고 불행한 사람이 아니라는 것
을 알게 된다. "당신 같은 부류의… 돈 많고… (조금 쑥스러워하며) 예쁜 여자가 죽
고 싶어 할 수도 있다는 거… 진짜… 몰랐어요."라고 말한다.

한편 모니카 수녀는 자기노출화법에 관여된 제3자는 아니지만 두 사람의 문제에
관계된 제3자로서 이상적인 대화자 모델이라고 할 수 있다. "보니까 너도 알겠지?
너하고 윤수 그 아이 많이 닮은 거." 고모인 모니카 수녀의 말이다. 이미 둘의 비슷
한 점을 알고 있던 모니카 수녀는 상대의 상황을 이해하고 배려하며 문제의 핵심을
파악하여 이성적인 화법으로 적절히 피드백한다. 모니카 수녀의 대화를 통해 대화
에 관여하는 제3자의 화법에 대해서도 관심을 가지고 체계적으로 정리할 필요가 있
다고 본다.

이상과 같이 시나리오 분석을 통해 영화 <우리들의 행복한 시간>의 유정이 자기
노출을 효율적으로 수행하는 과정을 살펴보았다. 누구나 가슴 속에 묻어둔 상처가
있을 수 있다. 그 상처를 혼자 생각할 때에는 유정의 말처럼 '우주만큼 아픈' 것일
수 있지만, 'hidden area'에서 꺼내어 'open area'로 이동시켰을 때 그 상처에 대해
객관적인 시각을 가지게 됨으로써 그 상처가 사실은 '먼지만한 가시' 같은 것이었음
을 깨닫게 된다. 그리고 비로소 자신만이 비참하고 억울하다고 생각한 것이 혼자만
의 생각이었음을 알게 된다. 누구나 상처를 가지고 있다는 것을 알게 되고 그래서
상처를 가진 자신은 세상 속의 사람들과 다름없는 그들과 똑같은 사람이라는 것을
알게 되는 것이다. 바로 이것이 자기노출의 긍정적 가치이다. 이러한 효율적인 자기
노출을 위해 자기노출화법을 학문적으로 체계화하고 교육할 필요가 있다고 본다.

2) 소극적 자기노출화법 –〈비열한 거리〉의 자기노출화법

〈비열한 거리〉는 전형적인 조폭 영화이다. 조직의 2인자 자리에 있는 미성숙한 주인공이 넘버원이 되기 위해 모험적인 시도를 하지만 주변적 상황에 의해 패퇴하고 마는 이야기이다.● 자기노출화법의 측면에서 바라볼 때 〈비열한 거리〉에는 세 가지 자기노출이 섞여 있다. 〈비열한 거리〉에서 가장 중심이 되는 자기노출은 병두의 자기노출이다. 병두의 자기노출은 자기 자신을 파멸에 이르게 하는, 전형적인 부정적 과정을 겪는다. 이에 비해 비윤리적이지만 황 회장의 자기노출은 성공적으로 수행된다. 또한 병두의 자기노출에 대한 수용자인 민호가 다시 그 정보를 노출하는 민호의 자기노출 과정이 있다.

이 글은 자기파멸에 이르게 되는 병두의 잘못된 자기노출 과정을 중심으로 자기노출화법의 원리에 따라 분석하고자 한다. 그러나 병두의 잘못된 자기노출을 분석하는 과정에서 이에 관여되는 황 회장과 민호의 자기노출에 대해 간단히 분석한다.

시나리오 : 유하
제　　작 : 싸이더스FNH, 필름포에타
감　　독 : 유하

분석을 위해 등장인물에 대해 간략히 살펴보면 다음과 같다.●●

병　두

전라도 출신의 스물아홉 살 조폭이다. 조직의 이인자(二人者)라고 하지만 하는 일이라고는 고작 떼인 돈을 받아주거나 하는 비루한 인생이다. 아픈 어머니를 원 없이 치료라도 받게 해주고 싶고, 자신을 믿고 따르는 조직 식구들에게 편안한 보금자리 하나 마련해 주고 싶어한다. 또 첫사랑 현주와 따뜻한 가정을 가지고 싶은 소박한 소망을 가지고 있다.
어려운 상황에 때마침 찾아온 황 회장의 제안으로, 황 회장을 괴롭히던 박 검사를 살해하고 보스인 상철까지 살해하게 된다. 그 대가로 조직의 보스가 되어 황 회장의 도움을 얻어 철거촌에 살던 자신의 가족은 이사를 하고, 사무실도 차린다. 하지만 친구 민호에게 유도되어 자신의 범행 사실을 노출하고 민호가 그것을 영화로 만들면서 끝내 그로 인해 부하의 손에 죽게 된다.

●
영화진흥위원회(2007), 심사총평, pp.426~427.

●●
등장인물과 줄거리에 관한 내용은 다음 사이트를 이용하였다.

www.buxmovie.com,
www.movie.naver.com,
www.movie.daum.net,
www.movie.empas.com,
www.cineseoul.com,
www.kr.yahoo.com,
www.movie.yes24.com 등

민 호

병두의 초등학교 친구이다. 데뷔작의 흥행 실패 이후 재기를 위해 조폭 영화를 준비하면서 초등학교 동창 병두를 찾아온다. 병두를 동창회에 데려가 병두의 첫사랑 현주를 만나게 해주고 병두의 어머니를 찾아뵙는 등의 행동으로 병두와 친밀감을 형성하고 병두를 유도하여 조폭의 실제 이야기를 얻어낸다. 그리고 병두의 경험담을 시나리오에 녹여 촬영에 들어가게 된다.

그러나 자신을 믿고 이야기했던 친구 병두의 범행 사실을 그대로 영화로 만들어 병두가 노출한 정보를 확산시킨다. 그로 인해 황 회장과 종수에 의해 죽을 뻔하게 되자 우 형사에게 병두의 범행 사실을 노출함으로써 의도하지 않았지만 결국 병두를 죽음으로 몰고 가게 한다.

현 주

민호에 의해 동창회에서 병두와 만나게 되는 맑고 순수한 병두의 첫사랑이다. 병두에게 조폭의 삶이 아닌 평범한 삶을 꿈꾸게 하는 인물이지만, 그로 인해 병두는 조폭일 수밖에 없는 참담한 상황에 밀려 민호의 유도에 의해 절대로 해서는 안 되는 범행 사실을 노출하게 된다.

황 회장

병두의 조직 로타리파의 뒤를 봐주고 있는 인물이다. 자신이 키워준 상철이가 박 검사를 죽여 달라는 자신의 부탁을 거절하자, 상철이에 대한 마음을 완전히 접고 병두에게 일생일대의 기회를 제공한다. 자신의 일을 잘 처리해 주는 병두의 뒤를 계속 봐주지만, 자신과 관련된 병두의 범행이 영화로 만들어지자 '민호'를 살해하라고 병두에게 말하지만 병두가 민호를 살려두자 병두를 살해하도록 종수를 교사함으로써 자신의 'hidden area'를 힘으로 지켜낸다.

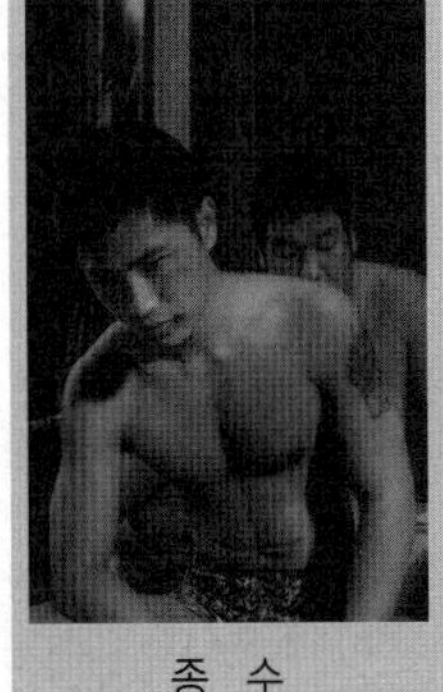

종 수

병두를 믿고 묵묵하게 따르는 병두의 오른팔이다. 그러나 병두가 민호에게 노출한 박 검사의 살해 사실이 영화화되자 위험을 느끼고 황 회장과 교사를 받아 병두를 죽이고, 보스의 자리를 차지한다.

영 화 진 흥 위 원 회 (2007), 『한국 시나리오 선집』 제24권, 〈비열한 거리〉의 시나리오 중심으로 분석함.

다음은 병두가 민호에게 잘못된 자기노출을 하고 그 결과 죽음을 맞게 되는 과정을 자기노출화법의 원리에 따라 살펴본 것이다.

현 주 (웃음) … 병두야, 이런 얘기 해도 되나?
병 두 어, 뭔데?
현 주 솔직히… 니가 그런 일 한다는 게 아직
도 안 믿겨진다?
병 두 … 그래? 그게 무슨… 소리야?
현 주 아니 그냥… 니가 옛날 그대론 거 같아
서 편하다구.
병 두 … 야 현주야, 나 말만 건달이지, 니가
생각하는 그런 사람 아냐.
현 주 …
병 두 … 니가 나 계속 만나다 보면… 그건 알 거다.

<S#63>은 병두가 조폭으로서의 자신을 부정하는 태도를 보이는 장면이다. 병두는 현주의 "솔직히… 니가 그런 일 한다는 게 아직도 안 믿겨진다?"라는 말에 "나 말만 건달이지, 니가 생각하는 그런 사람 아냐."라고 말하며 자신이 현주와 같은 평범한 사람으로 현주가 받아들여 주기를 바란다. 현주와 함께 평범하게 살고 싶은 자신의 마음을 알 수 있는 장면이다. 현주는 "… 병두야, 이런 얘기 해도 되나?", "아니 그냥… 니가 옛날 그대론 거 같아서 편하다구."라고 말하면서 조폭인 병두를 평범하게 대해주며 배려한다. 현주와 병두는 상호 배려하면서 표현과 수용에 있어 순기능적인 대화를 하고 있다.

병 두 (달려가 현주의 팔을 붙잡으며) 야, 강현주, 너 왜 이래? 왜 이러는 거야?
현 주 (뿌리치며) 비켜. (병두를 피해 앞으로 가려 한다)
병 두 (가로 막으며) 야, 너 진짜 왜 이래? 야 내가 그렇게 잘못한 거냐?
현 주 뭐?

　　<S#67>은 현주를 괴롭히는 현주의 직장 상사로부터 현주를 구해 주었지만 오히려 현주에게서 "나 깡패 싫어. 그니까 찾아오지 말라구.", "나 너 무서워. 그니까 인제 너 보고 싶지 않아. 알았어?"라는 말을 듣고 충격에 빠지게 되는 병두의 모습을 보여주고 있다. 갈등 상황을 해결하는 여러 방법이 있지만 조폭인 병두는 '폭력'을 사용한다. 그러면서 그것이 잘못된 방법인지 모르고 있다. "야 내가 그렇게 잘못한 거냐?", "너도 아까 봤잖아. 나도 그럴 만하니까 그런 거 아냐."라고 말하지만 평범한 현주에게는 '깡패'이며 '무서운' 사람으로 비추어지고 말았다. 병두는 옳다고 생각한자신의 행동이 현주에게 '깡패'의 '무서운' 행동으로 보이는 현실에서 조폭으로서의 자신의 삶에 회의를 갖게 된다. 현주가 병두에게 사용한 '깡패', '무서워', '보고 싶지 않아', '찾아오지 마' 등의 극단적이고 부정적인 언어는 병두로 하여금 감상에 빠져 해서는 안 될 자기노출을 하게 만드는 원인이 되었다.

　　한편 두 사람의 대화 상황을 다음과 같이 화법의 측면에서 살펴볼 수 있다. 병두는 '폭력'을 사용하여 현주로 하여금 자신과 다른 종류의 사람, '조폭'으로 생각할 수밖에 없게 하였다. 문제를 해결하는 여러 가지 슬기로운 방법들 그리고 자신의 생각을 표현하는 보다 좋은 방법들에 대해 알지 못했기 때문이다. 현주 역시 병두가 자신의 상사를 때리는 모습을 보고 놀라기는 하였겠지만, 병두의 의도와 자신에 대

한 병두의 마음을 배려한다면 자신의 노골적인 언어가 상대에게 어떤 상처를 주게 될지 생각할 수 있어야 한다. 병두와 현주는 각각 나름대로 자신의 상황에서 자신의 생각과 문제 해결 방식에 따라 문제에 대처하고 있다. 그들의 생각과 문제 해결 방식은 자신들이 학습하여 알고 있는 범위 내에서 선택할 수 있다.

일반적으로 대부분 서로 관계가 좋고 상황이 좋을 때에는 긍정적인 언어를 사용하고, 문제 상황에서는 부정적 언어를 사용한다. 병두와 현주 역시 일반적인 갈등 대처 양식에 따라 부정적인 방법으로 자신의 생각을 표현하고 있다. 그러나 갈등 상황일수록 자신의 생각과 행동을 긍정적인 언어로 표현하는 것이 문제 해결에 긍정적인 영향을 미친다는 점 역시 화법 교육에서 고려해야 할 점으로 본다.

S#70 오피스텔 안-밤

병 두 (취기 어린 눈으로 사진을 물끄러미 바라보다) 민호야, 너도 내가 무섭냐?
민 호 무슨 소리야? (웃음) 누가 너 무섭대?
병 두 아니 그냥.

〈중략〉

병 두 나 지금까지 건달된 거 한 번도 후회해 본 적이 없는데… 오늘은 진짜 기분 드럽다.
민 호 …
병 두 씨발, 먹고 살라고 손에 피 묻히고 사시미 들이밀고 별짓 다해도 인생 바뀌는 거 하나 없는데 말야…
민 호 야 너 오늘 진짜 이상하다. 무슨 일 있었냐?
병 두 (식 웃으며) 무슨 일은 새꺄. 집안일이지.
민 호 느네 식구들끼리 뭔 문제 있었냐?
병 두 아니야…
민 호 (병두 어깨의 용 문신을 보다가) 야, 나 오늘 니 문신 첨 본다.
병 두 … 그래?
민 호 (문득 문신을 희미하게 가로지르는 상처를 발견하고) 야, 근데 이 상처는 뭐냐? 칼에 찔린 거냐?
병 두 그렇지 뭐.
민 호 (혼자 상상하듯) 야… 몸에 칼이 들어오면 느낌이 어떨까? (넌지시) 야, 너두 누구 찔러본 적 있나?

병 두 … 나? … 나라고 다르것냐?

민 호 … 진짜 찌르면… 기분이 어뗘냐?

병 두 … 좃같지. … 제 정신이 아냐.

민 호 그래?

병 두 (어떤 기억이 생생하게 떠오르는 듯 허공에 멍하게 시선을 둔 채) 그래서 앞에선 못하지. 눈 보면 절대 못해. 맘이 약해지거든. … 근데 눈 마주치잖아, 그거 평생 간다.

민 호 (뭔가 섬뜩한 기분에 사로잡힌다)

병 두 … 잊혀지지가 않아.

민 호 (짐짓 담담한 어조로) … 너도 그런 경험 있냐?

병 두 (문득 눈시울을 살짝 붉히며) … 민호야 … 나 얼마 전에 형 봐버렸다.

민 호 (눈이 휘둥그레진다)

<S#70>은 '병두의 자기노출'이 일어나는 장면이다. 병두는 깡패가 싫으니 오지 말라는 현주의 말에 상심하여 혼자서 술을 마시고 민호를 찾아가 하룻밤을 함께 지 낸다. 민호가 건네주는 사진 속의 현주를 보며 상심한 마음에 민호에게 "너도 내가 무섭냐?"라고 묻는다. 병두가 흔들리는 틈을 타 민호는 병두의 자기노출을 유도하고 병두는 자기노출을 하게 된다.

병두의 자기노출은 이성적인 판단을 하지 못하고 감상적인 마음에서 시작된다. 현주로부터 거부당한 상황에서 처음으로 조폭인 자신에 대해 생각한다. '나 지금까 지 건달된 거 한 번도 후회해 본 적이 없는데… 오늘은 진짜 기분 드럽다.'라는 말 속에서 조폭으로서의 삶의 고달픔이 갑자기 밀려들어 참담한 병두의 모습을 읽을 수 있다. 이러한 상황 속에서 병두는 짐짓 담담하게 묻는 민호에게 보스인 상철과 박 검사를 살해한 이야기를 하게 된 것이었다.

병두는 자기노출의 위험과 결과에 대해 예측하지 않았다. 수용자의 의도나 배려, 노출 후 파생될 문제들에 대한 신중한 고려 없이 막연히 친구인 민호에 대한 믿음 만 가지고 수행되었다. 민호 역시 자기노출화법에 있어 수용자로서의 자세에 어긋나 있다. 자신의 영화와 성공만을 생각하고 병두를 배려하지 않았다.

<비열한 거리>에서 병두가 민호에게 행한 자기노출 과정은 자기노출화법의 세 가지 원리 모두를 위배하고 있다. 병두가 결국 자신의 자기노출로 죽음을 맞게 되는 결과는 이러한 잘못된 자기노출의 과정에 기인하는 것이다.

S#92 폐창고 안 / 밖 - 낮

모니터 뒤에서 팔짱을 끼고 구경하고 있는 병두와 종수. 민호와 무술감독이 티격태격 하는 모습을 지켜보며 답답한 표정을 짓는다. 종수를 데리고 천천히 그 앞으로 다가가는 병두.

병 두 저 … (민호에게) 무술감독님 … 맞냐? (정 감독에게) 무술감독님, 초면에 죄송
      합니다. 나 김 감독 친군데요.

정 감독 …?

병 두 이게 쌈이란 게 말입니다. 실제론 많이 틀리거든요? (주먹을 짧고 박력 있게 내
      질러 보이며) 항상 주먹은, 저공비행! 그냥 확 꽂아버려야 돼.

정 감독 (황당)

병 두 (종수에게) 야 니 여그 서봐. (종수가 앞에 서자 시범을 보이며) 자 한번 봐요 이.

종수의 가슴에 낮게 전광석화처럼 주먹을 내지르자 퍽 소리와 함께 발라당 넘어진다.

병 두 이거그덩!

정 감독, 민호 (뜨악)

폐창고 밖. 난처한 얼굴로 병두와 애기를 나누는 민호. 옆에 종수가 서 있다.

민 호 나는 괜찮은데… 스탭들이 좀 불편하게 생각하는 거 같아.

병 두 (끄덕인다) 내가 실수한 거 같다야. 내 딴엔 도와주고 싶어서 그런 건데.

민 호 알지. 촬영 막바지라 스탭들이 좀 예민해 있는 거니까 니가 이해해.

병 두 (빙긋) 그래 알았다. 갈게.

<S#92>는 민호와 그와의 관계에 대한 병두의 신뢰를 보여준다. 병두는 민호의 조폭 영화가 실감날 수 있도록 성심껏 도와준다. "실제론 많이 틀리거든요?"라면서 실제 싸움 행동을 보여준다. '(주먹을 짧고 박력 있게 내질러 보이며) 항상 주먹은, 저공비행! 그냥 확 꽂아버려야 돼.'라는 말과 함께 종수를 상대로 보여준다. 조폭 영화를 찍고 있지만 민호와 스탭들은 진짜 조폭인 병두의 행동에 당황한다. 병두는 '친구'와의 관계만 생각하고 자신이 있는 시간과 공간 전체의 대화 맥락을 파악하지 못한다. 이 장면은 병두의 단순한 사고방식에 대해 보여준다. 자신이 좋다고 생각하면 좋고 자신이 친하다고 생각하면 친한, 단순하고 자기중심적인 사고는 단순한 자신의 믿음만으로 민호에게 자기노출을 하는 또 하나의 원인이 된다.

S#98 극장 안 몽타주-낮

관객들 틈에 앉아 있는 살짝 긴장된 얼굴로 영화를 보고 있는 병두와 종수. 스폰서의 집 앞 주차장. 자신의 마누라가 부장 검사와 바람을 피우고 있다며, 니가 암암리에 손 좀 보라고 주인공 건달에게 교사를 하는 사십대 후반의 스폰서. 무표정하게 영화를 보는 병두와 종수.

원룸 건물들이 모여 있는 후미진 거리. 한 건물 앞에 검사 정부(유부녀)의 차가 멈춰선다. 거리를 두고 멈춰서는 주인공 건달의 차. 차에서 내리는 정부와 검사. 유부녀는 하이네켄과 디카페인 커피를 사오라고 당부하고는 원룸으로 들어가고 검사는 멀리 보이는 편의점 쪽으로 향한다. 주인공 건달의 차 안. 알루미늄 빠따를 신문지에 마는 주인공 건달. 모자를 쓴 수하 두 명은 밖으로 나간다. 뭔가 불편한 표정으로 영화를 보는 병두와 종수.

신문지로 감싼 야구 빠따를 들고 원룸 주차장 기둥 뒤에 숨어 있는 주인공 건달. 수하 두 명은 골목에서 오줌 누는 척하다가 들어오는 부장검사의 양팔을 잽싸게 낚아챈다. 성큼성큼 검사 뒤로 다가가는 주인공 건달. 야구 빠따로 검사의 뒤통수를 힘껏 가격하는 주인공 건달. 퍽! 소리와 함께 머리를 강타당하고 나무가 쓰러지듯, 길바닥에 그대로 고꾸라지는 검사. 죽은 검사를 차 트렁크에 싣는 주인공과 수하2. 사시미로 트렁크 속의 검사를 확인 사살하는 수하1. 어떤 기억이 떠오르는지 얼굴이 굳어지는 병두와 종수.

(S#70의 민호의 오피스텔) 만취한 얼굴로 침대에 누워 민호와 얘기를 나누는 병두.

민 호 야 진짜 끔찍하다. 야 근데 형은 왜 그렇게 한 거야?

    야산 중턱에 구덩이를 파는 주인공 건달.

민 호 이유가 있을 거 아냐?
병 두 …

    구덩이 속으로 검사를 밀어버리는 주인공 건달과 수하1, 2. 삽으로 구덩이를 메우기 시작한다.

병 두 (망설이다) 야 너 이거 절대로 누구한테 얘기하면 안 된다.

    (실제 상황) 야산. 빠르게 구덩이를 메우는 병두와 종수. 삽으로 흙을 다지는 병두와 종수의 실루엣. 멍하니 화면을 바라보는 병두와 종수.

<S#98>은 민호의 영화를 병두와 종수가 보는 장면이다. 민호의 영화를 보며 병두와 종수는 자신들의 이야기임을 알고 표정이 변해간다. 살짝 긴장된 얼굴로 영화를 보고 있는 병두와 종수의 얼굴은 무표정하게, 뭔가 불편한 표정으로, 어떤 기억이 떠오르는지 얼굴이 굳어지고, 멍하니 화면을 바라보게 된다. 실제 범죄 당시 병두는 부하 종수에게 "(망설이다) 야, 너 이거 절대로 누구한테 얘기하면 안 된다."라고 말했지만 그 비밀을 노출한 것은 바로 자신이었다. 병두는 황 회장과 종수 세 사람만의 'hidden area' 정보의 공유에 대한 약속을 깬 것이다. 병두는 자신의 자기노출 행위에 대해 세 사람만 공유한 비밀을 한 사람이 더 알게 된 것 즉 공유자가 한 사람 더 는 것뿐이라고 생각했다. 그리고 민호와의 공유는 세 사람의 공유와는 별개로 형성된 것으로 민호가 그 비밀 유지의 약속을 깨지 않을 것이라고 생각한 것이다. 그러나 자신이 'hidden area' 정보 유지의 책임을 다 하지 못한 것처럼 민호는 병두와 공유한 'hidden area'의 정보를 영화로 만들어 'open area'로 확산해 버렸다.

민호는 영화 속 조폭의 이야기를 자신이 지어낸 얘기로 사람들이 믿어줄 것이라고 단순하게 생각했고 자신의 행위가 어떤 결과를 가져올지에 대한 고려가 전혀 없었다. 병두의 자기노출은 잘못된 자기노출화법의 전형적인 예가 될 것이다.

또한 병두는 자기노출화법의 노출자 이전에 자신의 'hidden area'의 정보에 관여된 사람들에 대한 배려가 없었다. 병두의 'hidden area'의 정보는 '청부 살인'이다. 병두의 자기노출의 이유가 '청부 살인'에 대한 양심의 가책과 정의를 세우려는 것이었다면, '청부 살인'에 관여된 사람들에 대한 배려의 문제는 다시 새로운 논의가 있어야 한다. 김용철 변호사의 '삼성 로비 폭로' 사건이 이러한 유형의 자기노출이 될 것이다. 그러나 병두의 자기노출은 그러한 윤리적 판단에 의해 정의나 공공의 이익을 위해 한 것이 아니다. 단지 일시적으로 참담한 상황과 개인적인 감상에 빠져 행한, '실수'였을 뿐이다. 그러므로 이러한 경우, 병두는 자신과 비밀을 공유하고 있는 사람들을 배려하고 그들과의 약속을 지켜야 하는 책임을 다하지 않았다고 할 수 있다.

S#100 고급 바

어두침침한 분위기. 마주 앉아서 얘기를 나누는 황 회장과 병두.

황 회장   (어처구니없어하는 눈으로) 어디까지 얘기한 거야?
병   두   … 제 얘기만 했습니다.
황 회장   … 니가 정신이 있는 놈이냐? … 어떻게 그런 얘길 할 수가 있나?
병   두   (고개를 떨구며) 정말 죄송합니다. 뭐라고 드릴 말씀이 없습니다.
황 회장   (쓴웃음) … 야, 병두야… 상철이가 왜 그렇게 됐냐?
병   두   …
황 회장   그 친구가 이 얘기 떠들고 다니면 어떻게 될 거 같애?
병   두   …절대 그러진 않을 겁니다 형님.
황 회장   니가 그걸 어떻게 장담해. … 긴 말할 거 없다. … 니가 벌인 일이니까, 니가 알아서 처리해.

<S#100>은 황 회장이 병두의 자기노출 행위를 책하고 비밀 유지 약속을 어긴

대가에 대해 암시하며 민호를 처리하라고 말하는 장면이다. "…니가 정신이 있는 놈이냐? … 어떻게 그런 얘길 할 수가 있나?"라는 말로 황 회장은 '비밀 유지의 책임'에 대해 언급하며 "상철이가 왜 그렇게 됐냐?"라는 말로 병두가 치를 대가에 대해 암시한다. 황 회장이 윤리적인 사람인가, 그가 지키고자 하는 비밀이 윤리적인 것인가의 문제와 별개로 황 회장은 자기노출화법의 원리에 밝다. "절대 그러진 않을 겁니다"라고 여전히 민호를 믿는 병두에게 "니가 그걸 어떻게 장담해."라고 말하는 황 회장은, 사람은 모두 다르게 생각할 수 있다는 다양함에 대한 고려와 노출자에게 필요한 신중함을 보여준다. 자기노출을 하기 전 자기노출을 할 것인가 결정하는 데 있어 최대한 신중하게 고려한다. 그리고 비윤리적이고 부정적인 가치를 가진 정보에 대해서는 노골적으로 표현하지 않는다. 상대에게 긍정적인 가치가 있는 정보로 코드를 전환하여 함축적으로 표현하다.

다음 <S#22>~<S#24>에서 황 회장이 병두에게 박 검사의 살해 교사를 암시적으로 표현하고 병두가 이를 받아들이는 과정을 통해 황 회장의 성공적인 자기노출화법 능력을 볼 수 있다.

S#22 황 회장의 차 안 / 황 회장의 집 앞

황 회장의 집 앞에 멈춰서는 차. 황 회장, 침울한 표정으로 담배를 한 대 피워 문다.

황 회장 (혼잣말로) 나이를 품위 있게 먹어야 되는데… 검사가 쉽지가 않다.
병 두 …
황 회장 … 병두는 올해 몇 살이나?
병 두 예, 스물아홉입니다. 회장님.
황 회장 그래, 딱 니 나이 때 상철이를 봤구만. 그땐 그놈도 빠릿빠릿하고 참 야무졌는데, 인제는 황새가 다 됐어. … 일은 많은데 평생 같이 갈 놈 만나기가 참 어렵다.
병 두 …
황 회장 병두 너도 이젠 괜찮은 스폰서 하나 만나서 착실히 돈 벌어야지. 건달 짓 오래 할 거 아니다.
병 두 말씀 고맙습니다 회장님.

<S#22>는 박 검사에게서 모욕을 당한 황 회장이 혼잣말처럼 박 검사와 상철의 제거를 병두에게 제시하는 장면이다. "검사가 쉽지가 않다.", "근데 상철이 그놈은 인제 커 가지구 별로 필요한 게 없는 모양이다."라는 말은 검사를 없애야 하는데 상철이가 자신의 제안을 받아들이지 않는다는 것을 우회적으로 표현하고 있다. '살인 교사'의 비윤리적이고 부정적인 정보이지만 자신을 피해자로 하여 간접적으로 표현함으로써 긍정적 가치로 변환시키고 있다. 그리고 "병두, 너도 이젠 괜찮은 스폰서 하나 만나서 착실히 돈 벌어야지. 건달 짓 오래할 거 아니다."라는 말로 병두를 배려한다. "일은 많은데 평생 같이 갈 놈 만나기가 참 어렵다.", "세상에서 성공할려면 딱 두 가지만 알면 돼. 자기한테 필요한 사람이 누군지, 그리고 그 사람이 뭘 필요로 하는지…"와 같은 말은 병두에게 직접적이고 노골적으로 살인을 교사하는 부정적 표현이 아니다. 병두를 배려하면서 병두가 성공하기 위해 필요한 행위에 대한 황 회장의 말은 병두에게 긍정적 메시지가 된다. 그러한 메시지의 전환을 위해 황 회장은 자신에 대한 호칭을 '회장님'에서 '형님'으로 바꾸어 부르도록 허용한다. 관계의 거리와 질을 변화시킴으로써 병두에 대한 자신의 마음이 호의적임을 표현한 것이다. <S#23>에서 병두는 돌아가는 길에 황 회장의 제안에 대해 깊이 생각한다. 그리고 황 회장의 제안을 받아들여 박 검사를 살해하기로 결심한 병두의 모습을 <S#24>

에서 볼 수 있다.

대로변에서 택시를 기다리며 서 있는 병두, 깊은 생각에 잠겨 있다. 뭔가 망설이는 눈치다.

대문 앞에 서성이는 병두. 문을 열고 편한 복장 차림으로 대문을 열고 나오는 황 회장.

병   두 (꾸벅) 또 와서 죄송합니다 형님.
황 회장 (웃음) 아냐. … 왜?
병   두 저, 아까 그 검사님, 명함 있으면 하나만 주십쇼.

앞의 실태 조사에서 자기노출의 정보가 '비윤리적'인 범주에 속할 때 수용자가 긍정적으로 수용한 경우는 한 번도 없었다. 그러나 병두는 조폭이며 그는 자신이 하는 일을 '윤리적'으로 고민한 적이 없다. 보스의 명령이면 하는 것이었고 황 회장의 제안이 자신에게 이익이 될 것인가에 대한 판단만이 그의 행위를 결정하는 기준이 되는 것이다.

황 회장은 병두와의 관계와 커뮤니케이션을 자신의 힘으로 조절하고 있다. 박 검사를 살해하고자 하는 자신의 의도를 병두의 상황을 조절할 수 있는 '힘'을 바탕으로 긍정적 코드로 변환하여 함축적으로 제시한다. 즉, 황 회장은 박 검사와 상철의 살해 대가로 '보스'의 자리를 제시하고 이는 병두에게 긍정적 가치로 판단됨으로써 노출 정보의 코드가 전환되었다고 할 수 있다. 노출 정보의 가치 전환에 영향을 미치는 요소에 대한 논의는 다음으로 미룬다.

빌딩 옆, 어두컴컴한 골목 안. 미안해하는 얼굴로 서 있는 민호. 병두, 말 없이 노려본다.

민 호   야 미안하다. …내가 진작에 너한테 연락했어야 되는데…

병 두   (자르며) 왜 그랬냐? …내가 진짜 너 믿고 얘기한 건데 이럴 수 있는 거냐?

민 호   병두야.

병 두   니가 나 친구로 생각했으면 그러믄 안 되는 거 아냐?

민 호   너한테 미리 얘기 안한 건 정말 미안하다. 근데…

병 두   (쓴웃음) 미안해? 이런 개새끼. 만약에 이것 땜에 나 잘못되면 어떡할 거냐? 친구 목숨은 어떻게 되든 너 하나만 출세하면 되는 거야?

민 호   병두야, 내 얘기 좀 들어봐.

병 두   뭔 얘기?

민 호   너랑 한 약속도 있고 첨엔 나도 많이 망설였어. 근데 그 정도는 만들어도 별 문제 없을 거라고 생각했어. 솔직히 이미 알고 있는 사건이고 누구나 할 수 있는 얘기잖아. 너 잘못될 거라고 생각했으면 절대 안 했어. … 그리고 봐서 알겠지만 이거 니 얘기도 아니잖아. 내가 지어낸 얘기라구 그러잖아.

병 두   (약간 침묵하다) 야 김민호, 그래 지금까진 내 실수라고 치자. 근데 건달은 말야, 지가 한 실수 덮을라고 사람 하나 보는 건 일도 아냐 인마. … 너, 본다는 게 뭔 줄 알지?

민 호   (순간적으로 표정이 굳는다)

병 두   김민호, 내가 한 마디만 하께. …평생 입 다물어라. 응?

민 호   …

병 두   그럴 수 있지?

민 호   (끄덕인다) 그래 알았다. 그건 내가 정말 무덤까지 가져갈게. 나만 입 다물고 있으면 되는 거 아냐.

병 두   만약에 뭔 문제가 생기면, 나 혼자 죽지는 않는다이. 알것냐?

민 호   (겁먹은 눈으로 병두를 본다)

<S#104>는 영화 상영 후 처음으로 병두가 민호를 만나는 장면이다. 자기노출화법의 노출자인 병두와 수용자인 민호가 노출 정보의 확산에 대하여 대화하는 내용이다. 병두는 "…내가 진짜 너 믿고 얘기한 건데 이럴 수 있는 거냐?", "(쓴웃음) 미

안해? 이런 개새끼. 만약에 이것 땜에 나 잘못되면 어떡할 거냐? 친구 목숨은 어떻게 되든 너 하나만 출세하면 되는 거야?"라며 민호에게 정보 노출의 책임을 묻는다. 병두의 표현은 대화의 원리를 위배한 부분이 많다. 민호를 처리하라는 황 회장의 지시를 받았지만 병두는 민호에게 경고만 한다. "그래, 지금까진 내 실수라고 치자. 근데 건달은 말야, 지가 한 실수 덮을라고 사람 하나 보는 건 일도 아냐 인마. …너, 본다는 게 뭔 줄 알지?", "김민호, 내가 한 마디만 하께. …평생 입 다물어라. 응?" 과 같은 병두의 말은 협박에 해당한다. 그는 '본다'라는 부적절하고 부정적 가치의 단어를 사용함으로써 민호로 하여금 '겁먹게' 하여 결국은 살기 위해 우 형사에게 병두의 범행 사실을 노출하게 만드는 역효과를 만들고 말았다.

잘못된 자기노출로 파생된 문제, 즉 노출 정보 확산의 문제를 해결하는 데 있어서도 병두는 민호에게 잘못된 표현을 사용하여 죽음을 맞게 된 것이다. 병두의 자기파멸의 과정은, 병두가 사람들과의 관계를 유지하는 방법이나 자신의 생각을 효율적으로 표현하는 방법에 대한 무지에서 비롯되었다고 분석할 수 있다. 한편 '너랑 한 약속도 있고 첨엔 나도 많이 망설였어. 근데 그 정도는 만들어도 별 문제없을 거라고 생각했어.'라는 민호의 대답에서 병두와의 약속을 깼지만 병두의 노출 정보를 영화로 만들어도 괜찮을 거라고 혼자 판단한 민호의 자기중심적 사고를 알 수 있다. 자신이 병두의 노출 정보를 확산시켰을 때 일어날 수 있는 상황에 대한 예측이나 관여된 사람들에 대한 배려가 전혀 없이 조폭 영화를 멋지게 만들어 영화감독으로서 성공하겠다는 목적만으로 의도적으로 병두에게 접근하여 병두의 자기노출을 유도하였다. 처음부터 병두의 자기노출을 이용하려 하였으므로 상호 배려의 원리에도 어긋나며 수용자로서의 올바른 자세와 거리가 멀다.

민호는 1차적으로는 자신의 목적을 위해 병두의 자기노출을 유도하여 그 정보를 영화라는 매체를 통해 간접적으로 확산시켰으며 그로 인한 대가로 죽을 상황에 처하자 이번에는 우 형사에게 직접적이고 노골적으로 병두의 범행 사실을 밀고하는 가장 부정적인 수용자 모델이다.

제 5 장

사례와 분석

이승희 영화 〈불멸의 연인〉의 언어 커뮤니케이션 분석

✔ 선정 이유

우리는 삶을 살아가면서 많은 사람을 만나고 여러 가지 상황에 부딪히면서 스스로 알지 못하는 오해 때문에 오랜 시간 남모르게 끙끙 앓으며 살아가기도 하고, 누군가를 그리워하면서도 말 한마디 못하고 살아가기도 한다.

예상치 못한 상황, 솔직하지 못하게 만드는 자존심, 문제 해결을 위한 대화 부족, 커뮤니케이션능력 부족 등이 그 이유이다.

이 영화 속의 베토벤과 조안나가 바로 대표적인 그런 사람이다. 베토벤은 동생 카스퍼가 사랑하는 여자(조안나)와 사랑에 빠진다. 불같은 사랑에 빠진 그들은 서로의 사랑을 위해 떠나기로 약속을 하고 조안나는 베토벤에게 임신 사실을 알린다. 서로 호텔에서 만나기로 한 그날 그 시간 조안나는 제때 도착하지만 베

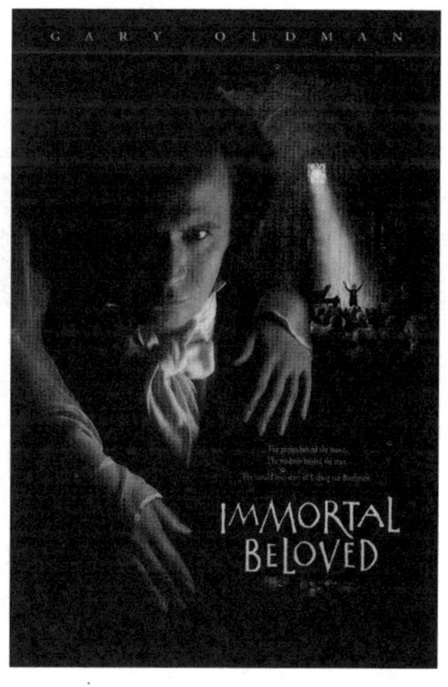

토벤은 마차가 폭우 때문에 진흙탕에 빠지는 등의 어려움을 겪는다. 너무나도 열정적인 사랑에 빠진 그는 그녀에게 자신의 사랑을 듬뿍 담아 예상치 못한 상황 때문에 늦을 거라는 편지를 보낸다. 그러나 호텔 주인이 조안나에게 편지를 제대로 전달하지 못하는 안타까운 상황 때문에 그녀는 자존심이 상해 돌아가 버리고 늦게 온 그는 그녀가 떠났음을 알고 분노한다. 조안나는 카스퍼와 결혼하고 서로의 오해를 알지 못한 채 너무 사랑했던 그들은 사랑한 시간 보다 더 많은 시간을 미워하고 증오하며 애태우며 보낸다.

인생의 가장 열정적인 시간이라고 불리는 20대에 놓여있는 우리는 누군가 때문에 잠도 못자며 밤새 애태워 보기도 하고, 그리워하기도 한다. 이렇게 사랑을 배우면서 성장한다고 하지만 그 과정은 너무 아프다.

나는 이 영화를 통해 사랑하는 연인에게, 그리고 주위 사람들에게 커뮤니케이션을 지혜롭게 하지 못하여 평생을 아파하고 외롭게 살다간, 음악만이 유일한 그의 커뮤니케이션 수단인 베토벤을 얘기 하고 싶다. 아픈 인생을 간접적으로 체험하므로 커뮤니케이션의 중요성을 깨달아 인생을 좀 더 행복하고 즐겁게 사랑하며 살기 위해서 이다.

 캐릭터 분석

베토벤

사랑을 받을 줄도 표현 할 줄도 모르는 사람.
어려서 아버지학대를 받았고 어머니마저 폐병으로 일찍 돌아가서서 12살에 집안의 가장이 된다. 제대로 된 사랑을 받아보지 못한 그는 열정과 따뜻함은 있지만 험한 말로 인간관계를 잃으며 사랑하는 여인을 평생 그리워하며 미워하며 증오하며 산다.

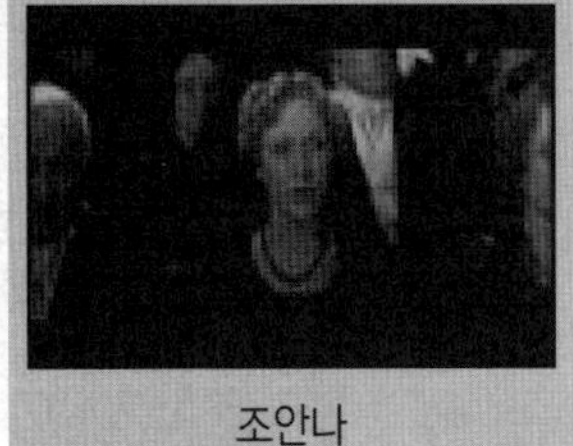

조안나

자존심이 강하고 두려움이 많은 여자.
베토벤의 아이를 가졌지만 그에게 버림받았다는 오해가 생긴 뒤 그와 더 이상 진지한 커뮤니케이션을 하지 않고 그의 동생과 결혼한다. 그 후 베토벤에게 창녀라는 소리를 듣지만 어떤 내색도하지 않고 살아간다.

베토벤의 충성스럽고 믿음직한 지인.
음악에 대한 야망이 있었지만 베토벤을 만난 후 그의 음악 세계에 반하여 그를 위해 비서이자 친구로서 도우며 산다. 베토벤의 마지막 유언인 불멸의 연인을 찾기 위해 자신의 명예까지 거는 의리파의 좋은 친구 이다.

 간단한 줄거리

　　영화는 베토벤의 장례식 장면으로 시작된다. 그는 그의 유산을 자신을 돌본 동생이 아닌 불멸의 연인에게 남긴다는 유서를 남긴다. 그러나 그녀가 누구인지는 아무도 모른다. 베토벤의 친구 쉰들러는 베토벤의 마지막 소원을 들어주기 위해 "불멸의 연인"을 찾아 나서게 된다. 유일한 단서는 베토벤의 편지가 전부이다. 진실을 밝히기 위해 몇 년 전에 베토벤이 어떤 여인을 만나고자 했었던 칼스버드 호텔로 향하게 되고, 호텔 숙박부에 기재되어있던 서명이 그 여인에 대한 유일한 실마리가 되었다.

　　"불멸의 연인"의 행방을 찾기 위해 우선 그의 옛 연인으로 알려진 줄리아(발레리아 골리노)를 찾아 갔다. 20년전 줄리아는 천재적인 작곡가이자 피아니스트였던 그에게 매력을 느끼게 되었고 그와 결혼하기를 소망하였다. 하지만 그녀의 아버지는 결혼을 반대하였고, 줄리아는 아버지를 설득하기 위해 베토벤을 테스트한다. 그러나 그 사실을 알아챈 베토벤은 감정을 가지고 사기 쳤다며 화를 내고 그녀를 떠난다.

　　쉰들러는 다시 베토벤이 사랑했던 안나 마리(이사벨라 롯셀리니)를 찾아가게 된다. 그러나 그녀는 그가 찾던 "불멸의 연인"은 본인이 아니라고 고백하게 되었으며, 베토벤이 진정으로 사랑했던 여인은 바로 그의 동생과 결혼했던 조안나라고 말해 준다. 그의 조카였던 칼은 조카가 아닌 그의 아들이었던 것이다.

　　이 영화는 진정으로 사랑하는 여인을 증오할 수밖에 없었으며, 조카이자 아들이었던 칼을 본인처럼 천재적인 피아니스트로 성장시키기 위해 고집스럽게 다그치며 사랑을 제대로 표현하지 못하는 베토벤의 모습과 천재였지만 청각을 잃고 나서 고뇌하는 모습을 보여준다.

✔ 작품속의 언어 분석

❶ 사랑하는 여인에게 "창녀"라고 말하는 그리고 그녀의 당당한 대답

호텔에서 베토벤과 엇갈린 조안나는 베토벤의 동생 카스퍼와 결혼한다. 그런 그

녀에게 베토벤은 '창녀', '생활이 문란한 여자'라는 말을 끊임없이 한다. 그런 그에게 처음 결혼을 허락 받으러 갔을 때 조안나는 이렇게 대답한다. '나는 카스퍼 이전에 남자들이 있었지만, 나는 그것을 죄라고 생각하지 않아요'

베토벤과 조안나는 당당하고 분명하게 자기 자신을 표현할 줄 아는 사람들이었지만, 호텔에서의 사건 이후 상한 자존심과 거절에 대한 두려움 때문에 진실한 커뮤니케이션을 하지 못한다. 단어를 날카롭고 분명하게 써서 대화를 한다고 절대로 커뮤니케이션에 능한 사람이라고 할 수 없다. 커뮤니케이션에는 단어 선택 이상의 것이 있다.

❷ 자신의 사랑하는 조카이자 아들인 칼을 대하는 베토벤

동생이 죽자 베토벤은 조카(베토벤의 아들)를 데리고 온다. 어려서 아버지의 사랑을 받고 자라지 못한 베토벤은 온 정성을 다해 칼을 돌본다. 하지만 그것은 자신의 기준에서의 사랑일 뿐 칼은 그런 베토벤 옆에서 정신이 점점 정신이 이상해져 끝내 자살을 기도하기까지 한다. 한번은 이런 일이 있었다. 칼이 하녀와 키스하는 것을 보게 된 베토벤은 화가 난다. 그리고 그 후 하녀에게 막말을 한다. '음식이 쓰레기 같다', '제대로 하는 일이 없다.' 이 말을 사랑에 빠진 두 사람 앞에서 직선적으로 한다. 베토벤에게는 사랑하는 조카의 연인이 마음에 들지 않았을 지라도 그 인격을 존중하면서 표현하는 성숙함이 없었던 것이다.

그래서 결국 조카에게 "다시는 내 앞에 나타나지 마세요."라는 편지를 받게 되고 크나큰 실의에 빠지게 된다. 그의 냉정한 말 한 마디에 그렇게 크게 상처를 받는 베토벤은 자신의 날카로운 말이 얼마나 다른 이들을 아프게 하는지는 알지 못했던 것이다.

✔ 종합정리

영화 중간에 베토벤이 이런 말을 한다.

"사람들은 내가 적대적이고 고집이 세고 차갑다고 말하지만 그건 공정치 않소. 그들은 나의 겉모습만 보고 말하는 거요 내 입으로 난 귀가 먹었소! 라는 말을 할 수 없다오 나의 적들이 내가 청각을 잃어버린 걸 안다면 그들은 날 쓰러뜨리기 위해 갖은 노력을 할 거요"

베토벤은 언어 표현은 잘 하지 못하지만 영화 중간 중간에 그는 음악을 통해서 자신의 감정을 표현하는데 음악을 들어보면 그가 실제로 얼마나 따뜻하며 여린 사람인지 알 수 있다. 그의 유일한 단점이라면 바로 커뮤니케이션 능력의 부족이다. 물론 그는 청각이 들리지 않아서 일반 사람들 보다 커뮤니케이션을 하기에는 핸디캡을 가지고 있는 것이 사실이다.

그러나 커뮤니케이션은 단지 언어로만 이루어지는 것이 아니다. 표정과 행동을 통해서 그는 그 모든 것을 극복해야만 했다.

어려서 아버지의 사랑을 받지 못하고 자란 것도 그의 커뮤니케이션 능력 부족의 원인이라고 볼 수 있다. 그러나 만나는 모든 사람에게 "나는 이런 환경에서 자라서 이렇게 밖에 표현을 못해요. 그러니 이해해 주시오."라고 말할 수 없는 것처럼 환경적인 이유로 커뮤니케이션 능력이 떨어지는 것 또한 우리가 인생을 살아가면서 극복해야할 과제이기 때문에 이것도 정당한 이유가 될 수 없다.

그는 단지 커뮤니케이션 능력이 부족한 사람이었을 뿐이었다. 즉, 배려하며 진실한 대화, 지혜로운 말을 할지 모르는 사람인 것이다. 단지 유일한 단점이었는데 이 유일한 단점은 그의 인생을 송두리째 외롭게 만들어 버린다.

커뮤니케이션 능력은 한 개인의 행복을 위한 필수 조건인 것이다. 우리는 수학 문제하나를 더 맞고, 시험을 한번 백점 맞았다고 해서 순간은 기쁠 수 있지만 이것이 인생의 막대한 영향은 끼치며 행복을 가져다주지는 않는다. 하지만 행복한 커뮤니케이션 능력은 우리의 인생을 즐겁고 윤택하게 해주며, 인생을 낭비하지 않게 하고, 평생 행복을 가장 믿음직스럽게 보장해 준다.

✔ 선정 이유

❶ **자기를 보호하려는 본능적인 욕구를 찾아 볼 수 있다**

이 영화에서는 친구들의 그룹화를 볼 수 있고 그들 사이에서의 미묘한 경쟁과 견제를 볼 수 있다. 어느 그룹 내에서든지 불화는 있기 마련이며, 그 불화들을 풀어가는 과정을 보여준다.

그렇지만, 아무리 문제가 많은 집단이라 하더라도, 그 문제를 푸는 것이 집단을 떠나는 것 보다 낫다는 결론을 내리며, 어느 집단에 소속해서 안정감을 느끼려는 인간의 욕구를 볼 수 있다.

❷ **여학생들 사이에서의 시기와 경쟁을 볼 수 있다**

민감한 나이여학생들이 흔히 보이는 시기, 질투를 코믹하게 볼 수 있다.

무겁게만 볼 수 있는 이 문제를 명쾌하지만, 해피엔딩으로 마무리하기 때문에 긍정적인 해결을 유도하는데 도움이 될 것이라 생각했다.

❸ **대인관계에서 보이지 않는 서열을 찾을 수 있다**

어느 집단 내에서든 서열은 존재한다. 그게 짐승이든 사람이든지 말이다. 사람이 동물과 다른 점은 육체적인 힘이 아닌, 지식과 대인관계, 힘 경제력 등등 많은 복합적인 문제로 이 서열이 정리 된다는 것이다. 어떤 유형이 서열의 1위에 존재하게 되는지, 현실과 비슷한 수위로 구조화 되어 있다.

❹ **사랑을 얻기 위해 치밀하게 접근해야만 한다는 것을 보여준다**

주인공 케이디는 사랑을 위해 학점을 포기한다. 수학을 잘 하지만, 좋아하는 남자와의 시간을 얻기 위해 수학을 못하는 척 하며 도움을 요청한다. 인생을 살면서 무엇인가를 결정하고 선택해야 할 시간들은 많다. 어쩌면 이런 방법을 무책임하다거나 대책 없는 행동이라 볼 수도 있다. 그렇지만 그 사람을 위해 학점을 포기해서라도 만나고 싶다는 그 용기와 더불어, 그것을 실행 할 수 있는 배짱은 높이 사주고 싶다. 어쩌면 머릿속으로만 생각이 많은 젊은 20대들에게 실행의 각성을 보여주고 있지 않나 싶다.

 ## 캐릭터 분석

케이디(린제이 로한)

동물학자인 부모와 함께 아프리카에 살다가 미국으로 돌아와 고등학교 2학년에 편입한다. 홈스터디에서 벗어나 고등학교라는 새로운 세계에 들어가게 된다. 아웃사이드 계급에 속한 제니스와 데미언과 친구가 되고, 학교 여왕인 레지나를 끌어내리려는 그들의 음모에 스파이하게 된다. 하지만 스파이로 활약하는 동안 케이디는 자신이 파멸시키려는 레지나와 서서히 닮아간다.

제니스(리지 캐플란)

케이디의 친구로써, 케이디가 처음으로 사귄 친구이다. 중학교 때 레지나로부터 레즈비언이라는 오해를 받아 왕따를 당한 후, 레지나를 증오한다. 케이디를 통해 플라스틱에 대한 정보를 얻고, 레지나를 파멸시키기를 목표로 가지고 있다. 케이디를 진정한 친구로 여긴다.

데미언(다니엘 프렌즈)

제니스와 단짝으로, 케이디와도 친구가 된다. 남성이지만 여성성을 많이 가지고 있고, 게이라고 말하는 제니스의 이야기를 부정하진 않는다. 케이디, 제니스와 함께 레지나 파멸작전을 진행한다.

레지나(레이첼 멕아덤즈)

플라스틱 멤버이며 여왕벌인 레지나는 금발에 항상 매력적인 여자이다. 그녀에게는 바보 부대라고 불리는 팬클럽이 있으며 늘 씬한 몸매를 자랑하지만 싸가지로 통한다.
이전 남자 친구 애론을 좋아한다는 케이디의 비밀을 듣고 도와주겠다고 하지만 애론에게 접근하여 다시 사귀며, 보란듯이 케이디 앞에서 약을 올린다. 욕심많고, 남들에게 상처주는 말도 주저하지 않는 성격의 소유자이다.

그레첸(러시 처버트)

플라스틱의 멤버로써, 학교의 어느 누구에 대해서나 모든 것을 알고 있다. 레지나와 가장 절친하다고 생각하며, 사람들이 모두 자기를 좋아하고 인기가 많다는 착각을 하고 있다. 레지나의 관심이 케이디에게 쏠리면서 자신을 멀리하려는 레지나를 싫어하지만, 더욱 더 가까워지기 위해 노력한다.

캐런(아만다 세이프라이드)

플라스틱 멤버 중 한명으로써, 학점의 대부분이 F 이며, 오렌지 철자를 모를 정도의 무식을 자랑한다. 밝은 성격을 가지고 있으며, 여왕벌 레지나를 보좌하는 일벌이다. 그레첸에게 자신이 헤픈 여자라며 욕한 레지나와 절교한 뒤, 그레첸과 함께 케이디를 새로운 여왕벌로 추종한다.

레지나와 1년간 사귀었던 전 남자 친구이다. 수려한 외모뿐만 아니라 축구 수영같은 스포츠를 잘하는 만능맨이다. 수학시간 케이디와 만나 서로 호감을 가지지만, 이를 배아파하는 레지나의 계략에 말려 다시 레지나와 사귀게 된다. 레지나의 바람피움을 알게 되어 헤어진 뒤 케이디와 사랑하는 사이로 발전한다.

애런(조나단 베넷)

 간단한 줄거리

생애 처음의 학교

동물학자인 아버지를 따라 아프리카에서 성장한 케이디는 일리노이즈의 고등학교로 전학을 오게 된다. 케이디가 전학 온 고등학교에는 레지나라는 퀸카가 그녀의 매력을 주무기로 학교의 여왕으로 군림을 하고 있었다.

플라스틱모임과의 만남

레지나는 케이디가 지닌 미모와 지성이 자신이 누리고 있는 교내 '여왕벌'의 위치를 위협할 수 있다고 판단하고 그녀를 감시할 목적으로 케이디에게 접근을 하여 둘은 친구가 된다.

첫눈에 애런에게 반하다

케이디는 수학시간에 만난 남학생 애런 사무엘 에게 한눈에 반하여 그와 사귀려는 노력을 하지만 그는 바로 레지나의 헤어진 남자 친구였다. 케이디가 애런에게 관심이 있는 것을 안 레지나는 고의로 그들의 사이를 방해하고 케이디에게 모욕감을 느끼게 한다.

레지나를 망치자

케이티를 골려주기 위해 애론과 다시 사귀는 레지나를 골려주기 위해서, 케이티와 제니스는 치밀한 계획은 짠다. 케이디는 레지나를 극도로 미워하게 되고 둘 사이에는 서로 상대를 꺾기 위한 숨 막히는 권모술수가 동원된 팽팽한 대결이 시작된다.

케이디도 어느 샌가 플라스틱이 되어 었었다

스파이로 활약하는 동안 케이디는 자신이 파멸시키려는 레지나와 서서히 닮아간다. 케이디는 단지 레지나를 무너뜨리고 싶었지만 플라스틱과 함께 지내며 진정한 플라스틱이 되고 있었다.

뒷담화책 노출

플라스틱일당이 학교친구들의 욕을 써놓은 노트가 노출되어, 여자아이들은 서로를 의심하며, 큰 싸움이 일어난다. 강력한 용의자로 케이디가 지목되어 학교생활에 힘들어 진다.

진심어린 사과

우여곡절 끝에 봄 축제 퀸이 되지만, 학생들 모두가 뒷담화 책으로 맘이 상해있었고, 케이디를 세상에서 가장 사악한 존재로 여기고 있었다. 그렇지만, 퀸으로 케이디가 뽑인 연설장에서 케이디는 모든 사람들에게 감동을 줬다. 플라스틱은 사라졌고, 여자 세상에도 평화가 왔다.

✔ **작품 속의 커뮤니케이션**

❶ **새로운 문화와의 충돌에서의 커뮤니케이션 [CD1 4 : 12]**

케이디가 학교생활을 시작한 첫날, 케이디는 선생님들께 꾸중을 많이 듣는다. 수업도중 벌떡 일어나 화장실에 가려고 하던 케이디를 제지시키면서, 통행권을 가져가야 한다는 선생님의 농담에 그럼 통행권을 달라고 진지하게 말한다. 이 행동에 선생님과 반 학생들은 모두 웃음을 보인다. 즉, 케이디만이 이 상황을 이해하지 못하고 있다는 것이다. 아프리카에서 살면서 화장실가는 것을 허락받았던 적은 없었을 것이다. 이것을 통해 문화와 커뮤니케이션의 밀접한 관계를 볼 수가 있다. 새로운 집단에 속하기 위해서는 그 집단의 문화를 먼저 이해하는 것이 원활한 대인관계와 커뮤니케이션을 이끄는 큰 힘이 될 것이다.

❷ 효과적인 첫 대면 성공 방법-YES유도 [CD1 5 : 28]

케이디와 데미언, 제니스의 첫만남에서 데미언은 이렇게 말한다. "머리 색깔은 자연갈색이야?" 아마도 이 질문은 YES라는 답변을 예상한 질문이라 생각한다. 첫 대면이니 만큼 긍정적인 대화로 서로에 대한 호감을 높이는 것이 중요하다. 그렇다면 이 때 이루어져야 할 대화는 NO 보다는 YES를 유도할 수 있는 질문이 좋을 것이다. 이 점을 데미언이 잘 이용하고 있다.

❸ 사람과 짐승의 차이 [CD1 16 : 51]

아프리카에서 살다온 주인공이 본 큰 쇼핑몰에서의 사람들의 행동은 보이지 않는 정글이었다. 다들 겉으로는 좋은 옷과, 좋은 말을 사용하면서 커뮤니케이션을 하며, 이를 통해 대인관계를 맺고 있다. 그렇지만 주인공에 눈에는 사람들의 머릿속의 생각이 읽히는 듯, 머릿속으로 경쟁과, 시비와, 다툼, 사랑이 이루어지는 사람들의 속마음을 보여준 듯하다.

❹ Bad Communication [CD1 33 : 50]

레지나가 친구의 치마를 보며 아주 잘 어울린다는 말을 한다. 그렇지만 뒤돌아서기가 무섭게 아주 촌스럽다며, 욕을 한다. 이런 경우 앞에 한 칭찬은 칭찬이 아니다. 오히려 그 사람을 더 가식스럽게 보이는 도구가 된다. 차라리 조금 촌스러운 것 같으니 다른 걸 입는 게 어떠냐고 말한다면, 더 낳은 결과를 가져올까? 하는 의문이 든다. 이런 경우 선의의 거짓말을 했다고 할 수 있을 것인가? 어쨌든 당사자는 매우 만족하며 기분 좋아했으니까. 여러 경우가 있겠지만, 칭찬으로 포장된 뒷담화는 당사자가 아무리 긍정적으로 받아들인다 하더라고 명백히 Bad Communication이라 여겨진다.

❺ 케이디의 장점 [CD1 47 : 06]

바보라는 레지나의 폭언으로 상처받은 캐런을 케이디가 위로한다. 너는 바보가 아니라고, 너도 잘하는 게 있다며 용기를 주는 장면이다. 그리고 그의 장점이 보잘 것 없다고 여겨지더라도 상대방을 생각한 반응과, 끝까지 경청해 주는 자세는 케이디의 장점이다. 케이디는 플라스틱친구들과 사귄지 얼마 되지 않았지만 신임을 얻었다. 그것에 가장 큰 기여를 한 것은 경청의 자세였다. 경청이야 말로 대인관계에 필수적 요소라는 것을 보여주고 있다.

❻ 문제해결과정 [CD2 22 : 55]

문제의 뒷담화 책으로 인해 많은 여학생들이 친구에 대한 불신으로 가득 차 있다. 이 과정을 풀어가는 선생님의 능력은 대단하다. 모든 문제를 속 시원히 이야기하고, 솔직히 잘못을 인정하는 것을 배우도록 한다. 그리고 이때, 어떤 잘못이라도 용서하겠다는 분위기를 만들어 내는 것은 정말 중요하다. 만약 처벌이 이어지는 회계의 장소였다면, 아무도 솔직히 잘잘못을 고해하진 못할 것이다. 내 잘못을 인정하는 것을 배우고, 말의 가려서 할 수 있는 능력을 길러주기 위한 지도자의 커뮤니케이션능력을 엿볼 수 있다.

❼ 진심으로 말한다면 통한다. [CD2 39 : 52]

우여곡절 끝에 케이디는 회장이 되었다. 왕관을 받고 기뻐해야 하지만, 많은 오해의 고리들을 끊기 위해 왕관을 부셔 다들 나눠주며 "우리 모두 왕이고 여왕이다."라는 말을 한다. 그리고 자기 잘못이 아닌 부분이 많이 있지만, 뒷담화책에 대해 진심으로 사과를 한다. 그 사과를 어떻게 했느냐에는 많은 것들이 복합적으로 보여진다. 어조, 눈빛 그리고 진심어린 멘트 등등 이 모든 것을 복합적으로 했기 때문에 많은 사람에게 진심을 전달할 수 있었다.

✔ 종합 정리 – 예방책 해결책

결국 사람의 마음을 움직이는 것은 진심어린 마음도 중요하지만, 그것을 전달 할 수 있는 도구 또한 충실해야 한다는 것을 보여준 영화이다. 그 도구는 올바른 커뮤니케이션이 될 것이다.

영화를 통해 정리하는 올바른 커뮤니케이션의 방법을 정리해 보았다.

❶ 경청의 자세를 기른다

주인공이 짧은 시간 안에 효과적인 대인관계를 이룬 가장 큰 기여도는 바로 경청이다.

자신의 이야기보다는 타인의 이야기를 들어주며, 적절한 반응과 해결책을 제시해 줄 수 있다면, 누구든지 좋은 대인관계를 이어갈 수 있을 것이다.

❷ 사전조사에 힘쓴다.

원하는 대인관계가 있다면, 충분한 사전조사가 필요하다. 주인공이 다른 문화와 적응하면서 일어났던 트러블들을 참고로 하여, 이런 트러블들을 조금이라도 줄일 수 있는 방법은 문화를 이해하는 것이다. 아무리 마음으로 이해하려 하여도 그 이해를 도와줄 지식이 없다면, 그것은 진정한 관계가 아닌 반쪽 관계일 것이다.

❸ 나의 잘못을 인정한다.

다른 사람과의 타협은 매우 어렵지만, 나 자신과의 타협은 비일비재하게 일어난다. 나의 잘못은 아주 작은것이다 라는 마음으로 자신과의 합의는 매우 쉽다. 자신에게 조금 더 냉정하게, 잘 못을 인정하는 것은 더 많은 것을 가져온다. 주인공만 하더라고, 어렵게 자신의 잘못을 시인하고 용서를 빌었다. 그 결과는 아주 눈에 띄게 나타났다. 이를 거울삼아, 타인보다는 나 자신에게 더욱 더 엄격해질 필요가 있다.

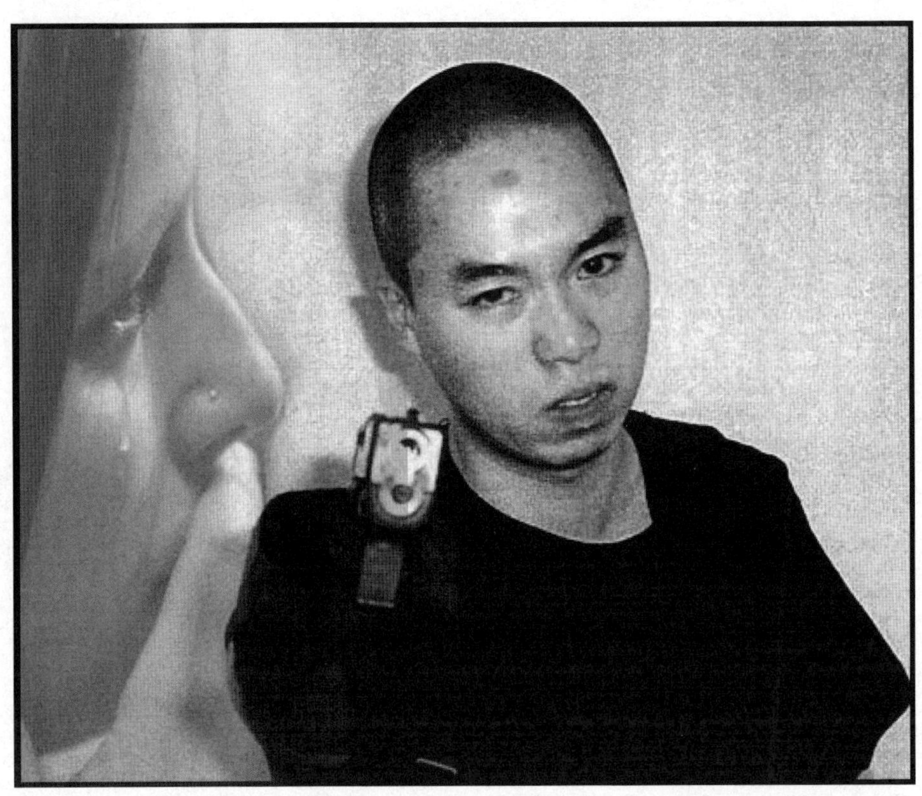

버지니아공대 참극은 지난 25일 미국 경찰의 중간 수사 결과 발표와 함께 겉으로
는 마무리 국면에 들어갔다. 하지만 이번 사건이 한국 사회에 준 충격은 쉽사리 진
정되지 않을 것 같다. 한국인이 국제무대에서 저지른 초유의 대형 참극이기 때문이
다. 하지만 그보다 중요한건 피해자와 희생자들의 세상속의 관심이다. 한나라의 사
회적 충격에 앞서 무엇보다 그들의 입장에서 그들을 이해하는 것이 필요치 않을런
지……

TV 오락프로그램을 보다 우연히 뉴스를 보게 되었다. 뉴스의 내용은 실로 충격적이었다. 미국내 대학에서 한국인이 총기를 난사하여 많은 인명 피해를 입혔다는 내용이었다. 물론 가장 이슈인 것은 그 용의자가 한국인이라는 점. 그 순간 난 한숨만 내쉬어졌다. 왜일까? 한국 사회는 미국 버지니아공대에서 일어난 총기 난사 사건을 '한국 문제'로 여기는 과민반응을 보이고 있었다. 또 그간 나온 분석들은 한국인의 유별난 민족주의·집단주의·숭미주의 등에 그 원인을 돌렸다. 상당 부분 동의할 수 있지만, 좀더 정교하게 따져볼 필요가 있지 않을까?

한국 사회의 과민반응에 대해 '과잉 민족주의', '천박한 민족주의', '집단적 죄의식' 증후군 등의 비판이 제기되었는데, 과연 그런가? 민족주의와 관련은 있지만 민족주의가 원인은 아니다. 한국인은 사람을 처음 만났을 때 상대방의 나이, 고향, 출신학교 등 신상명세에 대해 매우 궁금해 한다. 그런 기본 정보로 상대방을 어떤 범주에 귀속시키지 않으면 불편해하다 못해 불안증세마저 보인다.

일을 처리하거나 인간관계를 발전시키는 데서 신속을 기할 수 있는 반면, 편견과 '편가르기'가 발휘되는 토양이 된다. 이렇듯 한국 사회에서 그 어느 범주(편 또는 패거리)에도 속하지 않은 채 홀로 살아간다는 건 매우 어려운 일이다. 비정규직과 프리랜서에 대한 지독한 차별도 바로 그런 문화의 산물이다. 한인 이민 1.5세대는 한국인 부모 밑에서 자라는 미국 땅에서 미국 문화를 접하는 세대이다. 하지만 집에선 한국의 전통을 따라야 하는 정신적으로 이데올로기를 겪을 수 있는 세대이기도 하다. 한인사회 그리고 한인 1.5세 조승희의 방아쇠를 당긴 수많은 원인들은 서로 유기적으로 연결돼 있지만 그걸 인간의 이성으로 규명하려는 노력에는 한계가 있다는 사실을 인정할 필요가 있다. 우리가 취할 수 있는 최적의 선택이란, 이 파괴적인 행동을 가능케 한 제도와 사회의 환경에 천착해 이에 대한 문제의식을 공유하고 수정하려는 노력이다. 그래서 나는 이 총기 난사 사건의 피의자와 그 희생자들의 커뮤니케이션을 분석해보고 대안점을 알아보려 한다. 무엇이 그들을 이런 상황까지 오게 했는지 그 사이의 어떤 커뮤니케이션이 있었는지 알아보겠다.

조 승 희 총기난사사건 범죄자	1984년 1월 18일생으로 8살 때인 1992년 9월 2일 미시간주 디트로이트를 통해 미국에 입국했으며 이후 영주권인 '그린카드'를 발급받아 미국에서 계속 살아 왔다. 그는 2003년 10월 27일 그린카드를 갱신했으나 미국 시민권을 정식으로 취득하지 않은 이유는 알려지지 않았다. 가족은 워싱턴 근교인 버지니아주 센터빌에 살면서 세탁소를 운영하고 있고 누나는 명문 프린스턴대를 졸업한 것으로 전해졌다. 어릴 때 미국으로 건너온 그는 '외톨이' 같은 고립된 생활을 해온 것으로 나타나고 있다. 그동안 알려진 바에 의하면 비정상적인 행동과 폭력 성향을 보여왔고 그의 기숙사 방에선 독설과 불만으로 가득찬 어수선한 내용의 글이 발견됐다고 한다. 또 그가 우울증 약을 복용한 전력이 있는 것으로 보고 있다. 주변에 평소 친구나 잘 아는 사람들이 많지 않았고, 이 대학의 한국 학생들도 이구동성으로 "그는 한국 학생들의 모임에 거의 나오지 않았다. 그가 누구인지 잘 모른다"고 말해 상당히 고립된 생활을 해왔음을 시사했다. 그리고 최근 기숙사 방에 불을 지르고 일부 여성들을 스토킹하는 등 비정상적인 행동과 폭력성을 보였다고 전해지고 있다. 그의 기숙사 방에서는 캠퍼스의 '부잣집 아이들', '방탕', '기만적인 허풍쟁이들'을 강하게 비난하는 어지러운 문장이 적힌 노트가 발견됐다. 또한 그는 총격을 가하는 동안에도 아주 조용했고 한차례 총격을 가한 뒤 얼마 후 뒤돌아와 다시 총을 난사하는 등 "아주 치밀한" 면모를 보였다.
한인 교포 사회	현재 미국에 사는 교민은 200만 명 정도로 추정된다. 유학생만 지난해 12월 기준으로 9만 3,728만 명을 기록, 세계 1위 규모다. 사건이 발생한 버지니아 공대에서 공부하고 있는 학생 중 한국 유학생과 교민 학생 숫자도 1,000명을  웃도는 것을 알려졌다. 이번 일이 교민사회에 미칠 파장을 우려하는 한편 자칫 미국 내에서 반한 감정을 일으켜 인종 간 갈등상황으로 번지는 상황으로 전개되지 않도록 하는데 총력을 기울이는 모습이다. 총기난사 사건이 발생할 때만 해도 한국인 희생자가 경상자 1명에 그쳤다는 소식에 다소 안도하는 한편 권태면 주 워싱턴 총영사를 반장으로 하는 긴급대책반을 구성하고 현지에 직원을 파견해 정확한 한인 피해 상황을 파악하는 데 주력했다.

<table>
<tr><td>한인 교포 사회</td><td>

그러나 범인이 아시아계라는 소식이 전해지면서 설마했던 분위기는 오후 4시께 미국 국토안보부가 범인이 한국계 영주권자인 것으로 믿고 있다는 정보와 함께 구체적 신원을 알려오면서 말 그대로 충격으로 돌변했다. 현지 한인회와 학생회는 처음 사건 소식을 접하자 한국인 학생 사상자 파악에 동

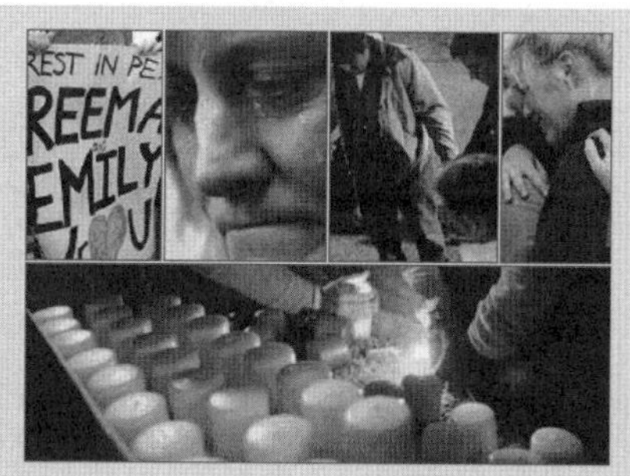

분서주했다. 그러나 사건 발생 24시간 지난 뒤 용의자가 한국인으로 확인되면서 앞으로 몰아칠 후폭풍에 걱정하는 분위기로 전격적으로 바뀌었다. 버지니아 공대 한인 학생회 이승우 회장은 "한국 학생들 모두 난리가 났다"며 "모두들 떨고 있다"고 말했다. 그는 "학교에서 일주일 휴교령을 내렸는데 아예 한국으로 돌아가야 하는 것 아닌가라는 얘기까지 나온다"며 "한인 학생 모두 충격에 빠진 상태"라고 밝혔다.

</td></tr>
<tr><td>한국 사회</td><td>

사건직후 아시아계로만 믿고 있던 용의자가 한국계로 밝혀지면서 한국이민사회와 한국정부를 비롯해 한국 내 국민들까지 큰 혼란에 빠지게 되었다. 앞으로 발생할 차별과 피해 등 보복행위를 받지 않을까하는 두려움이 급속히 퍼져갔다. 한국 측은 미국 학교 측에 사과성명 편지를 보내면서 정중히 사과를 하였다. 이 일로 인해 미국 내 분위기는 오히려 한국의 잘못이 아니다, 이건 범죄자의 개인의 문제다라는 인식이 강해졌다.

</td></tr>
<tr><td>미국 사회</td><td>

혼란스런 상황 속에서 사건을 조기에 마무리 지으며 한국 측의 걱정을 조금은 덜어주는 역할을 했다. 물론 미국 측의 사건이후 빠른 조치는 본받을만하다. 미국은 이 사건을 한국사회의 문제로 확대시키지 않았고 범죄자 조승희 개인의 정신적 문제로 돌렸다. 이로 인해 한국 이민 사회는 물론 한국 내에서도 조금의 안정은 엿볼 수 있었다.

</td></tr>
</table>

미국 버지니아 블랙스버그에 있는 버지니아공대(버지니아텍)에서 최악의 총기난사 사건이 일어나 33명이 숨지고 또 다른 21명이 다치고 범인은 사살된 한명으로 보인다는 속보와 그 용의자가 아시아인이고 나중에는 범죄자가 한국인으로 판명된다. 그 후 벌어지는 한국이민사회와 한국내의 정부와 한국인들 사이의 동요, 미국 내의 피해자들과 가족들의 슬픔……
한국과 미국 내의 심한 갈등까지도 이어질 수 있는 혼란스러운 상황이었지만, 사건은 국가적인 문제에서 벗어나 개인적인 사회적 문제로 단락 지어진다. 범죄자 조승희의 개인적, 정신적 문제, 한인 1.5세대들이 겪는 혼란, 관심의 필요성을 좀 더 일으키는 사건이 되었다.

✔ 사건 속의 언어와 분석

조승희 말. 말. 말

- 나도 너희 같은 쾌락주의자중 한명이 되어서 만족한다. 너희 같은 부류에 들게 되어 만족한다. 너희가 나를 그냥 내버려 두었다면 이런 일은 생기지도 않았지.
- 너희들은 잘 될 수 있었어. 나도 잘 될 수 있었고. 내가 이런 짓을 할 때까지 너희들이 나한테 한 짓을 생각해 봐.
- 내 삶을 이렇게 파괴하니 행복한가? 나로부터 모든 걸 빼앗아가서? 오사마 빈 라덴의 9 · 11테러처럼 내 삶을 만들어 버렸어. 너희들은 김정일이 민중들에게 하듯 나에게 했고, 부시처럼 허머를 타고 내 삶을 사파리하듯 구경하겠지? 그러니 행복한가?
- 너희들이 해준 만큼 총알로 되갚아 주마
- 너희들은 기회가 있을 때 끝내고 싶지 않은가? 너희들은 나를 죽이길 바라지 않나?
- 너는 John Mark Karr처럼 우릴 강간하고 싶나? 너는 Debra LaFave처럼 우릴 강간하고 싶나?
- 혁명을 시작하자!
- 시간이 됐다. 거사는 오늘이다. 그럴 수밖에 없었다. 당신은 오늘과 같은 참사

를 피할 수 있는 천억 만 번의 기회가 있었다. 내게 피를 흘리게 하고 나를 궁지로 몰아넣었으며 결국 내가 이 선택밖에 할 수 없게 만들었다. 네게는 선택의 여지가 있었고 판단은 네가 했다. 이제 네 손에는 씻을 수 없는 피가 묻을 것이다. 너희는 나를 괴롭히면서 즐거워했다. 너희의 즐거움을 위해 나는 머리에 암덩어리가 있는 것처럼 아팠으며 심장은 갈갈이 찢어졌고 아직도 내 영혼을 갉아먹고 있다.

이렇게까지 할 필요는 없었다. 그냥 떠날 수도 있었다. 날아서 도망갈 걸 그랬다. 하지만 아니… 난 도망가지 않았다. 희생당한 나와 내 아이들과 내 형제 자매들을 위해서 나는 거사를 치를 것이다.

나쁜 십XX들! 너희는 내 마음에 대못을 박았다. 영혼을 파괴했고 의식을 불태웠다.

너희들이 제거하는 인물이 너희처럼 불쌍하고 하찮은 소년이었을 거라고 생각했겠지.

그런 너희들에게 고맙게도 나는 앞으로 오랫동안 약하고 힘없는 사람들에게 희망을 주고 예수님처럼 죽는다. 누가 얼굴에 침을 뱉는 것이 어떤 기분인지 알아? 목구멍으로 쓰레기를 넘기는 기분, 자기 무덤을 파는 기분이 어떤 기분인지 알아? 양쪽 귀까지 입을 찢기는 기분이 어떤지 알아?

산채로 불에 타 죽는 게 어떤 기분인지 알아? 모욕을 당하고 십자가에 못박히는 기분은 알아? 보는 사람의 재미를 위해 피를 쏟으며 죽는 기분이 어떤 것인지 알아?

단지 원한다고 가질 수 있는 게 너희는 얼마나 많았던지. 벤츠 자동차로도 부족했어? 이 새끼들아! 금목걸이가 부족했냐? 이 속물들아!

보드카와 꼬냑으로도 부족했냐? 넌 모든 걸 가지고 있었어.

분석

조승희는 평소 외톨이로 지냈다. 이를 자신의 성격 탓이라기보다는 누군가 조직적 집단적으로 자신을 괴롭히고 있다 생각하면서 조승희는 '부자' 또는 사회가 자신을 괴롭히는 집단이라고 생각해 범죄를 저질렀을 것"이라고 말했다. 망상이나 정신분열증 환자들은 누군가 자신을 해코지한다는 피해의식에서 몇 명만을 방어 차원에서 공격하는 성향을 띠지만 조승희는 대량 학살을 자행했다. 이 때문에 조승희가 단순한 정신질환자가 아니라 복합적인 성격장애를 가진 범죄자라로 볼 수도 있다. 조승희가 회피성 인격 장애와 편집형 성격장애를 함께 가졌을 가능성에 주목해봤다. 자존감이 낮아 남에게 거부당하면 극히 예민한 반응을 보이는 장애이며, 후자는 남을 의심하고 자신의 약점을 타인의 허물로 돌리려는 장애다.

조승희가 순교자적인 상황을 가장한 것은 죄책감을 피하려는 의도인 것처럼 보인다. 살인의 원인이 소외감과 억울함을 준 남에게 있다고 주장하는 것은 자기 합리화를 통해 죄책감을 희석하려는 의도이기 때문이다. 이처럼 조승희의 뚜렷하게 보이는 잘못된 커뮤니케이션은 큰 불행 또한 가져왔다. 특히 역기능적인 커뮤니케이션면이 강하게 나타났다. 먼저 자신의 잘못을 남에게 돌리고 찬성을 받으려는 그리고 내면적으로 외롭고 비성공적인 감정, 다른 사람과 가까워지고 싶은 욕구, 참을성이 없으며 자신을 강자같이 생각한다는 점은 역기능의 회유와 비난 요소에 속한다. 또한 조승희 씨는 내면적으로 약했었다고 보인다. 자신의 정서적 감정을 숨기고 홀로 외롭게 지냈던 거 같다. 조용하며 냉정하고 때론 침착하다. 다른 사람을 멀리했으며 자신의 감정을 부정하였다는 점에서 평가요소에 속한다. 마지막으로 낮은 자존감과 다른 사람과의 상호 관계에 대한 의미를 갖지 못하였다는 점은 주의산만 요소가지 포함한다. 이렇듯 조승희 씨는 사티어의 역기능적인 커뮤니케이터의 면모를 모두 만족시킨다. 그는 대인관계의 가장 기본적인 면을 배우지 못한 채 부정적 자아 커뮤니케이션을 하여 자신을 낮춘다. 또한 역기능 커뮤니케이션으로 자아 방어 기제를 삼고 외부세계에 대하여 심한 저항을 나타낸다.

좀더 크게 보면 조승희씨의 커뮤니케이션은 자아 커뮤니케이션의 문제, 집단커뮤니케이션에서의 적응 실패, 문화간 커뮤니케이션 윤리 커뮤니케이션 등 복합적인 커뮤니케이션을 동시에 행사했고 갖고 있다. 이 말은 정신적으로 많은 혼란과 고통을 갖고 있었다는 것을 생각하게끔 한다.

화해와 용서 의외로 차분한 미국
뉴스위크 "조승희 범행 한국 책임없어" 90%
미 신문 "한국이여 사과를 멈춰다오. 당신 잘못이 아니
야."
'필라델피아 인콰이어러' 사설로 한국인에 편지
한국에 보내는 편지─당신들의 사과에 담긴 가르침
"너를 미워하지 않는다"…조승희 애도 편지 잇따라
우리가족 '닮은 꼴'… 남일 같지 않아

분석

　조승희 사건이 마무리 되어가면서 사건은 이제 화해와 이해의 방향으로 흘러가고 있다. 한국인의 미국 측에 대한사과와 이에 따른 미국의 긍정적 반응 어찌 보면 한국의 한층 고개 숙인 자세가 미국 측에는 좋아보였을지 모른다. 이로 인해 한국과 미국의 순기능적인 커뮤니케이션이 통하였고 이런 면은 한국사회와 한인사회에도 긍정적 영향을 미칠 수 있었다. 그 후 조승희의 정신병적 문제보다도 그의 한인 1.5세대로서의 혼란과 외로움에 더 관심이 가게 되었고, 그를 위로하는 사람들 또한 많아지고 있다. 또한 사회문화적으로 이질적인 곳에서 발생하는 문화적 커뮤니케이션의 기능이 더욱 눈길을 끈다. 이제 좀 더 관심을 가져야 할 때가 아닐런지…….

✔ 종합 정리

　미국 역사상 최악의 총기 난사 사건으로 기록된 이번 사건에 대해 이러저러한 말들이 많다. 특히, 역차별에 대한 걱정이나 국가 이미지 등을 많이 걱정한다. 그러나 이러한 관점은 지극히 한국적이고 편협하다. 항상 자신의 가치 기준을 키우기 보다는 남들과 비교로 성장해 온 우리네 문화가 그대로 투영된 반응이다. 또는 지극히 개인적인 문제로 축소하여 성격이나 이민자의 부적응으로 설명하기도 한다. 심지어

는 십수 년 전 살았던 반지하방을 부각시키기도 한다. 한국 국적이기는 하지만 초등학교 시절부터 대학까지 미국 사회에서 성장하였다면 미국 시스템이 길러내었고 미국적 마인드를 내면화 했을 터인데 이에 대한 대안적 분석보다는 나에게 떨어질 불똥부터 걱정하는 방향의 소인배식 반응을 보면 한국은 갈 길이 한참 멀다는 생각이다. 미국에서는 대부분 인종의 문제가 아닌 총기 규제에 대한 부분으로 논쟁화되고 있다고 한다. 오로지 한국 사람들만 이미지 걱정을 한다. 이들은 죽은 이들과 그 가족들에 대한 애도의 마음보다는 한국인이라는 자신의 신분이 손해를 볼까봐 안달하는 모양이니 이기심이 극한에 달해 치졸해 보이기까지 하다. 이 총기 난사 사건에서 우리는 커뮤니케이션이 얼마나 중요한지를 알 수 있었다. 문화적, 윤리적, 집단적, 공공적 기타 등등 어떠한 요소만 긍정적이라고 해서 좋은 커뮤니케이션이라고 할 수는 없다. 사람은 복합적인 정신매체이기 때문에 모든 커뮤니케이션매체가 적절히 매치되어야 정말 완성된 인격체가 될 수 있다고 생각되어진다. 물론 모든 면에서 긍정적 커뮤니케이션을 만족할 순 없다. 다만 역기능적인 면과 부정적인 커뮤니케이션을 줄여 나가서 위험요소를 줄이는 게 좋은 대인관계와 커뮤니케이션의 하나의 대안이 될 수 있지 않을까 생각해본다.

✔ 선정 이유

가정은 개인의 정체성을 형성하는 곳이자 가장 기초적인 대인관계를 배우는 곳이다. 가족 구성원 간의 커뮤니케이션을 통해 사람들을 대하는 방법을 깨닫게 되고, 의견을 조율하는 방법을 익혀가는 곳이라 할 수 있다. 하지만 현대 가정은 이러한 기능을 잃어가고 있다. 가족 구성원간의 대화는 단절되어 가고 있으며, 각자의 방문을 닫고 지내기 일수이고, 가정 내에서의 사생활을 중요시하게 되었다. 이러한 현대 가정 내에서의 커뮤니케이션 단절과 그 문제점을 꼬집어 주는 작품으로 카프카의 『변신』이 떠올랐다. 변신에 나타나는 그레고르의 가족은 현재 우리들의 가족과 비슷한 모습을 보이고 있었으며, 그들 가족 간의 관계에서 현대 가정의 문제점을 발견할 수 있었기 때문이다. 이러한 카프카의 『변신』은 우리에게 시사해주는 바가 많다고 생각한다. 그러므로 이 작품을 통해 현대 가족의 커뮤니케이션이 단절된 모습과 문제점을 살펴보고자 한다.

🗨 인물 분석

그레고르	그레고르의 모습은 마치 현대(現代)의 외로운 아버지 군상(群像)을 대변해 주는 것 같다. 그는 가족을 위해 혼자 생계 유지비를 벌다가 갑충으로 변해 자기 존재의 의의를 잃게 된다. 이는 그레고르가 갑충으로 변한 뒤 가족회의에 참여하지 못하는 모습, 갑충으로 변한 그를 내다 버리자고 누이동생이 말하는 장면, 아버지가 던진 사과로 인해 부상당한 곳이 썩어 들어가며 기동력을 잃어가지만 가족 어느 누구도 그를 가족의 일원으로 생각하지 않고 보살피지 않는 모습에서 살펴볼 수 있다.
가족들	그레고르가 집안 생계를 책임지는 것에 처음에는 가족들이 감사해하나 후엔 타성이 생겨 고마운 마음이 사라지게 되는데 이는 마치 현대 아버지가 가족을 위해 일을 하고 쉬지 않는 것이 당연하다고 쉽게 생각하는 우리들의 모습과 닮아있다. 또한 생계를 책임지는 가장과 대화를 자주 하지 않는 가족들의 모습마저도 우리들의 모습과 닮아있다.

아버지

기능적·물질적인 면에 중점을 두어 가족 구성원을 판단하고 가족관계를 형성해간다. 특히 기능적인 면을 강조하는 인물인 그레고르의 아버지는 일하러 갈 때 입는 제복을 집에서도 입으며 때로는 그 옷을 일부러 갖추어 입고 잠들기까지 한다. 이는 제복으로 자신의 위치와 기능을 드러내고 싶어 하는 그의 성격을 대변해주는 것이 아닐까 생각된다. 이렇게 외적으로 드러나 보이는 면을 중시하는 그레고르의 아버지는 아들의 가족 생계 부양 능력이 사라지자 그를 가족 구성원으로 생각하지 않는다. 이렇듯 물질적인 것에 큰 비중을 둔 그의 가족관은 그레고르의 죽음을 불러오는 가장 큰 계기로 작용한다.

그레테(그레고르의 누이동생)

가정에 필요한 것을 충족시켜주지 못하며 되려 피해만 된다고 여겨지는 구성원은 버릴 수 있다고 쉽게 생각하는 인물이다. 이는 그녀가 곤충으로 변한 자신의 오빠를 아무짝에도 쓸모없으니 내다버리자고 말하는 장면에서 찾아볼 수 있다.

"저는 이 괴물의 앞에서 제 오빠의 이름을 부르지 않겠어요. 그래서 그저 말하는 건대요, 우리는 그것을 제거하려고 애써야 해요. 우리는 그것을 양육하고 감내하기 위하여 인간적으로 가능한 것을 다했고, 어느 누구도 우리에게 조금도 비난을 못할 거라고 믿어요."

위와 같이 그녀는 오빠의 변신에 냉혹하게 돌아서는 모습을 보이는 데, 이는 그레고르의 외적 변신에 따른 가족 구성원의 '변심'이라고 볼 수 있겠다.

어머니

자신은 없고 가족은 있는, 즉 '나'는 없으나 '너'는 있는 전형적 어머니의 모습을 보인다. 개인으로서의 정체성 및 주체성이 없어 가족구성원의 의견에 쉽게 따라가는 모습을 보인다.

가족들

어느 날 아침, 잠에서 깬 그레고르는 흉측한 벌레로 변한 자신의 모습을 발견하게 된다. 5년 전 아버지가 파산한 이후 집안의 생계를 부양하는 그는 변한 자신의 모습에 크게 놀라고 갑작스레 변한 탓에 몸을 쉽게 가누지 못한다. 항상 문을 잠그고 자던 그레고르가 평소와 달리 출근 시간이 지나도 방에서 나오지 않자 가족들은 문을 두드리고, 회사의 지배인은 그레고르가 왜 출근하지 않는지 알아보러 찾아온다. 그는 그레고르가 수상쩍은 행동을 하고 있다고 의심하고 불쾌감을 느껴 해고하겠다고 위협한다. 그레고르는 안으로 잠긴 문을 통해 자신의 처지를 호소하려 하지만 그의 말을 아무도 알아듣지 못한다. 얼마 후 갖은 노력 끝에 문을 열고 나간 그레고르의 모습에 지배인은 기겁해 도망치고, 부모는 큰 충격을 받고 당황한다. 그레고르는 아버지의 위협에 다시 방에 갇히게 되고, 그의 방은 점차 가족들이 밀어 넣는 잡동사니 탓에 창고처럼 되어 간다. 어둡고 좁아진 방에 머무는 시간이 길어진 그레고르는 점차 어둡고 숨을 수 있는 공간을 좋아하게 된다.

하루는 바이올린을 켜는 동생의 음악 소리에 이끌려 거실로 내려온 그는 아버지가 던진 사과로 상처 입게 되고, 상처부위는 사과가 박힌 채 썩어들어 가게 된다. 그레고르의 변한 모습에 충격을 받은 누이동생 그레테는 곤충으로 변한 그를 더 이상 자신의 오빠로 보지 않고, 그가 아무짝에도 쓸모없으니 그를 없애자고 부모를 설득한다. 그를 없앨 방법을 찾기 위해 가족들이 회의를 하는 동안 그레고르는 점차 깊어진 상처에 시름시름 앓게 되고, 결국 방안에서 홀로 죽음을 맞는다. 가족은 후(後)에 그의 죽음을 알고 그의 시체를 치운 뒤, 한결 가벼워진 발걸음과 행복한 마음으로 가족 나들이를 떠난다.

✔ 작품 속의 커뮤니케이션과 대인관계 분석

❶ 가족 간의 대화 단절

그레고르의 가정은 구성원 간의 대화가 단절되는 모습이 보인다. 이는 그레고르가 문을 잠그고 자는 장면, 그가 갑충으로 변한 뒤 집에 머무는 시간이 길어지면서 가족의 대화를 몰래 라도 들으려 노력하나 나머지 가족 구성원들은 그러지 아니한 것에서 알 수 있다. 이러한 그레고르 가족의 대화 단절은 현대 가정과 비슷한 모습을 보인다.

현대 가정은 가정 내에서도 개인의 권리나 사생활의 자유를 중요시 한다. 이 과제를 하고 있는 나 또한 'TV 소리가 시끄럽다', '공부 한다' 등의 이유로 방문을 달고 지내는 경우가 많다. 이런 모습은 주변의 친구들 및 선·후배들에게서도 드러난다. 자녀들이 이렇게 방문을 닫고 지내는 것이 익숙해지신 부모님은 자녀의 방문을 자주 열어보시지 못한다. '문'이라는 물체의 간격으로 가정 내의 대화는 줄어들었고, 그로 인해 가족 구성원 간의 심적 거리감이 늘어 '가족유대감'이 줄어들게 되었다. 또한 가족 구성원 사이의 사소한 갈등이 풀어지지 못해 마음속에 쌓여져 후에 큰 다툼으로 발전 될 여지가 생기게 되었다. 그렇기 때문에 현대에 비윤리적인 가정 내 범죄가 많이 발생하는 지도 모르겠다. 이러한 가족 간의 대화 단절로 그레고르 또한 '집안 생계유지'하는 것 외의 자기 주체성을 갖지 못한다. 충분한 대화가 부족해 가족 구성원간의 유대감을 형성하지 못하고, 곤충으로 변해 자기 존재의 의미를 잃게 되면서 가족으로부터 철저히 외면당하게 된다.

❷ 기능적·물질적인 면에 중점을 두어 가족 구성원을 판단하는 가족 관계

그레고르의 가족들은 그레고르의 집안 생계 부양능력이 사라지자 더 이상 그를 가족 구성원으로 생각하지 않는다. 이는 그가 갑충으로 변한 뒤 가족회의에 참석하지 못하고 창고 같은 방에 갇혀 지내는 점, 가족 구성원들의 필요를 충족시켜 주지 못한다는 이유를 그를 버리자고 동생이 말하는 장면에서 발견할 수 있다.

이렇듯 기능적이고 물질적인 면에 중점을 두고 가족 구성원을 판단하며, 그 판단의 결과로 가족관계가 조율되는 모습이 보인다. 이러한 모습은 물질적인 것에 큰 비중을 둔 현대 가족들의 관념과 크게 다르지 않다. 일전에도 부모가 카드 빚을 갚아주지 않자 그 이유로 어머니와 할머니를 살해한 아들이 체포된 사건이 있었으며, 꽤 부유하게 사는 성형외과 의사가 자신의 부모가 도움이 되지 않는다는 이유로 집에서 부모를 내쫓은 일도 있었다. 가정 내의 이런 비윤리적인 사건들이 터져 나오고 있는 것이 우리의 현실이다. 이러한 현대 가정의 모습은 결코 그레고르의 가족과 다르지 않음을 알 수 있다.

✔ 예방책 및 해결책

❶ 가족 간의 대화 활성화

그레고르 가정은 가족 간 대화가 단절된 모습이 나타난다. 이는 그레고르가 문을 잠그고 잔다는 작품의 초반부에서부터 대번에 알아 볼 수 있다. 문을 잠그는 것은 자신의 자유 및 사생활을 보장 받겠다는 그의 심리에서 발생한 행동으로 볼 수 있는 데, 이것은 결국 그와 가족 구성원간의 대화를 단절시키는 데에 중요한 영향을 끼쳤을 것이다. 그러한 그레고르가 문을 열고 생활했다면 가족 간의 교류는 더 많아지고, 유대감도 높아지지 않았을까 싶다. 또한 그렇게 되었다면 그가 최소한 '돈 버는 기계'의 존재로서만 인식되지 않았을 것이라 생각된다. 이러한 그레고르가 갑충으로 변한 뒤, 언어적 의사소통의 정도는 더욱 심해진다. 그의 변한 모습에 비언어적 의사소통 또한 줄어들고, 결국 가족의 관심과 사랑이 단절되어져 그레고르는 죽음을 맞는다. 이렇듯 가정에 대화가 부재해 비극을 맞는 그레고르의 죽음 및 가족들의 모습을 통해 우리는 가정 내에서의 의사소통이 얼마나 중요한지를 알 수 있다.

❷ 물질적인 것에 비중을 둔 가족관 탈피

그의 가족이 물질적인 것보다는 정신적 교류 부분에 초점을 맞추고 있었다면, 그레고르의 동생 그레테는 결코 그를 버리자고 주장하지 않았을 것이다. 그러므로 기능·물질적 측면보다 정신적 교류를 통해 얻는 '안정'이라는 부분에 중심을 둔 가족관을 가질 수 있도록 해야 한다. 그렇게 되었다면 가족들은 갑충으로 변해, 언어적 커뮤니케이션이 되지 않는 그레고르와 정신적·비언어적 의사소통을 하려 노력하였을 것이다. 단순히 기능적·물질적인 면에 치우쳐 그를 괄시하지 않고 죽음으로까지 내모는 비극이 발생하지 않았을 것이라 생각된다.

❸ '가장'이란 이름에 너무 많은 책임을 맡기는 가족관계 개선

그레고르가 부담했던 '가장'의 책임 및 역할을 진작에 가족들이 조금씩 분담했다면 모두가 변신한 그레고르의 심정을 좀 더 잘 이해하고, 그를 더욱 잘 끌어안을 수 있었을 것이다. 그러므로 각 구성원 간의 역할을 조금씩 나누고 공유하는 체제가 만들어지는 것이 옳지 않을까 싶다.

지금까지 카프카의 『변신』을 통해 그레고르 가족의 커뮤니케이션 및 대인관계의 문제점을 발견할 수 있었다. 이러한 그레고르의 가정은 현대 가정의 모습과 크게 다를 바 없었다. 그레고르의 모습을 통해 현(現) 아버지 및 우리 가정의 모습을 다시 한 번 되짚을 수 있었으며, 그 내부에 자리 잡은 가장 큰 문제점인 커뮤니케이션 부재 및 왜곡된 가족관을 살펴볼 수 있었다. 이러한 문제를 해결하기 위해 가족 내 대화가 활성화되어야 할 것이다. 이러한 점을 『변신』은 시사해 주고 있다. 또한 가정 내(內) 외롭고 소외된 군상이 만들어지지 않기 위해서 우리 각자가 어떠한 노력을 기울여야 하는지를 암시해 주고 있다.

송혜교의 안방 컴백으로 화제가 되었지만, 평균 시청률 6% 가량으로 다소 실망스런 모습을 보였던 그들이 사는 세상. 하지만 시청률과 완성도가 비례하지는 않는법. 개인적으로도 '재미'의 측면에서는 다소 덜했지만 보는 내내 많은 것을 느끼게해 주었고, 보고 나서도 많은 생각을 하게끔 만들었던 드라마 〈그들이 사는 세상〉에서의 대인관계를 분석해 본다.

✔ 작품 소개 및 선정 이유

우리나라에서는 아직 낯선 전문직 현장 드라마라는 장르를 개척하려는 기획목적을 표방하는 이 드라마의 배경은 TV 방송국의 드라마국이다. 지금까지의 드라마는 가족과 연인 사이의 갈등만을 강조해왔지만 실제 현대인들이 가장 많은 시간을 할애하는 장소는 업무 현장이다. 이 현장에서의 관계가 단절된다면 인생의 절반은 실패한 것이 아닌가 싶을 정도로 중요한 환경이 아닐 수 없다. 그들이 사는 세상은 가장 많은 시간 몸을 부대끼고 사는 동료와의 우정에 중심을 두고 그 속에서 다양한 사람들과의 커뮤니케이션을 그린 드라마이다.

우리의 삶과 가장 근접한 커뮤니케이션 형태와 갈등구조를 보여주고, 앞을 예측하기 힘든 스토리 전개를 보여주고 있어서 작품 전반에 걸쳐 상당한 리얼리티를 보여주고 있다.

일하는 현장에서의 사건을 그리는 현장드라마이지만, 일 외에도 가족, 친구, 애인 등 일상에서 일어날 수 있는 다양한 커뮤니케이션 상대들과의 갈등과 그 해소를 보여준다. 지금까지의 표피적인 방식에 멜로만을 섞어놓은 방송국 드라마가 아닌 드라마 만드는 전 과정을 보여줌으로써 풍성하고 색다른 볼거릴 제공하고, 스크린이나 TV 속에서만 볼 수 있는 관계가 아닌 우리네 사는 일상에서 많이 보고 겪었으며, 앞으로 일어날 수 있는 보다 실감나는 세계를 그려낸 드라마라는 것이 내가 이 작품을 선정하게 된 이유이다.

 캐릭터 분석

정 지 오

인간미 넘치는 드라마감독

몇 개의 작품을 했지만 작품으로나 시청률로나 손색없다는 평가를 받고 있는 감독. 예리하고 정의롭고 인간미 넘치고 따뜻하고 열정적이다. 후배들의 선망의 대상이기도 하다. 영화가 좋아 영화감독이 되었지만, 매달 나오는 월급이 필요한 상황. 높은 연봉의 외부 연출로도 나가고 싶지만, 인간을 표현하는 드라마를 단순한 생계수단으로 사용하는 것 같아 나가지 않았다. 인간을 표현하는 드라마를 연출하는 데에 자부심을 느끼고 있다.

주 준 영

방송가에 주목받는 새내기 감독

말은 직설적이고, 일은 열정적으로, 동료와는 유쾌하게, 사랑에는 걸림없는, 당차고 시원시원한 성격이다. 그런 그녀도 때론 소심하고 상처받고 아파한다는 걸 아는 사람은 몇 없다. 그녀는 남성천국 드라마국에서 안쓰럽고 대단하다는 말을 듣는 것 보다 다만 그들에게 당당한 동료, 무서운 경쟁자로 인식되고 싶을 뿐, 더 이상의 평가는 모두 오바라고 생각한다.

손 규 호

시청률에 목숨 거는 감독

이기적이며, 시청률을 위해선 수단과 방법을 가리지 않는 인물로 속물중의 속물이다. 현재 방송 3사 시청률로 가장 잘나간다. 도도하고 냉정하고, 바람기 많아 동료들로부터는 왕따 수준. 지오와는 드라마 가치관에 있어서 극단적 대립관계에 놓여있어 동료들은 마치 지오를 선, 그를 악으로 규정짓고 있는 듯하다. 본인은 누구보다 솔직할 뿐이라고 생각하기에 그는 이를 웃기는 일이라 생각한다.

윤 영

제2의 전성기 맞은 이혼녀 배우

감독과 스태프, 후배 배우들 사이에서 마귀할멈이라고 불린다. 젊어서는 영화와 드라마에서 여우주연을 몽땅 휩쓸며 독식했고, 몇 번의 화려한 이혼경력 끝에 다시 혼자가 되어 배우 활동을 시작, 제2의 전성기를 누리고 있다.

"연인 사이에서 선후배 관계로 6년…"

대학 영화동아리에서 만난 예비역 지오(현빈 분)는 준영(송혜교 분)에게 처음부터 우상이었다. 그러나 그에겐 이미 연희가 있었기 때문에, 준영은 설레는 마음을 접는다. 그러다 1년 후 정말 거짓말처럼 작은 소도시에서 준영은 지오와 우연히 만난다. 그렇게 동행이 된 여행지에서 준영은 지오에게 "밑져야 본전이다"며 프러포즈하고 곧 연인관계로 발전한다. 하지만, 두 사람의 관계는 1년을 못 가 깨지고, 방송국 드라마국에서 2년 반 만에 다시 만나, 동료로 선후배로 그렇게 6년을 지낸다.

준영은 지오에게 가진 오래된 미련을 버리고, 준기(이준혁 분)를 만나고 다시 지오가 이미 유부녀가 된 연희를 만나게 되면서, 두 사람의 관계는 동료 이상도 이하도 아니게 된다. 하지만 준기는 일 때문에 곁에 있어주지 못한다는 이유로 준영에게 이별을 선언하고, 남편의 아이를 가졌다는 이유로 연희와 지오도 이별을 하게 된다.

그날 밤 지오는 준영을 찾아간다. 준영은 여느 때처럼 "내가 선배 만날 때 뭘 잘못했어?"라고 묻는다. 이에 지오는 "가난한 우리 집을 별로라고 생각하는 널 보면서, 정이 뚝 떨어졌어"라고 단호하게 답한다. 두 사람은 한동안 솔직한 마음을 주고받고 지오는 뭐든지 담백하게 말하는 준영에게 끌리기 시작한다.

✔ 커뮤니케이션 분석

❶ 여자들의 SD(Self-Disclosure)

"근데, 이런 얘기 왜 해야 돼요?"
"그게 친한 관계를 만들어주니까 하지."

준영은 고집스런 성격탓에 주변에 마음을 터놓고 지내는 동성친구가 없다. 때문에 친해지기 위해서 SD를 하는 것을 이해하지 못하지만 우연히 동료들과 술을 마시면서 SD를 하게 되고 더욱 친밀해지는 것을 경험한다. 하지만 한편으로는 왜 누군가와 더욱 친해지기 위해서는 서로 간에 비밀을 공유해야 하는지 의문을 갖기도 한다.

SD를 하면서 친해지는 준영과 동료들

다른 이와 친해지기 위해서 꼭 SD를 해야 하는 것도 아니고, SD가 가진 위험성도 있지만, 서로간의 비밀을 털어 놓는 것은 누군가와 빠르게 친해지는 좋은 방법임에는 틀림이 없다. 친하다는 것은 그만큼 서로에 대해서 많이 아는 것을 의미하므로 SD는 커뮤니케이션에서 매우 중요한 부분을 차지한다고 볼 수 있다.

❷ 동료 간의 예의

"말 한마디야!"

아직 새내기 감독인 준영은 해외로 나가서 촬영을 하던 도중 더욱 날씨에 반복되는 재촬영으로 촬영감독과 마찰을 빚게 된다. 무엇이 문제인지는 모른 채 스태프들 앞에서 망신을 당했다는 생각에 준영은 촬영감독에게 따지지만, 더운 날씨에 계속되는 재촬영을 하는 동안 말 한번 곱게 해보았냐는 촬영감독의 말에 할 말을 잃는다. 촬영감독은 물론이고 스태프들 하나하나가 모두 프로이며, 감독뿐만 아니라 모두가 자기 이름을 걸고 일한다는 촬영감독의 말을 듣고, 준영은 스태프들을 대하는 태도를 바꿔가면서 직장동료 이상의 인간적인 유대감을 느끼게 된다.

'아' 다르고 '어' 다르다는 말처럼 같은 말이라도 어조나 단어선택에 따라 그 의미가 달라지기 마련이다. 주위사람들과 친밀한 관계를 유지하려면 이러한 배려는 어찌 보면 당연한 것이 아닐까?

❸ 유아독존

"저 여기 아니어도 갈 데 많습니다."
"갈아 마셔, 그럼!"

선배에게 대드는 규호

시청률을 위해서라면 수단과 방법을 가리지 않는 드라마감독 손규호의 커뮤니케이션으로서 부정적 커뮤니케이션의 좋은 예이다. 손규호는 자신이 제작하고 있는 드라마의 촬영이 일정대로 진행되지 않아 방영일자를 맞출 수 없게 되자 촬영분량을 정지오와 분담하려고 하고, 이를 거부할 시에는 타 방송사로 옮기겠다고 국장을 협박한다. 또 과거에 자신 때문에 피해를 본 선배에게 오히려 큰소리치며 대들기도 한다. 이러한 규호의 모습은 자기중심적이며, 결코 남을 배려하지 않는 부정적인 커뮤니케이터의 전형적인 모습이다.

자신의 잘못으로 벌어진 일임에도 불구하고, 스스로 책임을 지지 않고 남의 손을 빌려서 이득을 챙기려는 매우 비열한 모습을 엿볼 수 있다. 이러한 모습은 정도의 차이는 있겠지만 실제 일하는 현장에서 심심찮게 찾아볼 수 있는 인물상이며, 이러한 이들과의 적절한 커뮤니케이션 방법을 찾는 것이 필요하다.

❸ 부모님과의 불화

"그냥 제가 드리는 돈 가지고 아버지가 좋아하는 노인정에서 화투 치시랬잖아요."

지오의 부모님은 시골에서 소 키우는 일을 하며 사는데, 지오는 정이 많고 온순한 성격의 어머니와는 잘 지내지만, 가부장적인 사고방식을 가진 아버지와는 사이가 좋지 않다. 오랜만에 집에 내려간 지오는 여전히 권위적이고 자식에게 많은 것을 바라는 아버지와 말다툼을 벌이며 언성을 높이고 만다. 또 그런 아버지에게 항상 핀잔만 들으면서도 여전히 아버지를 위하는 어머니를 지오는 이해하지 못한다.

여기서 지오는 아버지에게 언성을 높여서 대드는 부정적인 커뮤니케이터의 모습을 보여 준다. 항상 부모님과 사이가 좋을 수는 없겠지만, 오랜만에 만나는 아버지에게 자신의 성질대로 심한 말을 해버리는 지오의 모습은 관계를 더욱 악화시킬 뿐이다. 핏줄로 이어진 가족간의 커뮤니케이션에서는 상대를 더욱 배려하고, 상호 간에 이해하려는 자세가 필요할 것이다.

말다툼을 벌이는 지오와 아버지

❹ 엄마의 일상

"어느 날 문득, 엄마가 빈집에서 하루 종일 대체 뭘 할까… 싶드라구."

어릴 적부터 준영은 다른 남자랑 놀아나고, 친구들과 도박을 일삼는 어머니와의 관계가 좋지 않았다. 그런 어머니를 창피하게 여기고 어머니에게서 벗어나려고 애써온 준영이지만 지오의 충고를 듣고 어머니와의 관계를 개선해보고자 윤영에게 조언을 구한다. 윤영은 자신도 어릴 적에는 어머니와 사이가 좋지 않았지만 어느 날 문득 '엄마가 빈집에서 하루종일 대체 뭘 할까' 하는 생각이 들어서 생각을 해 보았더니 좀 나아졌다는 이야기를 해준다.

어머니를 생각하는 준영

상대방을 이해하는 가장 좋은 방법은 상대방의 입장이 되어보는 것이고, 이는 가족간에도 마찬가지이다. 사치스럽고 도박을 즐기며 문란하게 생활을 하는 어머니를 부끄럽게 여기지만, 하루종일 혼자서 시간을 보내는 어머니를 생각해 보며 준영은 어머니를 조금씩 이해하게 된다.

❺ 자신의 내면

"어른이 된 나는 그때처럼 어리석게 표나는 배신을 하지 않는다.
배신의 기술이 더욱 교묘해진 것이다."

못 이기는 척 끌려나오는 지오

예리하고 정의롭고 인간미 넘치고 따뜻하고 열정적이라는 평을 들으며 후배들에게는 선망의 대상이자 선배나 동기들에게는 좋은 동료인 지오이지만 그 내면에는 아무도 눈치 채지 못한 비겁함이 숨어있다.

어린시절 친구들과 함께 싸움을 벌이고도 우등생이라는 이유로 혼자서 처벌을 피하는데 부당하다는 것을 알면서도 모르는 척 이를 받아들였고, 성인이 되어서 사귀던 연희와 사이가 안 좋아지자 안 그런 척 하면서 준영을 충동질하는 등 비겁함을 보인다. 그리고 다 알면서도 그런 행동을 하는 자신에게 실망감을 느낀다.

누구나 자기만 아는 자기만의 부끄러운 부분이나 기억이 있기 마련이다. 하지만 대부분 자기 합리화라는 방법으로 스스로 꼭꼭 묻어둔 채 꺼내보려 하질 않기 일쑤다. 자기자신에 대한 완전한 이해를 가지고 반성하고 성장해 나가려면 이러한 부끄러운 부분일지라도 자신의 일부로 인정해야하지 않을까.

❻ 캐스팅

"감독이 죽어도 하기 싫다는데 그 배우를 왜해?! 내가 뒷돈받은 것도 아니고."

드라마 작가 서우에게서 새 드라마의 각본을 받은 준영은 매우 만족하지만 감독의 권한인 배우 캐스팅에까지 관여하려는 것은 부당하다고 여긴다. 하지만 자신의 말을 무시하는 준영에게 불만을 느낀 서우는 국장에게 각본을 다른 방송사에 넘긴다고 협박하고 국장은 준영에게 서우의 말대로 하라고 명령한다. 준영은 서우가 비열하다고 생각하면서 따지게 되고 가벼운 말다툼까지 하게 되지만 그러면서 서로의 속내를 알게 되고 둘은 좋은 동료가 된다.

✔ 종합정리

앞서서 말한 것처럼 그들이 사는 세상의 상황들과 커뮤니케이션 방식들은 우리의 현실과 유사한 부분이 많다. 동료들과 일 때문에 싸우고 화해하기를 반복하며, 부모님과도 다투고 이해하기를 반복하고 그러면서 서로 간에 더욱 두터운 정이 쌓여가기 마련이다. 싸우면서도 친해지고 서로 웃으면서도 속으로는 상대를 멀리하듯이 우리의 커뮤니케이션 방식은 어떤 단순한 말로 정의내릴 수 없는 것이다.

하지만 그러면서도 변하지 않는 한 가지는 진솔한 마음이 아닌가 싶다. 서로 오해하고 싸우더라도 진실되고 솔직한 마음은 통하기 마련인 것이다. 오히려 경계해야 할 것은 겉으론 웃는 얼굴을 하면서도 내 속마음은 거짓되지 않았는가 하는 점이다. 잠시잠깐 넘어가는 눈속임과 같은 방법은 서로 간에 진정한 관계를 쌓는 데 걸림돌이 된다. 상대를 대할 때는 언제나 진심으로 대하는 마음가짐을 가져야 원만한 대인관계를 쌓을 수 있을 것이다.

✔ 선정 이유

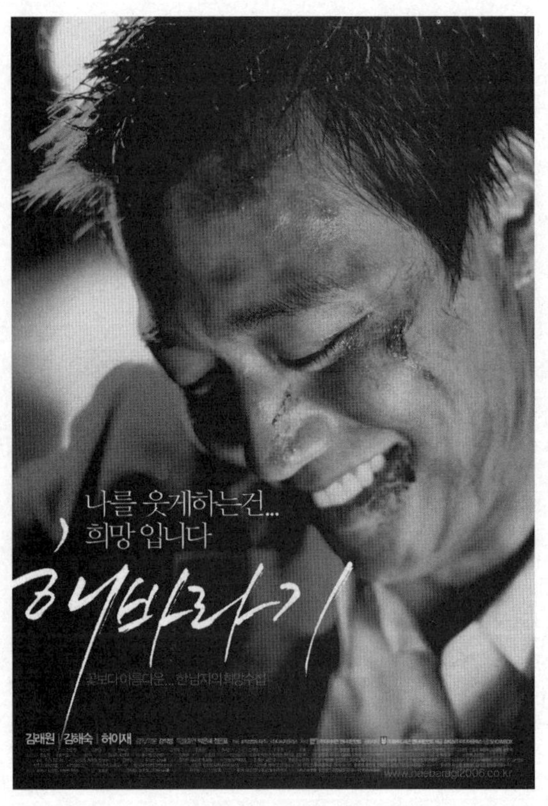

중간과제를 시작하기 전 수많은 영화, 연극, 드라마를 생각해 보았다. 결국 우리나라 영화 중 2006년에 개봉한 '김래원, 김해숙, 허이재' 주연의 영화 〈해바라기〉를 선택하게 되었다.

우선 우리나라의 정서와 맞아야 정확히 커뮤니케이션 분석이 가능하다고 생각되어 우리나라 영화로 선정하게 되었다. 이 영화는 조직의 패권 다툼과 권력에 대한 욕망으로 인해 한 가족의 비극을 다룬 영화로 느와르적인 액션과 가족의 애틋함을 그려낸 영화이다.

이 영화는 내 가정을 지키고자하는 빈곤층과 그것마저 탐하려는 부패한 권력자를 배경으로 하며, 그 권력을 위협할 수 있는 인물을 등장시키며, 권력과 불법적인 무력을 이용한 영화이다. 이렇게 영화 〈해바라기〉는 우리 사회가 가지고 있는 부익부 빈익빈 갈등이 나타난 영화이다. 실제로 우리사회에서 빈민가의 재개발, 그리고 재개발로 인한 투기 등으로 사회적인 문제가 되고 있다. 따라서 이것에 대한 분석과 이해를 통해 문제점을 극복해보고자 한다.

이 영화에서는 위에서 제기한 갈등 이외에도 여러 가지 갈등으로 이야기가 전개되어 간다. 어쩌면 이 영화에서 다루고 있는 내용은 우리가 생각하는 일반적인 상식과는 약간의 거리가 있는 내용이며, 다른 결말, 다른 결과를 가져온다. 그렇지만 우리가 살아가면서 주위의 사람들이 충분히 겪을 수 있고, 특별한 경우 이와 비슷한 일들이 일어나고 있다. 따라서 이 이야기에서 벌어지는 사건과 갈등이 어떠한 커뮤니케이션의 문제로 발생하였고, 그 문제의 분석과 해결책 모색을 통해 영화에서 일어나는 극단적인 상황에 충분히 대처할 수 있을 것이다.

결과적으로 영화 <해바라기>의 상황마다의 언어적인 커뮤니케이션과 전체적인 커뮤니케이션, 각각의 캐릭터의 대인관계 등의 문제점을 분석하고, 이를 해결해 보고자 이 영화를 선정하였다.

 **캐릭터 분석**

오태식 역(김래원)

양덕자 역(김해숙)

영화 <해바라기>의 주연 중 가장 비중 있는 역할인 오태식(김래원)은 고등학교 시절부터 경남 장유지역의 건달 중 최고의 자리에서 군림하였다. 태식은 굉장히 다혈질적이며, 잔혹한 모습을 보이는 성격을 가지고 있다. 그 시절 패권다툼으로 싸움이 벌어졌고, 그 싸움에서 태식은 살인을 하게 된다. 살인 당한 사람은 같은 지역 동갑내기 권력자였던 덕자의 아들이다. 살인죄로 10년간 옥살이를 살다나온 태식은 덕자 역의 계모의 도움으로 개과천선하게 된다. 출소하게 된 태식은 뒤늦게 계모지만 어머니의 진심을 알고, 자신이 건달 시절 군림하던 지역의 어머니의 집으로 들어가 착실한 삶을 살아가려 노력한다. 그러나 태식이 등장으로 그 지역의 권력자들은 긴장하게 되고, 태식을 견제하려는 이유와 부와 권력에 대한 야욕으로 조판수를 중심으로 김정태, 한정수는 태식의 가족을 괴롭히게 된다. 그러나 태식은 지금 누리고 있는 가족을 지키려고 어떠한 상황에서도 참고 참고 또 참는다. 집안이 뒤집히고, 사랑하는 여동생이 중상을 입고, 어머니마저 죽게 된다. 가장 소중하던 가족이 깨져버리자 태식은 분노하게 되어 그것을 표출한다.

양덕자는 이시대의 전형적인 어머니 상을 대변한다. 그러나 조금 차이가 있다면, 자신의 친아들을 죽인 태식을 진심으로 용서하고, 이해하며, 자신의 아들과 같은 처지에 놓여져 있는 태식을 양자로 받아들여, 오로지 가족을 위해 억척스럽게 식당을 운영한다. 그녀의 딸 희주와 양자 태식에게 진심어린 사랑으로 대하는 덕자는 식당의 건물을 허물어 부를 꾀하는 조판수에게도 자신의 친아들과의 추억이 담겨져 있고, 현재

<table>
<tr>
<td>양덕자 역(김해숙)</td>
<td>사랑하는 가족이 지내는 식당을 팔지 않으려 대항한다. 영화 <해바라기>에서 덕자는 괴롭고 힘든 일에도 이겨내며 가정을 지켜내려는 억척스런 어머니이다.</td>
</tr>
<tr>
<td>
최희주 역(허이재)</td>
<td>덕자의 딸 희주. 그녀는 현재 고등학생이며, 어린 시절 오빠의 죽음을 맞는다. 희주에게 친오빠는 늘 자신을 괴롭히고, 싸움만하고 다니고, 심지어 어머니에게 폭력을 가하는 그런 오빠를 증오한다. 그런 오빠의 죽음조차 슬퍼하려 하지 않았다. 불행한 가정환경이었지만 억척스러운 어머니 밑에서 또래 어느 누구보다도 밝고 건강하게 자라난다. 희주는 자신의 오빠를 죽인 사람이 태식이라는 것을 모른다. 어느 날 갑자기 어머니가 출소한 태식을 한집에 살며, 약간의 갈등을 보이지만 서서히 태식에게 마음을 열게 된다. 태식이 가족을 사랑하는 진심을 알고, 희주 역시 태식을 진짜 오빠로 인정한다. 그러나 자신의 오빠를 죽인 사람이 태식이라는 것을 알고, 다시 약간의 혼란을 겪는다. 그러나 진정한 가족을 얻었다는 마음에 다시 밝고, 건강하게 지내지만 자신이 다치고, 어머니의 죽음과 오빠 태식의 죽음을 맞이한다.</td>
</tr>
<tr>
<td>
조판구 역(김병옥)</td>
<td>사창가 포주였던 조판수는 졸지에 부동산으로 졸부가 된다. 조판수는 돈을 얻자 권력을 얻으려 한다. 동네 건달들을 이용해 태식이 없는 건달의 최고 보스의 자리를 거머쥔다. 재산과 권력에 대한 탐욕으로 찌든 조판수는 지역 주민에게 횡포를 행사하며 부조리한 이익을 취한다. 그렇게 부와 권력을 얻은 조판수는 장유시 의원으로 출마하여 당선되게 되고, 그야말로 최고의 권력자가 된다. 그러나 태식의 출소로 자신의 자리에 위협을 느끼자 태식을 재거하고 그의 가족을 없애려 모든 지시를 하게 된다.</td>
</tr>
<tr>
<td>
김정태 역(김양기)</td>
<td>김정태는 태식의 건달 선배이지만 태식이 군림하던 시절 태식의 종에 가까운 역할을 한다. 그러나 태식이 출소할 당시 조판수의 오른팔 격으로 그 지역에서 최고의 건달 중 하나이다. 이 인물 역시 태식의 등장으로 긴장하게 되고, 야비하고, 비열한 짓으로 태식과 그의 가족을 위협하게 되며, 최대의 사건인 태식의 어머니를 죽이는 역할을 맡는다.</td>
</tr>
</table>

한정수 역(이창우)

한정수는 태식의 오랜 친구이지만 역시 태식의 밑에서 일하던 양아치에 불과 하지만 조판수의 왼팔 역할을 충실히 하며 지역에서 한가닥하는 건달의 역할을 한다. 한정수는 영화에서 큰사건에는 관여하지 않지만, 조판수의 행동대장으로서의 역할로 태식의 가족을 비열하고, 과격하게 괴롭힌다. 그러나 김정태와 마찬가지로 태식을 굉장히 무서워 한다.

상철 역(박철호)

상철 역은 영화에서 정말 비중 없는 조연의 역할이지만 커뮤니케이션의 분석과 태식의 동생 희주가 크게 다치는데 역할을 하는 상철을 분석해 보았다. 상철은 희주를 아주 좋아하는 또래 고등학생이다. 그러나 그저 그런 평범한 학생은 아니다. 동네에서 온갖 양아치 짓을 하던 그는 희주를 크게 다치게 하며 한정수 밑으로 들어가 건달의 막내가 된다. 그는 아직 세상을 잘 모르는 철없는 양아치의 전형을 보인다.

 간단한 줄거리

    영화는 주인공 오태식이 교도소에서 출소와 기차를 타고 자신이 살던 경남 장유로 향한다. 조그만 수첩을 들고 왠지 어눌하고 착해 보이는 어떤 사연을 가진듯한 남자 바로 태식이다. 태식은 10년 만에 고향으로 가고 있다. 수첩 속의 글귀 '술 마시지 않는다', '싸우지 않는다', '울지 않는다'… 그는 고향에 도착하고, 그를 맞아 주는 덕자를 만난다. 친아들처럼 태식을 맞이하는 그녀, 그러나 태식은 아직 실감이 나지 않는 듯하다. 못내 떨떠름한 표정의 딸… 바로 희주다. 그러나 모녀가 태식을 완전한 가족으로 인정하기까지는 그리 오랜 시간이 걸리지 않는다.

    그 후 영화는 태식의 과거를 비춘다. 태식은 과거에 살인으로 10년을 복역하게 되고, 출소하여 다시 시작하게 되면 하고 싶은 것들을 조그만 수첩에 하나씩 적어간다. 출소 후 완전히 새사람이 되어버린다. 과연 저 수첩엔 도대체 어떤 사연이 있는 것일까? 자신의 아들을 죽인 살인범을 자신의 아들로 받아들인 어머니… 바로 덕자이다. 완전히 새사람으로 변해버린 태식과 그리고 이해하고 또 이해하는 딸 희주 서로가 서로를 알아가면서 서로 노력하고 이해하고 사랑하며, 해바라기 식당을 꾸려가는 행복한 가족의 한때를 즐긴다.

    그러나 발전지역의 핵심이 되는 해바라기 식당을 뺏으려는 과거 태식의 하수들..바로 조판수와 김정태, 한정수이다. 해바라기 을 지키려는 완고한 덕자와 새사람이 됐지만 한때 최고의 자리를 군림하던 태식은 그들에게는 너무나 큰 걸림돌이다. 이렇게 그들은 아주 악독하고 비열한 음모들을 꾸미게 된다.

    조판수와 그의 절실한 부하들이 해바라기 식당을 괴롭히고 개과천선한 태식마저 괴롭히자,
덕자는 큰 결심을 한다. 국회의원의 자리에 있는 조판수에게 찾아가 그녀만이 알고 있던 비밀
을 조판수에게 보이며 협박한다. 현역 시의원인 조판수에게는 치명적인 비밀… 해바라기 식당
만 차지하려 했던 조판수는 너무 많은 것을 알고 있는 덕자를 죽이고, 억지로 식당의 계약서를
위조한다. 그리고 어머니 덕자의 죽음을 자살로 위장한다.
    태식의 동생 희주도 상철에게 벽돌로 맞아 희주 역시 희생양이 된다. 태식은 동생이 다치고
어머니를 잃은 슬픔에 망연자실한다. 결국 해바라기 식당은 철거되고, 희주를 다치게 하고, 어
머니를 죽게 한 것이 모두 조판수 일당의 짓임을 알고, 십년동안 울면서 후회하고 다짐했던 모
든 … 그리고 조그만 수첩에 적힌 태식의 다짐들을 세상은 이 소박한 희망을 허락하지 않았다.
소중한 것을 빼앗긴 슬픔에 모든 것을 마무리 지으려 하는 태식은 조판수의 새로운 사업 파티
장에서 분노를 표출한다. 이렇게 모든 것을 정리한 태식은 죽음을 맞이한다.

    영화의 결론은 먼 훗날 한때나마 행복했던 과거를 회상하는 희주는 대학교의 조교가 되어
자신의 조그만 해바라기 수첩에 태식처럼 희망을 하나씩 적어나가기 시작한다… 자그만 희망
을 하나하나 이뤄 나가기 위해서…

✔ 작품 속의 커뮤니케이션, 대인관계 분석

❶ 오태식과 조판수, 김정태, 한정수 관계의 커뮤니케이션

    오태식과 조판수, 김정태, 한정수는 이 작품에서 가장 큰 갈등을 드러내는 인물
들의 구성이다. 태식은 교도소를 들어가기 전 자신의 밑에 있었던 그들에게 견제를

당하게 된다. 그러나 마음을 고쳐먹은 태식은
그들의 견제를 그저 대수롭지 않게 생각한다.
바로 이점이 여기 이 인물들의 관계에서 갈등
이 발생하게 된 원인이 된다. 태식은 진정으로
자신이 다시 고향으로 돌아온 이유가 권력이
아님을 너무 소극적인 자세로 그들과 커뮤니
케이션 한데서 있다. 만약 태식이 그들에로 하
여금 태식의 마음 변화가 제대로 전달될 수

있게 적극적인 커뮤니케이션이 이루어졌다면 아마도 극단적인 결말이 없었을지도
모른다.

❷ 양덕자와 조판수 관계의 커뮤니케이션

최종 결말에서 태식이 분노하게 되어 마지막 사
건이 발생하게 된 계기가 이 두 사람 덕자와 조판수
의 커뮤니케이션에서 있다. 우선 조판수의 욕심이
옳은 것은 아니었으나 조판수가 적지만 어느 정도의
보상으로 대화로서 식당을 차지하려 했을 때 나중의
극단적인 결말을 생각했다면 좀 더 양덕자의 입장에
서는 조판수와 보다 적절한 커뮤니케이션으로 합의
점을 찾았어야 한다고 생각한다. 이것보다 중요한 것은 덕자가 조판수에게 S-D커뮤
니케이션을 했던 것이다. 물론 그 내용은 조판수의 약점이었지만 그것을 폭로하면
강자의 입장에 설수 있을 듯 보였지만 오히려 조판수를 자극하여 약자의 입장에 서
게 된다. 조판수는 자신의 권력에 치명적인 약점이 될 수 있는 비밀을 알고 있는 덕
자를 그냥 둘 수 없었으며, 그리고 극단적으로 덕자는 조판수의 오른팔 김정태로부
터 죽게 된다. 여기서 덕자는 자신을 위험에 노출시키는 커뮤니케이션을 하지 말았
어야 했다.

❸ 오태식과 최희주 관계의 커뮤니케이션

언뜻 보면 이 영화는 가족 간의 갈등을 다룬 영화
가 아니고 그저 가족간의 애틋함, 사랑이 불법적이
고, 비열한 권력에 짓밟히는 영화여서 희주와 태식
의 관계에는 문제가 없는 듯 보인다. 그러나 그토록
싫어하던 친오빠였지만 그 오빠를 죽인 사람이 태식
이라는 것을 몰랐다가 영화의 중반부 쯤에 알게 된
다. 이것은 영화의 사건들 중 그렇게 갈등의 요소는

아니지만 다른 사람에게서 이 이야기를 듣고, 태식을 가족으로 받아들이던 희주에게는 큰 충격이 된다. 따라서 이들 관계에서 이 문제에 대해 타인이 아닌 서로간의 커뮤니케이션이 필요하다 생각된다.

❹ 최희주와 상철 관계의 커뮤니케이션

최희주와 상철의 관계에서 커뮤니케이션의 문제점은 상철이 끝없이 희주에게 구애를 했지만 명문대학 진학이라는 큰꿈을 가지고 있던 희주에게는 자신의 친오빠와 같은 길을 걷고 있는 동네 양아치에 불과한 상철이 마음에 찰리가 없었다. 따라서 그의 인간적 마음과는 상관없이 그의 구애를 적절한 커뮤니케이션의 과정 없이 매정하게 뿌리친 것이 희주가 또 하나의 희생양이 되게 된 계기를 만들었다. 물론 영화를 보면 상철이 희주에 대한 마음을 표현하는 방법, 즉 그의 사랑표현의 커뮤니케이션 역시 적절하지 못하다.

✔ 종합정리

현대시대를 살아가는 우리는 소개한 작품처럼 그렇게 극단적인 사건이나 결말들을 실제로 격어보기는 힘들다. 하지만 가끔 뉴스나 신문기사 등의 매체를 통해 우리는 이와 비슷한 사건사고를 접하게 된다. 따라서 우리는 이러한 사건들을 "이건 영화에서나 있는 일이야!"라고만 안심할 수 없다. 실제로 뉴스를 통해 전해지는 이 영화와 유사한 사건들 역시 이 영화에서처럼 각 인물들 간의 커뮤니케이션의 문제에서 사건발생의 원인이 됨을 알 수 있다.

그러므로 영화 '해바라기'를 통해 인물들 간의 커뮤니케이션의 문제점을 알고 그것을 분석해 해결책을 모색해봐야 할 것이다. 우선 앞에서 처음으로 분석한 오태식과 조판수, 김정태, 한정수 관계의 커뮤니케이션에서 오태식은 자신의 확실한 의사를 어눌하고 소극적으로 나타내지 말았어야 한다. 우리는 실제로 자신의 입장이나 상황을 표현하는 커뮤니케이션의 능력이 부족하여 종종 손해를 보는 경우가 있는데 이 영화에서는 조금 더 과장되어 드러났다. 또 근본적으로 태식은 자신이 정말 조용히 착실하게 살아보려 했으면 아주 고향에 나타나지 말았어야 했거나 그들의 의견대로 다른 곳으로 떠났어야 했다. 이것 역시 그들은 태식에게 대화를 통한 커뮤니케이션을 했지만 추후의 일을 예상하지 못한 오태식에게 문제가 있다.

다음으로 S-D커뮤니케이션에 관한 이야기이다. 이 영화에서 HIDDEN AREA 영역의 비밀은 두 가지가 있었다. 사건의 갈등에 크게 관여한 S-D커뮤니케이션인 덕자가 조판수에게 털어놓은 비밀 이것은 덕자를 죽음으로까지 내몰게 된다. 다음은 본전도 못 찾은 비밀 희주의 오빠를 죽였다는 것을 희주가 알게 된 HIDDEN AREA 의 영역이 문제다. 그냥 가만있어도 태식과 희주는 친남매의 우애를 얻을 수 있었으나 S-D커뮤니케이션을 통해 그들의 관계가 오히려 더뎌지는 역할을 하게 되었다.

다음으로 남녀 간의 사랑문제인 상철과 희주 관계의 커뮤니케이션의 문제이다. 실제로도 남녀 간의 사랑의 문제로 가벼운 사고부터 살인 사건까지 일어나는 것을 우리는 알고 있다. 이 영화에서의 갈등도 그렇고 실제로도 깊이 생각해보면 서로에 대한 커뮤니케이션에서 그 사건의 갈등의 원인을 쉽게 알 수 있다. 여기서 우리는 적절한 커뮤니케이션의 방법을 알아야한다. 우선 상대방의 이야기에 귀를 기울여야 하는 커뮤니케이션의 자세가 필요하다. 또 사랑을 표현하는 커뮤니케이션 좀더 부드럽고 호소력이 있는 커뮤니케이션의 능력배양이 필요하다.

이렇게 영화 <해바라기> 속의 커뮤니케이션의 분석을 통해 올바른 커뮤니케이션의 중요성을 알게 되었다. 커뮤니케이션을 하는 관계에서 서로 타인을 믿고 존중하는 자세가 필요하며, 자신의 입장과 생각을 좀 더 상대로 하여금 부담을 갖지 않게 호소력 있는 커뮤니케이션의 능력 배양이 필요하다. 그리고 이 영화를 가장 비극적으로 만들게 된 원인 S-D커뮤니케이션에 대해서 다시 한번 생각해 봐야겠다. 섣부른 S-D커뮤니케이션은 가벼운 사람으로 만들 수도 타인과의 관계가 더욱 악화될 수도, 극단적으로 자신을 위험에 빠뜨릴 수도 있다는 것을 명심해야 할 것이다. 이 발표를 통해 새삼 올바른 커뮤니케이션 방법의 터득이 중요하다는 것을 알았다.

강경균(1992), TA의 커뮤니케이션 이론을 통한 부부성장 방안 모색, 장로회신학대학 석사학위논문.

강준만(2001), 대중매체 이론과 사상, 개마고원.

곽치화(1985), 부부의 감정적 자기노출과 결혼만족과의 관계 연구, 경북대 석사논문.

구현정(1997), 『대화의 기법』, 경진문화사.

국립국어연구원(1999), 『표준국어대사전』, 두산동아.

권지희(2007), 흑인·여성·미혼모 '악재' 딛고 전 세계 '토크쇼의 여왕'으로, 『여성신문』 954호.

김경희(2003), 경어법과 대인 커뮤니케이션 Ⅰ, 단국어문 19, 단국대.

김경희(2005), 경어법과 대인 커뮤니케이션 Ⅱ, 단국어문 20, 단국대.

김교헌(1983), 자기노출 행동이 노출대상에 대한 매력에 미치는 영향, 성균관대학교 대학원 심리
　　　　학과 석사논문.

김교헌(1992), 자기노출의 기능, 『한국심리학회지』 11-1, 한국심리학회.

김교헌(1994), 자기노출과 분노 억제 경향에 따른 생리, 정서 및 자기 이해 효과, 성균관대 박사
　　　　논문.

김교헌(1995), 분노 스트레스 상황에서 자기노출이 생리적 각성, 정서 및 인지적 이해에 미치는
　　　　효과, 『한국심리학회지』 6-1, 한국심리학회.

김교헌·한덕웅(1996), 자기노출의 목표, 자발성 및 분노억제경향이 생리적 각성, 정화 및 평가
　　　　에 미치는 효과, 『건강』 1-1, 한국심리학회.

김만두(1997), 복지서비스에 있어서 Normalization 원리에 대한 고찰, 강남대학교 논문집 29, 강
　　　　남대학교..

김미라(2001), 부부 친밀도에 미치는 요인 연구, 목원대 산업정보대학원 석사논문.

김미숙 외(2002), 가족의 사회학적 이해, 학지사.

김복곤(2001), 중년 부부의 친밀감 회복을 위한 연구, 호남신학대 대학원 석사논문.

김봉섭(1998), PC통신에서의 언어 폭력에 관한 연구, 경희대언론정보대학원 석사논문.

김선영(1991), 미망인의 가족스트레스와 적응과정에 관한 연구, 사회사업학과 석사논문, 연세대
　　　　학교.

김선희(1997), 중도탈락 학생을 위한 학교사회사업적 개입에 관한 연구, 강남대학교 논문집 29,
　　　　강남대학교.

김영임(1998), 『스피치 커뮤니케이션』, 나남출판.

김영임(2002), 『방송화법』, 한국방송대학교 출판부.

김예숙·강문순(2004), 여성주의 상담자 교육 모델에 관한 고찰, 『한국심리학회지』 10-2, 한국심리학회.

김우룡·장소원(2004), 비언어적 커뮤니케이션론, 나남.

김유진(1999), 부부의사 소통과 결혼적응에 관한 연구 : 결혼 5년 이내 기독교인 중심으로, 연세대 연합신학대학원 석사.

김윤옥(2007), 상호주관성에 바탕을 둔 화법 교육의 원리 연구, 『화법연구』 10, 한국화법학회.

김은성(2007), 『마음을 사로잡는 파워스피치』, 위즈덤하우스.

김재룡(1996), 교사의 자기노출과 교사-학생간의 인간관계 및 학업성취와의 관계, 한국교원대 석사논문.

김재원(2003), 좋은 직장 들어가기, 북코스모스.

김재휘·김연정(2004), 사이버 공간에서 사회적 실재감의 지각과 공격행동, 『사회문제』 10-3, 한국심리학회.

김종택 외(1998), 『화법의 이론과 실제』, 정림사.

김지연(2007), 대학생의 말하기 불안 양상에 대한 연구, 『화법연구』 10, 한국화법학회.

김혜선(1982), 結婚滿足度에 관한 文獻的 考察, 이화여대대학원 석사논문.

김혜진·김광웅(2001), 아동의 성격특성 및 자기노출과 또래 괴롭힘과의 관계, 『놀이치료연구』 4-2, 한국아동심리재활학회.

김희수(1996), 『화술의 이론』, 전남대학교 출판부.

김희진(1998), 여고생의 강박증을 다룬 가족치료 사례 연구, 한국가족치료학회지, vol.6(1), pp.107~129, 한국가족치료학회.

노경란(1983), 자기노출과 정신건강과의 관계에 관한 연구, 이화여자대학교 석사논문.

노상학(1997), 현대사회와 Human Service, 강남대학교 논문집 29, 강남대학교.

데니스 맥퀘일(2002), 매스 커뮤니케이션 이론, 나남.

데보라 태넌·신우인 옮김(1993), 말 잘하는 남자? 말 통하는 여자!, 『풀빛문예』 4.

도수경(1991), 가출경험 소녀와 비가출 소녀간의 가족관계 연구, 사회사업학과 석사논문, 연세대학교.

문금현(2000), 대학에서의 화법 강의안, 『화법연구』 2, 한국화법학회.

민중서림(1996), 『Essence English-Korean Dictionary』 6th Ed.

박갑수 외(1996), 『고등학교 화법』, 한샘출판.

박문성 & Suzuki 공역(2001), Shoji, A., 『재미있는 사회언어학』, 보고사.

박성복·황하성(2007), 온라인 공간에서의 자기노출, 친밀감, 공동 공간감에 관한 연구, 『한국언론학보』 제51-6호, 한국언론학회.

박정희(1990), 부부의 자기노출과 지각된 배우자의 자기노출, 경희대 석사논문.

박정희·유영주(1992), 주부의 자기노출과 지각된 배우자의 자기노출, 『한국가정관리학회지』 10-1, 한국가정관리학회.

박현구(1997), PC통신 게시물의 유사언어적 표현에 관한 연구, 연세대 석사논문.

박혜경(1992), 부부상호 간의 커뮤니케이션이 주부의 가정관리능력에 미치는 영향, 숙명여자대학교 석사학위논문.

배진한(1995), 컴퓨터 매개 커뮤니케이션이 대인 커뮤니케이션 채널 및 정보 이용에 미치는 영향, 서울대학교 박사논문.

백성기(2001), 현대사회에서의 부부간 갈등과 커뮤니케이션에 관한 연구, 동국대학교 석사논문.

변경애(1994), 부부간의 감정적 자기노출 정도와 유형에 관한 연구, 성균관대 석사논문.

변경애·김순옥(1994), 부부간의 감정적 자기노출 정도와 유형에 관한 연구-감정의 언어적 자기노출을 중심으로-, 『한국가정관리학회지』 12-1, 한국가정관리학회.

변영우(1991), 한국 노인의 비공식 부양체계에 관한 연구, 사회사업학과 석사논문, 연세대학교.

손장권 외 편(1994), 미드의 사회심리학, 일신사.

송운석(1994), 『인간관계론』, 학현사.

심혜선·이정우(2001), 도시주부의 부부간 의사소통효율성, 가정관리전략 및 가정생활만족도, 가정관리학지 10.

안인경(1991), 만성 정신분열증환자 어머니의 스트레스에 대한 대처유형, 사회사업학과 석사논문, 연세대학교.

양진건(1987), 상담의 기저로서 자기노출의 문제, 『교육논총』 제3집, 단국대학교.

영화진흥위원회(2007), <비열한 거리>, 『한국 시나리오 선집』 제24권, 2006 상권, 커뮤니케이션북스.

영화진흥위원회(2007), <우리들의 행복한 시간>, 『한국 시나리오 선집』 제24권, 2006 하권, 커뮤니케이션북스.

오은영(2000), PC통신 어휘에 관한 연구, 인천대교육대학원 석사논문.

월터 J. 옹(1985), 언어의 현존, 이영걸 옮김, 탐구당.

월터 J. 옹(1995), 구술문화와 문자문화, 이기우, 임명진 옮김, 문예출판사.

웨슬리 버외 외(최연실 등 역, 1995), 새로 보는 가족관계학, 하우.

유희정(2000), 노인들의 부양에 관한 규범의식이 자녀와의 결속, 갈등 및 우울에 미치는 영향, 한국노년학연구 vol.9, pp.107~130, 한국노년학회.

尹聖淑(1997), 都市夫婦의 커뮤니케이션과 意思決定 參與度에 따른 結婚滿足度研究, 誠信女子大學校 석사학위논문.

윤창영(2002), 기혼 직장 여성의 주관적 삶의 질에 대한 연구 : 직장-가정 갈등 모형과 영역별 삶의 질 모형의 통합, 성균관대 대학원 박사논문.

윤해진(2006), 온라인 서포트 커뮤니티에서의 인지된 익명성 : 계층적 개념구조와공적인 자기노출에 미치는 영향, 『한국언론학보』 제50-6호, 한국언론학회.

이경순(1998), Satir의 커뮤니케이션 理論을 중심으로 한 夫婦相談方案의 摸索, 大邱曉星가톨릭大學校 석사학위논문.

이경우(2003), 교사의 칭찬 화법, 『화법연구』 5, 한국화법학회.

이경우・김경희(2007), 『커뮤니케이션과 대인관계』, 역락.

이광자(1985), 인간관계훈련 전후의 자기노출인식변화에 관한 연구, 『대한간호학회지』 15권 3호, 한국간호과학회(구 대한간호학회).

이광자(2005), 『(자신있게 자기를 표현하는) 의사소통과 간호』, 신광출판사.

이남주(1995), 부부의 성역할태도와 커뮤니케이션이 남편의 자녀양육 참여도에 미치는 영향, 원광대학교 석사학위논문.

이동현(2000), 가상공간의 언어 사용 실태 연구 : 컴퓨터 통신 및 인터넷의 대화방과 게시판을 중심으로, 한남대대학원 석사논문.

이말임(1999), V.Satir의 가족치료 이론에서 비추어본 본 목회자 부부의 의사소통 유형에 관한 연구, 서울神學大 社會福祉大學院 석사논문.

이미련(1998), 자기노출과 소외와의 관계-간호전문대학생을 중심으로-, 『정신간호학회지』 7권 1호, 대한간호학회 정신간호학회.

이병혁(1993), 『한국사회와 언어사회학』, 나남.

李常淑(1989), 부부간의 커뮤니케이션과 결혼만족도와의 상관연구, 誠信女子大學校 석사논문.

이여영(2007), [2635 '섹시' 세대 ②] 당당하게 세상에 얼굴을 내밀다-미니홈피와 블로그 등 자기노출의 심리학, 중앙일보 9.5.

이영실(1989), 도시부인의 부부갈등 제 요인과 성생활 불만족의 정도, 崇實大 大學院 박사논문.

이옥련・민현식 외(1996), 『무슨 말을 어떻게 할 것인가』, 숙명여대출판부.

이용욱(1997), 전자 언어의 구술성과 문자성, 한국정보문화센터편, 한국사회와 정보문화, 서울 : 한국정보문화센터.

이원숙(1997), 아동학대피해자 및 가족을 위한 사회복지적 개입에 관한 연구, 강남대학교 논문집 29, 강남대학교.

이인재·이선우·류진석(1997), 사회복지통계분석, 나남출판.

이인정 외(1995), 인간행동과 사회환경, 나남출판.

이정복(1994), 위관장교들의 경어법 사용 전략, 사회언어학 2, 한국사회언어학회.

이정복(1997), 방송언어의 가리킴말에 나타난 '힘'과 '거리', 사회언어학 5-2, 한국사회언어학회.

이정순(1991), 夫婦間 커뮤니케이션 類型에 관한 硏究, 梨花女子大學校 박사학위논문.

이종복(1998), 청소년들의 부모폭력에 관한 연구, 평택대학교 논문집 11, 평택대학교.

이현우(1998), 광고와 언어, 커뮤니케이션북스.

이혜경(2002), 화법에서 자아노출, 『인문논총』 7호, 건양대학교 인문과학연구소.

이익섭(1994), 『사회언어학』, 민음사.

이인정·최해경 공저(2002), 『인간행동과 사회환경』, 나남.

이정은(2006), 컴퓨터 매개 커뮤니케이션에서의 자기노출에 관한 연구 : 이메일과 메신저의 비교를 중심으로, 연세대 석사논문.

이주행 외(1996), 『고등학교 화법』, 금성교과서, p.28.

이주행(2007), 『한국어 스피치 커뮤니케이션의 원리』, 동인.

이중구(2002), 『고등학교 화법』, 세기문화사.

이창덕 외(2000), 『삶과 화법』, 박이정.

이호금(1987), 女性의 就業이 結婚滿足度에 미치는 影響에 關한 硏究, 서울女大大學院 석사논문.

임영환 외(1997), 『화법의 이론과 실제』, 집문당.

임준식(2001), 온라인에서의 대인간 관계발전에 관한 연구, 성균관대 석사논문

임칠성(1999), 국어 화법의 성격 고찰, 『화법연구』 1, 한국화법학회.

장인협·이혜경·오정수(2002, 1999 개정판), 사회복지학, 서울대학교 출판부.

전병철(2000), 채팅 언어에 대한 연구, 개신어문연구, 제17집, 개신어문연구학회, 태학사.

전영우(2003), 『화법개설』, 역락.

전우택·성명훈·천병철 엮음(2002), 의료의 문화사회학, 도서출판 몸과 마음.

전은주(1999), 『말하기 듣기 교육론』, 박이정.

전정미(2002), 대학생을 위한 말하기 교육, 『화법연구』 4, 한국화법학회.

정경목 역(2000), 권력을 경영하는 48법칙(Joost Elffers & Robert Greene, 1998), 까치글방.

정명규(2001), 컴퓨터 통신 언어 지도 방안 연구, 경상대교육대학원 석사논문.

정승혜·문금현(2000), 『대학생을 위한 화법강의』, 태학사.

정용재(1986), 夫婦間의 意思疏通과 結婚滿足度와의 相關硏究, 성신여대 대학원 석사논문.

정인숙(1994), 부부간의 관계증진 훈련프로그램이 부부들의 자기노출과 부부적응에 미치는 효과, 효성여대 석사논문.

조경림(1997), 부부의 커뮤니케이션 단계에 따른 결혼만족도, 침례신학대학교 석사학위논문.

조규일 외(1996), 『고등학교 화법』, 천재교육.

조은정·이기학(2002), 개별발표 : 상담 및 심리치료 ; 이성교제 관계에서 이성친구에 대한 감정적 자기노출과 이성 관계 만족의 관계 연구, 『연차학술발표대회 논문집』, 한국심리학회.

조흥식 외(1997), 가족복지학, 학지사.

존 그레이·김경숙 옮김(2002), 『화성에서 온 남자 금성에서 온 여자』, 친구미디어.

차배근(1994), 화법과 커뮤니케이션, 『文兼 전영우 박사 화갑 기념논총』, 수원대학교국어국문학회.

채정호(2004), 외상 후 스트레스 장애의 진단과 병태 생리, 『대한정신약물학회지』 제15권 제1호, 대한정신약물학회.

최동철 역(1992), 갈등의 전략(Thomas C. Schelling, 1960, The strategy of Conflict, Harvard Univ. Press), 나남출판.

최보가·배재현(2004), 실제공간과 사이버공간 친구관계에서의 관계만족도, 자기노출, 『대한가정학회지』 42-2, 대한가정학회.

최숙철(2001), 기독교인의 부부간 역기능적 의사소통 유형과 가족문제에 관한 연구, 성결대학교 석사논문.

최 영, 의사−환자 관계 증진을 위한 효과적인 면담 기법, 전남대학교 의과대학 정신과학교실.

최현미·곽민정(1998), 대학생의 원가족 인식에 관한 연구, 평택대학교 논문집 11, 평택대학교.

하근영·홍달아기(1999), 노인의 교우관계와 심리적 안녕감의 관계, 한국노년학연구 vol.8, pp.75~79, 한국노년학회.

한국언론정보학회 엮음(2000), 현대사회와 매스커뮤니케이션, 한울아카데미.

한국일보, 2001. 9. 16.

한국화법학회(2003), 교사의 화법, 『화법연구』 5.

한국화법학회(2003), 대인화법, 『화법연구』 6.

한덕웅(1980), 자기노출이 (自己露出) 대인매력에 (對人魅力) 미치는 영향, 『한국심리학회 연차학술발표대회 논문집』, 한국심리학회.

한덕웅·박준호(2007), 스트레스 사건에 관한 생각억제와 자기노출이 행복과 건강에 미치는 영향, 『건강』 9-2, 한국심리학회.

한덕웅·박준호·김교헌(2004), 스트레스 사건에 관한 자기노출, 반복생각 및 정서경험이 신체 건강에 미치는 영향, 『건강』 9-1, 한국심리학회.

한덕웅·이상욱(1988), 우정관계의 진전과정에 관한 다면 인과적 접근, 『사회 및 성격』 4-3, 한국심리학회.

한성일(2002), 유머 텍스트의 원리와 언어학적 분석, 경원대학교 대학원 박사논문.

헬·스테빈스, 송도익 옮김 (1991), 카피캡슐, 『서해문집』 pp.109~130.

Altman I.(1975), *The environment and social behavior : Privacy, personal space, territory*, and crowding, Belmont, CA : Wadsworth.

Altman, I., Vinsel, A., & Brown, B. B.(1981), Dialectic Conceptions in Social Psychology : An Application to Social Penetration and Privacy Regulation, In L. Berkowitz (Ed.), *Advances in Experimental Social Psychology 14*, New York : Academic Press, pp.107 ~160.

Avinash Dixit & Barry Nalebuff(1990), 류성렬 역(1993), Thinking Strategically, 다음세대.

Azuma Shoji(2001), Suzuki Jun & Park Moon Sung 공역, 재미있는 사회언어학, 보고사.

Berko 등, 이찬규 역(2003), 언어 커뮤니케이션, 한국 문화사.

B. 셰퍼·C.호레이시·G.호레이시(서울대 사회복지실천연구회 역, 2001 ; 1998 개정판), 사회복지실천기법과 지침, 나남출판.

Cozby, P. C.(1973), Self-disclosure : a literature review, *Psychological Bulletin 79-2*, pp.73~91.

Daly, J. & Staford , L.(1984), Correlates and Consequences of Social communitive anxiety, In Daly, J. A. & McCrosky, J. C. (Eds), *Avoiding Communication*, SAGE Publication.

Derlega, V. J., & Chaikin, A.(1977), Privacy and self-disclosure in socialnships, *Journal of Social Issues 33*, pp.102~115.

Derlega, V. J., Metts, S., Petronio, S., & Margulis, S.(1993), *Self-disclosure*, Thousand Oaks, CA : Sage.

Dindia, K.(2000), Self-disclosure, Identity, and Relationship Development, *A Dialectical Perspective*, Communication and Personal Relationships, England, John & Sons Ltd., pp.149~162.

Dindia, K., & Allen, M.(1992), Sex-differences in self-disclosure : A meta-analysis : *Psychological Bulletin*, 112, pp.106~124.

Kathleen M. Galvin & Bernard J. Brommel(노영주 등 역, 1995), 가족관계와 의사소통, 하우.

Douglas O'Shaughnessy(1990), *Speech Communication*, Addison Wesley.

Fitzpatrick, M. A.(1987), Marriage and verbal intimacy, In V. J. Derlega & J. H. Berg (Eds) *Self-disclosure : Theory, research and therapy*, New York : Plenum, pp.131~154.

German, K., Gronbeck, B. E., Monroe, D. E. A. H.(2001), *Principles of Public Speaking*, Addison Wesley Longman Inc.

Gilbert, S. J., & Horenstein, D.(1975), The communication of self-disclosure : Level versus valence, *Human Communication Research 1*, pp.316~322.

Goffman, E.(1974), *Stigma : Notes on the management of spoiled identity*, New York : Jason Aronson.

Grice, H. P.(1975), Logic and Conversation, Cloe, P. & Morgan, J. L.(egs.), *Syntax and Semantics 3 : Speech Act*, New York, Academic Press.

Holbrook, H. T.(1987), Communication Apprehension : The Quiet Student in Your Classroom, Eric Digest, Eric Clearing house on Reading and Communication skill, Urbana, II.

John Scott, 1949, Power.

Jourard, S.(1964), *The Transparent Self : Self-Disclosure and Well-Being*, New York : Van Nostrand Reinhold.

Jourard, S.(1971), *Self-disclousure : An experimental analysis of the transparent self*, New York : Wiley.

Jourard, S. & Lasakow, P.(1957), Some Factors in Self-disclosure, *Journal of Abnormal and social Psychology*, 56-1, pp.91~98.

Julia T. Wood(2000), Communication Mosaics, Wadworth.

Leech, G.(1983), *Principles of Pragmatics*, London, Longman.

Luft, J.(1969), *Of human interaction*, Palo Alto, CA : Natural Press.

Makay, J. J. & Gaw, B. A.(1975), Personal and Interpersonal *Communication, Dialogue with the self and with Others*, Charles E. Merrill Publishing Company, A Bell & Howell Company, Columbus, Ohio, pp.169~173.

McCrosky, J. C.(1984), The Communication Apprehension perspective, In Daly, J. A. & McCrosky, J. C. (Eds.), *Avoiding Communication*, SAGE Publication.

Miell, D. E., & Duck, S. W.(1986), Strategies in developing friendships, In V. J. Derlega & B. A. Winstead (Eds) *Friends and socialinteraction*, New York : Springer Verlag, pp.129~143.

NakaJima Hisao(2003), Ubiquitous Network이 광고 Marketing에 미치는 Impact, 2003 추계 국제 광고학 세미나.

Pearce, W. B., & Sharp, S. M.(1973), Self-disclosing communication, *Journal of communication 23*, pp.409~425.

Petronio, S.(1988), The dissemination of private information : The use of a boundary control system as an alternative perspective to the study of disclosures, *Paper presented at the Speech Communication Association Convention*, New Orlean, LA, November.

Petronio, S.(1991). Communication boundary management: A theoretical model of managing disclosure of private information between maritalcouples, *Communication Theory 1*, pp.311~335.

Rathus, S. A., Nevid, J. S., Rathus, L.(2000), Relationships and Communication, *Human Sexuality in a World of Diversity*, Allyn & Bacon, p.216.

Rawlins, W. K.(1983), Openness as problematic in ongoing friendships : Two conversational dilemmas, *Communication moographs*, 50, pp.1~13.

Rogers, Carl. R.(1961), *On Becoming a Person : A Therapist's View of Psychotherapy*, Boston : Houghton Mifflin.

Ross, R. S.(1995), *Speech Communication*, Allyn & Bacon.

Sorenson, T., & Snow, B.(1991), How children tell : The process of disclosure of child sexual abuse, *Journal of the Dhild Welfare League of America*, LXX, pp.3~15.

Strong, B., Devault C., Sayad, B. W., Cohen, T. F.(2001), *The Marriage and Family Experience*, Wadsworth.

Thomas C. Schelling(1960), The strategy of Conflict, Harvard Univ. Press.

Verderber, R. F.(2000), *The Challenge of Effective Speaking*, Wadsworth Ltd.

Time, February 19, 1979, p.56.

http://www.nl.go.kr/ 국립중앙도서관.

http://www.comm.or.kr/journals/search.asp 한국언론학회.

http://kiss.kstudy.com/Search/ksi/result/result_kiss.asp 한국학술정보(주).

http://www.koreaspeech.org 한국화법학회.

http://www.chosun.com

http://www.donga.com

http://www.kmib.co.kr

http://www.ope.co.kr

http://shi.kaist.ac.kr

http://songkw.com.ne.kr

http://www.ytn.co.kr

인도시장 제대로 알기, 영산대 인도경제연구소.

저자 소개

■ 이 경 우 서울대학교 사범대학 국어교육과 졸업
서울대학교 인문대학원 국어국문학과(문학석사)
이화여자대학교 인문대학원 국어국문학과(문학박사)
현 호서대학교 인문대학 국어국문학과 교수
현 호서대학교 인문대학장

논저
『최근세 국어 경어법 연구』
「파생어 형성에 있어서의 의미 변화」,
「갑오경장기의 문법」
「최근세 국어의 문자 사용 양상에 관한 고찰」
「현대국어 경어법의 사회언어학적 연구」
「국어 경어법 변화에 대한 연구」 등 다수

■ 김 경 희 수도여자사범대학(현 세종대학교) 국어국문학과 졸업
고려대학교 경영대학원 연구과정 수료
호서대학교 여성문화복지대학원 사회복지학과 졸업(문학석사)
단국대학교 교육대학원 국어교육과 졸업(교육학석사)
단국대학교 대학원 국어국문학과(문학박사)
단국대, 호서대 등 강의

논저
「고문진보 언해의 국어학적 연구」
「경어법과 대인 커뮤니케이션 I , II」
「자아노출 커뮤니케이션과 대인관계」
『러시아 한인 화가 변월룡과 북한에서 온 편지들』(공저)
『커뮤니케이션과 대인관계』(공저)
『자기노출화법 연구』

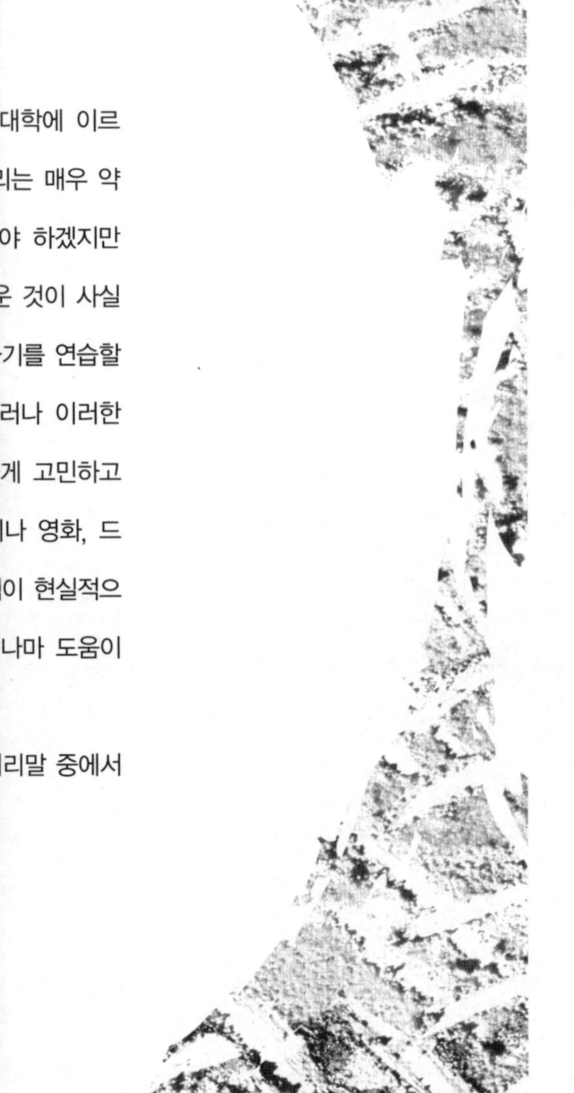

화법과 언어생활

이 경우 · 김 경희

03700

9 788955 566574
ISBN 978-89-5556-657-4